科技金融创新发展研究系列丛书

王瑶琪　王志锋　温锋华　等◎著

京津冀协同创新与发展70年：永不停止的探索

70 Years of Coordinated Innovation
and Development of the Beijing-Tianjin-Hebei Region:
A Never-Ending Exploration

中国财经出版传媒集团

经济科学出版社

Economic Science Press

图书在版编目（CIP）数据

京津冀协同创新与发展 70 年：永不停止的探索/王瑶琪
等著 . —北京：经济科学出版社，2019. 11
（科技金融创新发展研究系列丛书）
ISBN 978 - 7 - 5218 - 1094 - 3

Ⅰ. ①京⋯　Ⅱ. ①王⋯　Ⅲ. ①区域经济发展 - 协调
发展 - 研究 - 华北地区 - 1949 - 2019　Ⅳ. ①F127. 2

中国版本图书馆 CIP 数据核字（2019）第 279655 号

责任编辑：刘战兵
责任校对：蒋子明
责任印制：范　艳　张佳裕

京津冀协同创新与发展 70 年：永不停止的探索

王瑶琪　王志锋　温锋华　等著
经济科学出版社出版、发行　新华书店经销
社址：北京市海淀区阜成路甲 28 号　邮编：100142
总编部电话：010 - 88191217　发行部电话：010 - 88191522
网址：www. esp. com. cn
电子邮箱：esp@ esp. com. cn
天猫网店：经济科学出版社旗舰店
网址：http://jjkxcbs. tmall. com
北京季蜂印刷有限公司印装
710 × 1000　16 开　19. 5 印张　280000 字
2021 年 3 月第 1 版　2021 年 3 月第 1 次印刷
ISBN 978 - 7 - 5218 - 1094 - 3　定价：88. 00 元
（图书出现印装问题，本社负责调换。电话：010 - 88191510）
（版权所有　侵权必究　打击盗版　举报热线：010 - 88191661
QQ：2242791300　营销中心电话：010 - 88191537
电子邮箱：dbts@ esp. com. cn）

科技金融创新发展研究系列丛书

总　编：王瑶琪　刘志东

编写委员会（按姓氏笔画排序）：

王志锋　王　遥　孙宝文　李文斌　李建军
李桂君　李　涛　宋砚秋　林则夫　欧阳日辉
赵文哲　高秦伟　郭　华　黄昌利　董新义

本书作者（按章节排序）：

王瑶琪　王志锋　温锋华　易成栋　郑　亮

耿　云　高菠阳　姜　玲　陈俊华　毕添宇

总　　序

　　迈克尔·波特把国家竞争优势的发展分为 4 个阶段——"要素驱动"发展阶段、"投资驱动"发展阶段、"创新驱动"发展阶段、"财富驱动"发展阶段。党的十九大报告提出了新时代坚持和发展中国特色社会主义的基本方略，将创新列为新发展理念之首，要求坚定实施"创新驱动发展战略"。科学技术是第一生产力，实现创新驱动发展战略的核心在于科技创新。金融是现代经济核心，科技创新源于技术而成于资本，科技创新离不开金融创新的支持。历史上，每一次产业革命的出现都离不开金融制度的创新、保障和支持。

　　为了充分挖掘和实现科技创新的潜在价值，需要给科技创新插上金融资本的翅膀。为了实现科技创新、实体经济、现代金融的有机结合和良性循环，需要科技与金融两大系统之间深度融合。科技金融是金融业的一种业态，是科技创新与金融创新交汇融合的产物，是促进科技开发、成果转让和高新技术产业发展的金融工具、金融制度、金融政策与金融服务的系统性和创新性安排。科技金融是向科技创新活动提供融资资源的政府、企业、市场和社会中介机构等的主体，在科技创新融资过程中的行为活动组成的体系，是国家科技创新体系和金融体系的重要组成部分。科技金融体系通过金融、财税、信用工具等组合，对科技资源的潜在价值和市场潜力进行估值和风险定价，进而实现科技资源和金融资源的有效对接。

　　科技金融不是简单地把科技要素、金融机构和金融工具等简单的堆砌起来，而是依靠完善的科技金融生态系统才能实现其有机融合。单纯的要素堆积无法实现科技与金融间的融合，也体现不出科技金融的深度。

科技金融并不能简单地理解为一个金融工具、一个产业、一个范式或一个政策。科技金融是一项复杂的系统工程，需要精心的顶层设计，把众多科技要素、金融机构和工具、市场要素、政策等融合在一起，才能够健康成长。从系统工程角度看，完整的科技金融不仅包括科技要素和金融要素，还包括科技金融赖以生存和发展的生态系统。

按照党的十八届三中全会提出的围绕产业链部署创新链，围绕创新链完善资金链，鼓励金融资本、社会资本、科技资源相结合。可把科技金融的结构归结为基于产业链来部署创新链，而创新链并非空中楼阁，需要围绕创新链来完善资金链。但是，只有产业链、创新链、资金链还不够，还需要有服务链，也就是要打造"四链融合"。"四链融合"能检验科技金融的设计是否符合规律。其中，服务链是否形成是一个重要的标准。它是融合产业链、创新链、资金链的重要润滑剂，如果没有完善的服务链来提升它们的水准，产业链、创新链、资金链仍然是隔离的，仍然不是理想的科技金融。所以，顶层设计上一定要为实现"四链融合"去构造符合科技金融发展规律的生态系统。科技金融生态系统涉及人才战略、财税政策、土地政策等，只有将这些因素协同融合，才能够优化科技金融生态环境，有利于落实创新驱动发展战略的实施。

不同经济发展阶段的经济体具有不同的要素禀赋结构，不同产业的企业具有不同的规模特征、风险特性和融资需求。处于不同经济发展阶段的实体经济对金融服务的需求存在差异。当前，我国科技金融发展中存在金融产品创新供给与需求不匹配、中介服务体系不完善、市场活跃度不高等问题。应从顶层设计、产品创新、服务体系、政策支持等方面构建科技金融生态系统。组成由金融、科技、管理等多要素，科技金融产业、现代科技服务业等多领域以及人才、政策、平台、机制等共同作用的多维度、多层次科技金融生态系统。

改革开放以来，我国经济发展取得了辉煌的成绩，在40多年持续快速增长的支持下，已经成为世界第二大经济体，人均GDP步入中等偏上收入国家的行列。但是，随着2008年国际金融危机的爆发，高投资、生态环境破坏严重和资源耗费加剧的粗放型低技术含量增长模式的弊端日益凸显，已经不可持续。要实现中华民族伟大复兴的目标，必须坚定不移地贯彻科教兴国战略和创新驱动发展战略，坚定不移地走科技强国之路；依靠科技创新和技术进步大力推进结构调整和产业升级，实现经济社会可持续发展是当前面临的使命。

当今世界正处于百年未有之大变局，全球新一轮科技革命产业变革呈加速趋势，以信息技术深度和全面应用为特征的技术革命迅猛发展，带动应用领域的创新突破以及新业态的不断出现，数字化、网络化、智能化加速推进。

发达国家经过世界金融危机与经济危机的洗礼之后，重新调整了经济战略布局，倡导制造业回归，更加注重科技创新对实体经济发展的作用，纷纷出台和实施科技创新发展规划，以保持其在全球的领先地位。美国继2012年提出《先进制造业国家战略计划》后，2019年发布了《美国先进制造业领导力战略》；德国在实施"工业4.0"的基础上，新出台了《国家工业战略2030》；日本提出《机器人新战略》和"社会5.0战略"，加紧在智能制造领域进行战略布局。

经过新中国成立70年特别是改革开放40多年来的快速发展，中国已经成为具有重要影响力的制造业大国，但总体来看依然大而不强、强而不精，整体发展质量不高。

近年来，中国经济下行压力逐步加大，GDP增速从2010年的10.3%降到2018年的6.6%。出现这种变化，一方面是由于经济发展到一定阶段后的规律性现象，另一方面是由于新旧动能转换滞后。要改变这一局面，就必须依靠创新、协调、绿色、开放、共享的新发展理念，转变发展方式，实现高质量发展。当前，大数据、云计算、人工智能与制造业的结合不仅为传统生产要素赋能，同时也打破了劳动力、资本、土地等有限供给对经济增长的制约，为产业持续升级、转型发展提供了基础和可能。

随着大数据、人工智能和区块链等前沿技术的应用研究更加深入，这些前沿技术在金融领域的应用场景正变得逐步清晰，客户用户画像、智能投顾服务、结合区块链技术的证券发行和交易、基于大数据的风险监控与管理已成为重要的金融科技应用，科技对金融的变革影响程度更深，金融行业发展也更依赖于科技进步。传统金融机构、新兴科技公司（互联网）、支持服务企业（通信、基础设施、专业服务）等通过科技驱动构建新的金融生态，包括移动支付、P2P 网贷、股权众筹、互联网销售（基金、保险等），消费金融、企业金融服务、征信与数据服务等业态。数据研究公司（IDC）的报告指出，2017 年全球移动支付金额已突破 1 万亿美元。花旗集团（Citigroup）研究报告显示，金融科技行业近年来吸引的投资额快速增长。人工智能伴随神经网络的发展，使深度学习成为可能，金融科技将愈加去中心化、平台化和大众化，更好地解决传统金融领域中的痛点，如个性化服务、信息不对称等。

科技金融和金融科技的发展，无疑都需要创新赋能。科技与金融融合的障碍主要是金融机构面临风险和收益匹配关系的选择。由于科技金融工作的着力点是科技成果的转化和资本化，即科创企业的初创期和成长期，恰恰是投资的高风险期，难以满足传统金融机构特别是银行的低风险要求。

因此，科技金融的创新与发展，就是要创新金融产品和服务，降低投资风险，赋能金融资源支持科技创新。在特定的应用场景下，科技金融和金融科技自然会融合发展。

尽管"科技金融"这一概念近年来在国内被广泛提及，并频频出现在大量媒体和学术期刊上。但是在数字化、网络化、智能化发展趋势下，适应新技术和新业态的科技创新与融资渠道之间的相互依存关系，依然是一个有待继续深入研究的领域。新一轮科技革命产业变革呈加速趋势下，科技金融的创新与发展，仍然是一个非常有价值的研究课题。

为此，在准确把握新时代国家创新驱动发展战略对金融服务需求的基础上，梳理金融支持技术创新的路径，分析金融支持和促进创新驱动发展的机制，通过构建与实体经济发展相适应的科技金融支持体系，有效发挥金融体系的动员储蓄、管理风险、处理信息、便利交易、公司治理等优化资源配置功能具有重要意义。

本系列丛书是在课题组承担北京市教育委员会中央在京高校重大成果转化项目《面向"双轮驱动"的北京市科技金融发展战略与实施路径》基础上的研究成果。

　　北京作为全国的政治中心、国际交流中心、文化中心和科技创新中心，其科技创新是其发展的强劲动力，文化创新更是其发展的重要组成部分。本系列丛书以科技创新和文化创新为"双轮驱动"发展战略的研究内容，其研究以金融为主轴，以驱动科技创新和文化创新两轮高速有序运行为目标，构建了科技金融、文化金融、数字金融、绿色金融、区域金融等协调发展并互为补充的应用场景，在政策激励、法规规范和制度保障的环境下营造出产业和成果不断转化的新时代科技金融发展战略。丛书按照预设的研究计划和技术路线，围绕相关内容展开分析、探索与研究，取得了预期的研究成果。

　　本系列丛书的研究成果有助于深化科技、文化、环保与金融之间的融合，促进成果转化，推进北京和全国经济的发展。在当前全球经济深度调整、中国经济增速放缓的大背景下，科技创新活动日趋成为经济和社会发展的主要驱动力。我国受资源、环境等因素的制约，必须加快转变传统的经济增长方式，转为依靠科技创新和金融创新来支撑经济社会发展。科技创新离不开科技型中小企业的智力支撑，而这些中小企业的发展又需要金融业的资金支持。具体来看，通过研究商业银行内部如何创新金融组织形式、如何创新合作模式，以支持科技创新企业的发展，有助于为商业银行建立推动科技金融服务的互动机制提供思路。通过研究适应科技型企业特点的信贷管理制度、差异化的考核机制，以及风险定价机制，有助于强化这些企业的风险管理能力，并进一步研究担保机构对科技型中小企业的贷款和风险补偿机制。通过研究银行如何开展对科技型企业的信用中介作用，有助于为科技和金融的结合奠定基础。科技进步也为金融创新提供了强大的技术支持，互联网金融在经济发展中将会发挥重要的基础性作用。

　　北京作为历史文化名城，具有丰富的文化资源优势。随着文化产业投融资体系的发展和成熟，与科技金融一样，文化金融也必将成为搞活文化企业的关键所在，并成为不断发展壮大的文化产业的重要支撑。文化金融是文化创新的重要途径，更是文化创新的关键环节。通过文化企业与银行、证券、保险等金融机构的全方位合作，一方面，不断推动了银行文化信贷产品的创新和保险、债券等一系列产品试点的创新；另一方面，也为解决文化企业融资难题搭起了一座座通向国内外市场的桥梁。因此，文化金融的提出以及全服务链体系的搭建，不仅是破解目前文化产业投融资难题的一个新突破口，更是全面推进金融创新工作的切入点。

在环境保护方面，低碳经济已成为当今社会各界的共识。发展低碳经济的过程中必然会产生与碳交易相关的各种金融活动，包括碳排放量的交易规则、碳排放量的交易场所，低碳经济型企业的发展等诸多问题，因此环境保护和低碳经济的发展必然要推动传统金融向碳金融研究的转变。我国在碳金融上起步缓慢，在国际碳交易市场的议价能力不够，谈判能力不强，因此通过对碳金融的研究从而充分建立起我国的"环境金融市场"以促进低碳经济型企业的发展就成为当前决定北京乃至全国实体经济能否持续健康发展的重要环节。

本系列丛书研究成果将更有效地服务于北京市的各项发展规划。通过对科技金融的研究特别是其中科技型中小企业融资和科技银行建立等问题的探究，对北京市政府关于科技型中小企业融资服务平台建设、科技型中小企业信用风险评估等相关政策的制定和出台具有参照、引领支持和决策借鉴作用，同时互联网金融平台和模式的研究对北京市政府如何识别并规制互联网金融风险也具有重要理论意义。对文化金融的研究对市政府如何发展文化创新，促进文化创意产业集群发展具有重要的支持作用。对碳金融、环境金融、气候金融的相关课题的研究，如碳交易规则的制定、环境金融市场建立的探讨、低碳经济型企业的发展等，对市政府如何完善环境保护的金融机制，改善首都环境状况，促进首都经济的持续健康增长具有重要的决策参考与基础性支持作用。

中央财经大学科技金融研究点面结合，经过近六年的重点攻关，针对科技金融领域的若干重点、热点课题展开研究，已经取得一定的成果。其中在科技型中小企业融资、科技银行的建设方案、互联网金融平台的构建设计、碳金融机制的研究、气候金融产品的创新开发等方面均取得了突破性的进展。这些成果需要进一步转化为生产力，从银行层面、企业层面、信用体系层面以及政策设计四个层面对科技金融学科方向作进一步细化，全面转化，为实体经济服务。中央财经大学科技金融课题组已经取得一些有影响力的成果，在科技金融、互联网金融、数字金融、低碳经济、碳金融、绿色资本市场和环境金融等重要领域已形特色鲜明的成果，为北京市、国家科技创新发展与环境保护决策提供了重要的理论成果支撑。众多的前期研究成果逐渐实现转化，真正发挥服务经济、服务社会、服务国家战略的作用。

我们在研究过程中得到了相关科技系统、财政系统、金融系统、科研院所、企事业单位等诸多部门的大力支持，参考了众多科技金融研究领域先行者的研究成果，得到了经济科学出版社王娟女士的大力帮助和指导，她和各位编辑为本系列丛书的顺利出版付出了辛勤劳动，在此表示衷心感谢！

本系列丛书是课题组成员集体劳动与团队合作的成果，丛书中不足之处请读者给予批评和指正。欢迎更多的有志之士关注和支持新技术变革下的科技金融创新与发展。

王瑞琪

2019 年 9 月 9 日

前　言

京津冀地区是中国的"首都经济圈"，是中国北方规模最大、发育最好、现代化程度最高的人口和经济集聚区，但也是长三角、珠三角和京津冀中国三大城市群中区域发展差异最为显著的一个。

新中国成立 70 年来，京津冀地区一直在不断探索区域一体化与区域协同发展的科学路径。从 20 世纪 80 年代京津唐区域合作，到 90 年代京津冀区域内耗与竞争；从 20 世纪初的"廊坊共识"，到京津冀都市圈和首都经济圈；从京津冀一体化到京津冀协同发展……生动反映了党中央、国务院和京津冀三地政府探索区域共赢发展的历程。

《京津冀协同发展规划纲要》发布 5 年来，京津冀协同发展取得了可喜的成就，各项工作稳步推进，作为持续关注京津冀发展的研究团队，中央财经大学依托中国财政协同创新中心平台，充分发挥自身的学科优势，持续跟踪京津冀区域的协同创新进展，本书就是在相关研究的基础上编写而成的研究著作。本书的撰写整合了来自中央财经大学区域协同发展研究领域多学科专家的力量，团队成员包括王志锋教授、姜玲教授、易成栋教授、陈俊华教授、温锋华副教授、高菠阳副教授、耿云副教授、郑亮副教授以及区域经济博士研究生毕添宇等。全书由王瑶琪统稿审核。

目前，京津冀地区正处于协同发展的历史转折点，全面总结和评价京津冀地区过去 70 年的协同发展历程，梳理目前协同创新过程中面临的挑战以及问题，提出未来发展的战略思路，具有重要的历史意义。

2019 年 12 月 15 日，习近平总书记在《求是》上发表署名文章《推动形成优势互补高质量发展的区域经济布局》，对新时代区域经济的发展形势进行了准确的研判，提出了新形势下促进区域协调发展的新思路和新举措，为以京津冀为代表的都市圈区域协同发展提出了新的指引。

本书以习总书记对区域协同发展的指示和《京津冀协同发展规划纲要》为指导，立足于京津冀的历史史实，在创建区域协同创新内涵框架的基础上，尝试对京津冀的区域市场要素、区域产业发展、区域国土空间、区域治理、公共服务、区域环境治理、区域财税等领域的协同发展历程与成就进行总结，并评估它们的发展趋势，总结过去 70 年的重大事件，以期能为京津冀未来的发展提供史鉴。

在本书写作过程中，我们借鉴了大量相关专家学者的各类研究成果、各级政府的各类研究报告及公文文件等文献资料，在此向上述各位专家学者表示感谢，如有遗漏，敬请原谅！

王瑶琪

2020 年 9 月

目 录 CONTENTS

第 1 章

绪　　论

京津冀地区历史文化底蕴深厚，作为中国三大人口最密集的都市圈之一，以占全国 2.3% 的陆地面积承载了全国 8% 以上的常住人口，贡献了全国约 10% 的 GDP（孙久文，2019），京津冀地区无论是政治地位、经济实力，还是文化影响力，一直是中国社会经济发展的重要一极。但同时京津冀地区也是中国区域发展差异最为显著的城市群之一，区域内既有北京这样具有世界影响力的国家首都，有一直是北方工业中心和国家中心城市的天津市，也有大量还处于贫困状态的区县，区域内的产业协作、空间协调、治理协同等协同创新一直是京津冀地区发展的重要旋律之一。

1.1　京津冀协同发展的历史背景

在漫长的历史长河中，北京、天津和河北之间的关系一直是你中有我我中有你，地脉通文脉亦通。从历史地理学上看，京津冀貌合神亦合，实为一体。新中国成立以来，京津冀地区的区域发展跟随国家大政方针的变化，承担着不同的历史发展使命，并呈现出不同的发展特色。2017 年 7 月 26 日，习近平总书记在省部级主要领导干部专题研讨班上发表讲话指出："近代以来久经磨难的中华民族实现了从站起来、富起来到强起来的历史性飞跃。"第一次将中国的发展划分为三个重要的阶段。京津冀在这三个不同的历史发展阶段所承担的历史使命也不一样。

1.1.1 "站起来"阶段京津冀的使命：工业化带动城镇化

新中国成立至改革开放之前的30年，是新中国在内忧外患的历史背景下，探索中国特色社会主义发展道路，谋求国家的国际地位的30年。在这30年间，在高度计划经济管理体制下，行政分割的态势主导了京津冀的经济发展与区域合作。京津冀地区围绕着工业化带动城镇化和现代化的发展战略，依靠北京、天津较高的科技文化水平和唐山丰富的矿产资源，大力发展工业化，形成了中国四大工业基地之一的京津唐工业基地。以北京、天津、唐山为顶点的三角地带，有钢铁、机械、化工、电子、纺织等工业，是我国改革开放前第二大综合性工业基地，也是当时北方最大的综合性工业基地。在谋求"站起来"的历史背景下，以工业化为抓手，变"消费城市"为"生产城市"，是城市发展的主旋律，北京市与天津市及河北省产业逐步趋于雷同，最严重时产业结构的相似系数超过90%①。

新中国成立之后，北京的城市定位在传统的政治和文化中心的基础上，加上了生产中心的定位。在"一五""二五"时期，北京先后兴办了数千家包括钢铁、机械、石油化工、电子、建材、医药、纺织服装、轻工、食品等几乎涵盖所有轻重工业门类的工业企业，在"文化大革命"前全市产业工人规模已经达到100多万。20世纪50年代石景山钢铁厂和70年代燕山石化厂的建设，使北京的工业产值一举超过传统工业城市天津。

新中国成立后的前30年里，天津一直是中国北方最大的工业中心城市，天津在工业制造领域创造了60多项第一，如第一台自行车、第一块手表、第一台彩色电视机、第一台传真机、第一批模拟计算机、第一辆汽车、第一辆无轨电车等。

新中国成立后，石家庄和唐山逐步成为河北省南北两座重要的城市，支撑起了河北在京津冀地区的工业地位。石家庄的发展得益于1907年正（石家庄）太（原）铁路和京汉铁路的交汇，到新中国成立之前，石家庄

---

① 孙久文. 京津冀协同发展70年的回顾与展望［J］. 区域经济评论, 2019（4）：25-31.

已经发展成为近 20 万人、工业总产值达到 2000 万元的城市。1968 年河北省决定将省会由保定市迁至石家庄市，使得石家庄在配置各类资源方面得到了质的飞跃，逐步成为华北地区重要的文化、教育、商贸中心城市和工业中心之一。唐山的崛起得益于开滦煤矿、唐山机车车辆厂等重工业企业的发展，如唐山机车车辆厂装造了中国的第一台蒸汽机车。在新中国成立的前 30 年里，唐山已经形成了钢铁、石油、化工、陶瓷、机械制造等重型产业体系，其经济规模也一直处于京津冀地区的第三位。

在这段时间，对京津冀地区协作起着重要作用的因素包括行政区划的频繁调整和计划经济体制。一方面，新中国成立以后定都北京，天津作为传统的工商业城市，1958～1967 年是河北省的省会城市，后来天津恢复直辖，河北省会迁回保定，后来又因为其他原因迁往石家庄。省会城市的频繁变更，对河北省的经济布局产生了重要的影响。另一方面，由于高度集中的计划经济，区域的生产布局主要是围绕区域内的自然资源基础而布局，由于资源禀赋的差异，河北省一直在担当京津两地工业化的能源、原材料和农产品的供给方和工业品的消费方，对北京、天津经济功能的强化和功能集聚做出了重要的历史贡献。

1.1.2 "富起来"阶段京津冀的使命：市场化促升现代化

改革开放以来至党的十八大期间，京津冀地区的发展进入"发展是第一生产力"的"富起来"阶段。在这个阶段，通过市场经济体制改革，推动市场化发展，带动区域现代化水平提升是区域发展的主旋律。在市场经济的冲击下，京津冀之间的关系发展成竞争与合作共存的竞合发展关系。

由于经济体制改革和市场经济体制的确立，传统的计划经济体制被打破，省、市、县等地方行政区成为经济发展的主体，各地区之间的关系更多地表现为区域竞争的关系。这种区域经济的竞争一方面促进了地方经济的发展，但另一方面也使地方保护主义逐渐抬头。从 20 世纪 80 年代初的盲目引进与重复布局、80 年代中期的地区原料大战，再发展到 80 年代末的地区市场分割，区域冲突不断升级，不仅严重妨碍了区域经济发展与区域关系协调，而且引发了经济生活中的许多"并发症"。从区域经济发展的目标出发，克服区域竞争带来的弊端，走区域合作的道路，就成为区域协同发展的必然选择。

以1979年国务院提出的"扬长避短、发挥优势、保护竞争、促进联合"十六字方针为标志，京津唐经济区开始摒弃追求独立工业体系与国民经济体系的传统思维与战略，开始寻求地区之间的协作。20世纪80年代以来，京津冀地区在推进协同发展方面进行了多次尝试。1981年，成立了中国第一个区域经济合作组织——华北经济技术协作区（由京、津、冀、晋、蒙组成），但是由于区域范围过大，城市间经济关联度较低，并没有很好地发挥出作用。

1988年，北京与河北环京地区的6个地级市组建了环京经济协作区，建立了市长联席会议制度并设立了日常工作机构。协作区在市场化的推动下，卓有成效地推进了北京与河北的区域经济协作，但由于产业之间的竞争，河北与北京、天津的竞争格局并未根本打破。

20世纪90年代之后，因北京申办奥运会，对改善生态环境提出了迫切要求，京津冀区域合作的问题被提升到新的高度。代表性的事件是2000年京津机场实现民航跨区域联合、2002年北京与天津港口直通以及2004年达成的"廊坊共识"，三地一致同意启动京津冀区域发展总体规划和相关专项规划的编制，借以推动区域统一市场体系，推动生产要素的自由流动，促进产业的区域合理分工等。此后，2005年国家批复首钢曹妃甸基地建设，京冀合作进入新的阶段。在此基础上，2010年京津冀规划部门签订的《关于建立京津冀两市一省城乡规划协调机制框架协议》《京津冀交通一体化合作备忘录》《环渤海区域旅游发展总体规划》等一系列规划将京津冀区域协调发展落实到了具体的行动路线上。

党的十八大以来，以习近平同志为核心的党中央高度重视京津冀一体化的工作，习近平总书记围绕京津冀协同发展做了一系列的重要讲话和部署，强调要自觉打破自家"一亩三分地"的感性思维，加强顶层设计，走出一条目标同向、措施一体、作用互补、利益相连的路子来。京津冀三地也相继在2013年签署了京津合作协议、京冀合作协议和津冀合作协议。

1.1.3　"强起来"阶段京津冀的使命：一体化推动生态化

不管是谋求"站起来"的计划经济时期，还是追求"富起来"的中国特色市场经济体制时期，京津冀地区与国内其他地区一样，同样聚焦规模经济和追求经济的高速增长，这种粗放式的发展模式对生态环境、生态文明建设相对忽视，造成了区域生态环境的持续恶化，发展的代价巨大。

党的十八大以来，生态文明建设成为我国"五位一体"经济社会发展的重要战略选择之一，对京津冀的发展提出了新的历史要求。2015 年，中共中央政治局审议通过《京津冀协同发展规划纲要》，要求三地彻底打破"一亩三分地"的传统思维，实现京津冀区域一体化发展。在京津冀全局一盘棋的战略思维下，明确了京津冀整合和京津冀三地各自的发展定位，将生态文明建设融入区域协调发展的方方面面，明确了区域布局的思路和空间架构，明确了要紧紧抓住有序疏解非首都功能这个"牛鼻子"，推进京津冀区域协同发展向纵深发展，助力实现中华民族"强起来"的中国梦。

2017 年中国共产党第十九次全国代表大会首次提出高质量发展的概念，表明中国经济由高速增长阶段转向高质量发展阶段。高质量发展的内涵包括经济结构不断优化、新旧动能的转换以及生态文明的建设。

新时代的中国经济，实现经济转型、结构调整、动力优化、风险可控、共同富裕及环境优化的目标要高于既往对 GDP 增速的追求目标。在高质量发展的背景下，"质量第一、效益优先"将成为中国经济未来高质量发展的核心内涵和基本路径。在传统发展模式下，京津冀区域发展存在诸多瓶颈与顽疾，如区域环境恶化、区域发展差异进一步拉大、中心城市交通拥堵、住房紧张，京津冀协同发展是党中央在新的历史条件下提出的一个重大国家战略，其本质是要发挥北京的牵头作用，整合优化区域资源，打破要素流动壁垒，形成具有较强国际竞争力的世界级城市群，打造国家创新驱动高质量发展的新引擎。

1.2 京津冀协同创新的内涵与意义

党的十八大提出实施"创新驱动发展战略"，十九大报告进一步指出"创新是引领发展的第一动力，是建设现代化经济体系的战略支撑"。新时期，我国明确要加快实现由"要素驱动"向"创新驱动"的发展方式转变。从"大众创业、万众创新"的创新主体培育到国家体制机制改革，我国已在微观、中观和宏观层次都进行了突破性的尝试和探索。当前、全球范围内的新一轮产业升级和全球竞争态势的加剧，使得区域这一中观层次社会经济系统单元成为各国实现转型加速发展、应对挑战的重要抓手。激发区域单元优化潜力、活力，形成以"城市—区域"为空间单元系统的国家竞争力和治理能力核心中枢，需要正视区域的本质特征和现实困境，在掌握区域发展内在规划的前提下，突出区域协同的创新与发展，促进区域的发展水平。

1.2.1 区域协同创新的内涵

1.2.1.1 协同创新的内涵

（1）协同创新的系统化思想的发展脉络

第二次世界大战后至 20 世纪 70 年代中期，创新的作用并未在西方主要国家经济发展中处于突出位置。80 年代，伴随投资、市场和生产力扩张拉动经济快速增长的周期逐渐走向尾声，生物、信息技术等新兴产业迅速兴起，产品需求差异化不断提升，各国经济结构转换和产业升级在全球范围内的竞争日趋激烈。70 年代由纳尔逊（Nelson）、温特（Winter）等学者开创的创新演化经济理论为开端，基于系统视角剖析创新过程的研究与实践不断丰富。随后，产业创新如何推动经济发展，如何在制度及政策上促进科研成果商业化、产学研有效互动等问题成为理论和实践界共同关注的焦点。20 世纪 80 年代末，弗里曼（Freeman）、纳尔逊（Nelson）和伦德瓦尔（Lundvall）等将新熊彼特主义经济学家李斯特"国家体系"

（national system）与熊彼特创新理论相结合，提出了以国家创新系统理论为代表的第三代技术创新理论。从 90 年代开始，企业集群创新系统、产业部门创新系统、区域创新系统等各类研究不断丰富。21 世纪以来，全球范围内科技经济一体化的发展趋势进一步深化，怎样从国家、区域角度进行系统性规划，构建合理的制度环境，从而促进各产业部门、各主体形成高效、稳定的创新网络，提升系统整体创新能力和发展能力，成为各国、各地区的关注重点①。

当前，世界范围内科技与多学科交叉速度加快，新一轮的技术革命已经兴起。未来，新兴技术以及产业将成为世界科技发展的新引擎。为制定更为科学完整的创新战略，全面提高自主创新能力，对协同创新的理论基础进行梳理具有较高的研究与实践意义。总结已有理论成果，协同创新的理论基础主要有系统科学、开放式创新、创新网络、三螺旋理论。

①系统科学。早期的技术创新模式为封闭式创新，而协同创新使得这一模式转向开放式。因此，协同创新是系统科学思想的必然体现。系统科学（协同学、管理学等）所主导的整体涌现、共同演化等各类思想促进了创新主体之间的合作共赢，为主体之间的合作路径、创新资源的配置等提供了新思路（杨林、柳洲，2015）。

协同创新的早期理论基础是协同学与管理学的结合，美国著名战略管理学家安索夫（Ansoff）于 1965 年提出将协同学和管理学交叉，认为两者的结合可产生新效用，这一研究引起了理论界的广泛关注。20 世纪 70 年代，德国科学家哈肯（Haken）深入研究了系统的各类创新元素可通过相互作用（如连接、整合等）产生"1 + 1 > 2"的效应，这种效应便是协同创新的结果。在早期理论基础上，"协同创新"的概念被美国麻省理工学院的学者格鲁尔（Gloor）所提出（王海军、祝爱民，2019）。此后，国内外多位学者围绕协同创新进行了理论探索，很多文献以产学研协同创新、国家创新系统等为主题，研究不同合作对象之间的协同创新问题。陈劲与阳银娟（2012）从整合与互动两个维度构建了理论框架，认为协同

---

① 胡志坚. 国家创新系统：理论分析与国际比较［M］. 北京：社会科学文献出版社，2000：60 – 62.

创新是系统内创新要素整体优化的过程。在整合维度，主要是指知识、资源、行动、绩效要素间的流动，而在互动维度，主要指创新主体之间的资源优化配置、系统的匹配度等。

②开放式创新。开放式创新从微观层面为协同创新奠定了理论基础。这一理论最早由美国学者切萨布鲁夫（Chesbrough，2003）提出，他强调为了面对知识的快速扩散以及人才的流动，企业需要采取开放式创新模式。该理论意味着，企业可以从外部（如大学）或者内部同时获得有价值的资源，如人力、创意等，利用自身或者外部的优势使得研究成果商业化，从而获利。这一过程强调企业外部与内部创新要素的有效整合对创新能力的提升作用。

随着竞争日益加剧，企业仅靠内部资源难以满足市场需求，因此，近年来越来越多的企业放弃原有的封闭式创新模式，采取了开放式创新模式。国内采取该模式较为成功的企业是华为公司，其"华为创新研究计划"作为一项联合创新机制和开放合作模式，是公司开放式创新的重要组成部分。这一计划面向海内外高校征集创新研究思想，旨在激发学术科研界对技术创新的尝试，企业与高校长期合作，共同突破技术难题，并落地商用。

③创新网络。20 世纪 60~70 年代，"网络"的概念被提出，这一概念是指不同表现形式的行为主体之间所构成的联系（刘丹、闫长乐，2013）。创新网络的定义，最早由伊梅因·巴巴（Imain Baba，1989）提出：创新网络是一种用来应对系统性创新的制度。1991 年，弗里曼（Freeman）接受并论证了这一概念，认为系统对知识的需求促进了网络的形成与发展（刘丹、闫长乐，2013）。

创新网络被看作是开放式创新的一种方式，是一项推动创新的重要因素。李等（Lee et al.，2010）认为，一种立体化、交互式创新网络结构能够加速企业的开放式创新。而随着创新逐渐趋于系统化、网络化，协同创新则应运而生。在政府的支持下，企业、研究机构、大学、中介等打破传统从研究成果到产业化、商业化的线性合作模式，实现更加复杂的并行或网络模式（何郁冰，2012；崔永华、王冬杰，2011）。

④三螺旋理论。三螺旋理论最早由埃茨科威兹（Etzkowitz）提出，在宏观层面为协同创新奠定了理论基础。这一理论分析了政府、产业、大学之间的合作、互动关系，强调三方在社会中的独特作用。在这一动态体系中，任何一方均可成为领导者、创造者、组织者和参与者。三螺旋理论的内涵是政府、产业、大学应该在社会中形成一种协同关系，并在合作的过程中提高社会创新水平，从而促进社会整体发展。其中，政府的职责主要是为各个创新主体和资源创造良好的社会氛围，包括完善各项法律法规、培育社会融资体系等。产业是促进经济增长的核心，其负责提供产品、建设基础设施、研发（R&D）投资等①。而近年来，随着知识经济的快速发展，大学的作用日益凸显，其使命从原来的知识传播与存储转化为知识生产，越来越多的科研成果商业化，大学正在通过提供创新型人才、资源、成果等促进社会发展，成为了三螺旋创新发展的基础。图 1-1 展示了三螺旋理论的内涵。

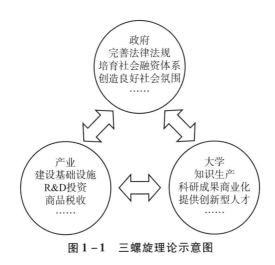

图 1-1　三螺旋理论示意图

（2）协同创新的内涵认识

协同创新是系统理论和创新理论的有机结合，是创新系统思想发展的

---

①　周春彦，亨利·埃茨科威兹. 双三螺旋：创新与可持续发展［J］. 东北大学学报（社会科学版），2006，8（3）：170-174.

最新趋势之一。21 世纪以来，技术创新形式逐步从企业、部门内部封闭创新向企业内外互动开放创新转变，从而引发了对协同创新的一系列思考和研究。2003 年，切萨布鲁夫（Chesbrough）提出了企业的"开放式创新模式"概念。这一模式下，组织的创新活动边界是模糊的，企业可以充分利用组织内外有价值、可利用的创新要素进行创新活动，利用各方优势快速实现成果转化。相对于开放式创新，协同创新是一项更为复杂的创新组织方式。近年来，技术创新活动复杂性、系统性和网络化发展趋势明显，以多元主体互动博弈为特征的协同创新模式被认为是国家或地区构建核心创新竞争力的新形式，日益受到学术界和政策制定者的关注。学者们基于不同主体的视角、从不同层面提出了丰富的协同创新概念，见表 1 – 1。

表 1 – 1　　　　　　　　　部分学者关于协同创新内涵的认识

研究人员	年份	主要观点
拉多舍维奇（Radosevic）	2004	在技术创新和制度创新的协同变革发展中，技术要素和非技术要素的协同是决定企业创新成败的关键，要素的缺失会对创新结果产生直接的负面影响
塞拉诺（Serrano V）、费希尔（Fischer T）	2007	协同创新描述了一种结构化的联合过程，这一过程需要信息的共享、联合性规划和问题解决以及集体性的活动和运作，其目的是为设计开发新产品、服务或流程
佩绍德（Persaud A）	2010	协同创新是指为了提升创新能力，多个参与主体基于研发合作活动而进行的协同过程
陈劲、王方瑞	2005	协同创新是实现创新系统从无序态向有序态的转移，这种转移有适应性和时效性的要求，适应性需要自组织过程，而时效性讲究管理介入，因此协同创新过程应该是一个以自组织过程为基础，结合适度管理和控制的混合过程
陈劲	2011	协同创新是各个创新要素的整合以及创新资源在系统内的无障碍流动
陈劲、阳银娟	2012	协同创新是企业、政府、知识生产机构（大学、研究机构）、中介机构和用户等为了实现重大科技创新而开展的、以知识增值为核心的、大跨度整合的创新组织模式

续表

研究人员	年份	主要观点
何郁冰	2012	产学研协同创新是合作各方以资源共享或优势互补为前提，以共同参与、共享成果、共担风险为准则，为共同完成一项技术创新所达成的分工协作的契约安排，以企业为技术需求方、以大学/科研机构为技术供给方的研发合作是主要形式
解学梅	2013	都市圈协同创新是指在都市圈创新网络内，企业作为技术创新主体，同供应链企业、相关企业、研究机构、高校、中介机构和政府等创新行为主体，通过交互作用和协同效应构成产业链、技术链、知识链和价值链，以此形成长期稳定的协作关系，具有聚集优势和大量知识溢出、技术转移和学习特征的开放的创新模式
白俊红、蒋伏心	2015	区域创新系统内部企业、高等院校、科研机构、政府、金融中介等创新主体之间通过协同互动等方式，组织创新资源以获得创新成果，称之为创新主体间的协同创新，简称协同创新
许彩侠	2012	区域协同创新机制是指针对区域内中小企业创新水平较低的现状，通过政府引导和支持，借鉴创新驿站的模式与经验，以研究型大学为主导，以技术中介机构为支撑，旨在提高中小企业自主创新能力，更好地推动区域社会经济的发展。这里的区域协同创新不同于传统的产学研合作，具有其他技术转移模式所没有的优越性，有利于贫困落后地区通过科技促进经济发展
赵增耀、章小波、沈能	2015	协同创新本质上关注的是不同创新主体之间的技术溢出问题，是新形势下创新外溢理论的深入拓展和创新政策的现实依据
文魁、祝尔娟	2015	从区域的角度出发，协同创新是指以实现区域协同发展为目标，以区域创新要素自由流动为基础，通过推动要素和结构的"新组合"，突破发展瓶颈，释放发展潜能，实现区域创新效应最大化
范如国	2014	社会本质上是一个开放演化、具有耦合作用和适应性的复杂网络系统，社会治理是一项庞大而复杂的系统工程。加强和创新社会治理，需要分析社会系统的复杂网络结构及其特征，建立社会治理的协同创新机制和制度安排，展开协同社会治理

资料来源：笔者整理。

多数"协同创新"相关研究主要围绕微观企业的创新能力提升展开，也有针对区域创新系统的构建进行的细致讨论，还有少数涉及非技术要素（制度）在技术创新中的作用、社会治理领域协同创新问题等领域的文献资料。综合已有研究的相关结论，可将"协同创新"

（synergy innovation）理解为：系统通过构造各类"新的要素组合"及相关机制，促进各相关主体、各层次子系统等在战略、功能和行为方面进行自组织的协调合作、同步联合，创新系统内外要素、主体等互动形式，从而在"非均衡"天然条件下，达成系统整体功能"有序"动态优化的目标。

基于以上综述，我们认为，协同创新是企业与政府、大学、研究机构、科技中介机构和用户等主体为实现价值创造而开展的一种协同度较高的跨界整合活动，该过程追求创新所带来的经济和社会高效益。图 1 - 2 展示了协同创新系统的结构，可以看出，协同创新系统是一个跨界人才、信息、知识、管理等要素的非线性复杂系统（解学梅、方良秀，2015）。与其他合作创新模式（如战略联盟、协同创造、合作创新）相比，协同创新更加强调不同创新主体各自所具有的能力与优势，强调协同所带来的效用最大化、整体最优化、主体间的优势互补、创新成果的落地与知识增值。从微观角度看，协同创新指主体间在达成资源共享协议的基础上所进行的项目合作，是一项边界模糊的项目协作行为。从宏观角度看，协同创新是某一区域或产业之间的科技与知识的互动行为，不仅仅限于单个项目的合作，而是经济与知识、技术的融合。因此，理想状态下的协同创新是良好社会环境下创新资源的循环流动，是各个创新网络最优化的结果。

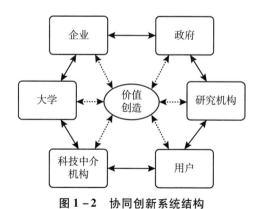

图 1 - 2 协同创新系统结构

（3）协同创新的动因

关于协同创新的动因，国内外学者进行了大量探讨，总结可得其主要分为内部因素与外部因素两大类。内部因素主要包括共担创新成本、降低创新风险、提高绩效等，外部因素包括政府支持、市场需求拉动力、市场竞争压力等。

内部因素中，共担创新成本、降低创新风险是协同创新重要的动力因素。当企业内部技术研发的成本较高且创新难度及复杂度增加时，协同创新便成为企业的关键性决策（Escribano et al.，2009）。因与其他合作者协同不仅能够降低其成本，而且能够分摊创新风险，因此初创企业通过协同创新可以获得互补性资源，这有利于提高企业的研发能力（Okamuro et al.，2011）。此外，企业与其他合作伙伴协同创新能够有效整合信息与技术资源，取得规模经济效益，实现成本共担、降低风险和提高创新效率的目标（解学梅、方良秀，2015；Lopéz，2008）。另外，企业选择与大学、研究机构合作，一方面提高了大学或研究结构的科研水平，另一方面也提高了企业自身绩效，是一个双赢的过程（Vuola and Hameri，2006）。同时，协同创新能够促进企业知识的累积，通过知识共享、传递等互动，提高企业技术创新水平，进而转化成新的知识与技术，增加企业利润（Caloghirou et al.，2003；Gulati，1999）。在科技与经济全球化的背景下，协同创新以其开放、共享的合作模式成为企业提高绩效的重要方式与途径（陈劲、阳银娟，2012）。

外部因素中，政府支持主要体现在政府为规避由于市场、融资、研发等风险造成的市场失灵而出台的政策，从而起到降低风险、干预资源配置、促进各主体主动协同创新的作用（杨林、柳洲，2015）。产学研协同创新是目前研究的热点之一，部分学者认为政府支持产学研协同创新主要表现在对各主体的行为引导与政策激励两方面（周正等，2013）。此外，市场需求拉动力与市场竞争压力分别作为创新活动的起点与动力，对于各创新主体的发展起到决定性作用，是推动协同创新的重要外部因素（游文明等，2004）。

综上所述，协同创新各动因的研究成果总结如表 1 - 2 所示。

表1-2   协同创新动因的研究成果总结

协同创新的动因	含义	参考文献
共担创新成本 降低创新风险	协同创新能够有效整合信息与技术资源，实现成本共担、降低风险和提高创新效率的目标	Escribano et al.，2009；Oka-muro et al.，2011；解学梅、方良秀，2015
提高绩效	协同创新提高了大学或研究结构的科研水平与企业自身绩效，实现双赢	Vuola and Hameri，2006；Cal-oghirou et al.，2003；陈劲、阳银娟，2012
政府支持	市场失灵、行为引导、政策激励	杨林、柳洲，2015；周正等，2013
市场需求拉动力 市场竞争压力	创新活动的起点与动力，对于各创新主体的发展起决定性作用	游文明等，2004

1.2.1.2　区域协同创新的内涵

（1）区域协同创新的背景和目标

区域是一类典型的复杂自适应系统[①]，系统内部多层次、多领域和多样化的自发主体，在动态变化的制度环境的控制或引导下，以要素的组合、集聚和流动等为内容，持续产生着复杂、综合的相互作用。从我国的实际情况看，以地理相邻的省域单元为组成部分的区域系统内，制度壁垒、地方保护等历史遗留问题和障碍，制约了要素自由流动以及主体间的有效聚合互动，使得区域内部"摩擦消耗"严重，区域整体效率、效益损失明显。

在此背景下，要应对国际调整、回应发展机遇，必须以"协同"思想和方式优化和驱动区域系统发展，即推动"区域协同发展"。从系统角度看，优化区域状态，需要在深刻理解人和其聚合所成的"积木块"等更高层级能动主体的特性基础上，设计符合战略的"标识系统"引导主体行为，最终形成资金、商品、劳动力和信息等要素在系统内合理流动、作用，使以人以及人为基础形成的各类主体获得最佳收益。本书认为，区域

---

① 曾珍香，段丹华，张培，等. 基于复杂系统理论的区域协调发展机制研究——以京津冀区域为例［J］. 改革与战略，2008，24（1）：89-91.

协同发展即通过一定方式，促进子区域、子功能系统间进行良性协调互动，以充分协调部分与整体、部分与部分间的关系，产生持续强劲的联合作用，从而使得区域能够自发地改善其各层次、各维度的经济社会发展状态和生态环境。

从内容和要求上看，区域协同发展要求持续强劲的动力支撑系统作为基础，充分整合区域资源、加强区域联系以不断实现空间一体化，最终促进经济、社会和生态的综合发展。第一，区域的发展水平与其空间组织的变迁的联系具有规律性。借鉴 1966 年弗里德曼的概括，在持续的经济增长过程中，区域经历空间子系统重组、边界变化的过程，最终实现空间经济一体化，即"城市等级体系形成，交通网络发达，边缘性基本上消失，区域体系最终演变为组织良好的综合体"①。第二，由区域复杂适应系统的本质和我国"创新、协调、绿色、开放、共享"的总体发展理念所决定，我国区域协同发展的目的一定是实现经济转型增长、社会飞速发展和生态环境优化的综合提升。第三，协同发展需要强劲的动力系统，以使得区域的发展能够是自组织和具有韧性的，即本书所论述的区域协同创新系统，如图 1 – 3 所示。

（2）区域协同创新的内涵与构成

①区域协同创新的内涵。现有文献多将区域协同创新限定于科技创新的范围内，指以企业、政府、高校、科研单位及其他中介机构等为参与主体，通过构建合理的创新网络体系，将技术、产业、价值等链条充分整合，以形成开放灵活、高效协同的区域科技创新环境及成果转化体系，最终为区域经济发展注入稳定持久的动力②。这类定义最大限度聚焦于科技进步，立足"科学技术是第一生产力"的观点，将怎样提升技术革新、扩散和转化能力作为主要的研究内容。但其忽略了对相关利益主体诉求的探讨，注重效率而在一定程度上忽视了当前地方政府间利益博弈的现实情况以及对区域系统综合性的考虑。同时，区域经济、社会和生态等的全面协同发展，需要更为全面的协同创新作为支撑。

---

① 陈秀山，张可云. 区域经济理论 ［M］. 北京：商务印书馆，2003：374 – 377.

② 陈劲. 协同创新与国家科研能力建设 ［J］. 科学学研究，2011，29（12）：1762 – 1763.

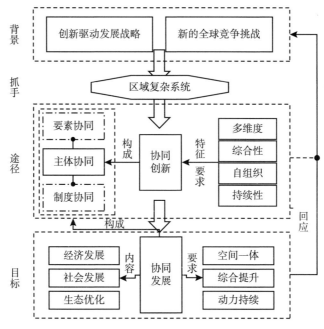

图1-3　区域协同创新内涵的理解分析

资料来源：笔者自绘。

本书所采用的内涵界定更为统筹、综合，认为区域协同创新是区域系统内各层次、各领域主体复杂互动作用下，基于不断优化的动态制度协同环境，以创新性的要素协同组合为内容和表现形式，形成破除区域经济、社会和生态环境优化发展障碍，推动系统各区域层次、各功能维度不断革新进步的协同发展动力系统。

②区域协同创新的构成与特征。

1）区域协同创新与协同发展的关系

区域协同发展是区域协同创新的最终目标，驱动区域协同发展的基本方式和根本动力是区域协同创新。从某种意义上讲，协同发展为协同创新指引方向，提供"优"与"劣"的参照，协同创新则是不断向目标逼近、修正现实与目标偏差的方法途径。同时，两者是互相影响和作用的两个过程，协同创新持续打破优化区域静态发展状态，每次突破后相对确定的成果又将成为创新的新环境条件。协同发展与协同创新具有相同的组成结构，包含要素、主体和制度三部分，三者相互作用、组合的过程既是发展，又是创新。

2）区域协同创新的主要构成

能动性主体是区域协同创新系统的核心中枢和动力源泉。区域是典型的复杂适应系统，根本原因在于区域内存在着以"人"为基础，通过不同类型社会关系联结构成的各类能动性主体（active agent），如从分工和功能角度可划分为企业、政府、社会组织和各类机构等，也可按空间治理或经济单元划分为社区、城市、都市圈和城市群等。任何复杂适应系统的复杂性和发展优化动力本质上都源于能动主体的适应性[①]。各层次主体通过与环境以及与其他个体间的相互作用、交流与学习，不断改变自身和所处环境，从而在系统内部催生新结构、现象和复杂状态，如新主体和层次的出现、区域物理环境的优化等。因此，协同创新的关键是推动多层次、多领域内的各类能动主体间协同理念、方式和作用的创新，如现实中区内地区行政单元间的合作以及博弈、企业间贸易、人口迁移流动等行为的发展创新都是主体协同创新的表现形式（见图 1 - 4）。

制度环境是区域协同创新系统的标识和算法基础。复杂适应系统理论中，"标识"定义了能动主体的边界和功能，规范着能动主体的行为和相互作用的形式[②]。区域系统的制度环境主要涉已有行政区划和其代表的各类利益责任关系、政策环境、法律法规、区域协同体制机制、各类合约协议以及区域内地域文化环等。制度环境是多维度的，包含经济社会和生态环境建设发展的方方面面；是多层次的，涉及中央至地方的各类能动主体；是多样化的，如法律法规、合约协议和体制机制等各类形式；是持续变化的，制度环境是主体间不断动态演化的"合意"过程。制度环境协同的创新，可理解为主体以"未来战略目标指引，破除现实障碍，形成多方共赢"的思想为指导，不断整合合意、达成一致，促进适应现实、优化现状的规则体系动态演化的过程。

---

① 谭跃进，邓宏钟. 复杂适应系统理论及其应用研究［J］. 系统工程，2001（5）：1 - 6.

② 陈禹. 复杂适应系统（CAS）理论及其应用——由来、内容与启示［J］. 系统辩证学学报，2001（4）：35 - 39.

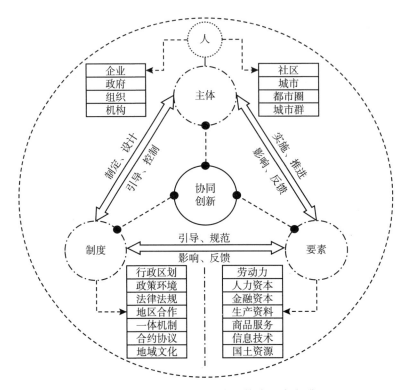

图 1 - 4 区域协同创新的主要构成和内在联系

资料来源：笔者自绘。

各类要素是区域协同创新系统的"生产资料"和落脚点。区域系统内，要素主要涉及劳动力、人力资本、金融资本、生产资料、商品服务、信息技术和国土资源等。特定制度环境下，主体协同创新最终要落实到各类要素的流动、作用和整合等行为。第一，要素协同创新是主体和制度协同创新的结果表现，往往是被动的；同时，要素协同创新的内容与状态也影响着其他两者的状态。第二，从要素协同创新自身看，一方面，各类要素具有各自独有的特征和功能，在区域协同创新与发展系统内都扮演者不可替代的地位，协同创新可以在各要素系统内独立进行；另一方面，要素系统间的协调整合与联合作用也需要进行协同创新。

3）区域协同创新的主要特征

区域协同创新的维度是多样的，创新的过程需要多层次、多领域的各类主体、要素和制度的创新组合或作用，推动系统及各类经济、社会等子系统状态的协同优化。同时，协同创新需要综合考虑各类因素和可能结果，要保证各地方区域和区域总体的经济、社会和生态等子系统在每一次"创新"作用下都能得到正向提升，即保证"总体最优、部分合理"。区域协同创新系统作为区域协同发展的基础支撑和动力源泉，其自身优化发展也应有相应的动力机制和运行方式，要求具有良好的自组织特性。自组织性要求区域协同创新能动态地改变自身结构和功能，在内外环境持续变化的必然条件下，区域协同创新系统能够通过创新体制机制、技术体系等，引导新一轮主体协同互动、要素重组联合，自发持续地为区域协同发展优化注入动力。

1. 2. 2　京津冀协同创新的意义

1. 2. 2. 1　国家层面

（1）应对激烈的全球竞争、提升国家核心竞争力

信息技术快速发展和经济全球化背景下的各国竞争日益激烈，城市再难作为独立的空间尺度，支撑国家参与新一轮的全球竞争。同时，生产要素在时空维度上流动性明显增强，生产与地理空间逐渐交织形成复杂的网络结构。在这一背景下，以地理空间较为邻近的城市为节点所形成的城市群区域成为国家提升经济实力、重构国际经济地位的关键抓手。京津冀区域是我国的"第三增长极"、北方最大城市群，促进京津冀协同发展是进一步强化我国国际竞争力和综合实力的必然选择。京津冀协同创新是其协同发展的动力源泉，因此构建合理体制机制，营造区域内外良好环境，促进该区域协同创新能力提升，是我国应对当前严峻、多变的国际竞争形势和打造国家核心竞争力的落脚点。

（2）平衡经济空间格局、提供可借鉴的发展经验

"十三五"规划指出："要以'一带一路'建设、京津冀协同发展、长江经济带发展为引领构建我国区域发展新格局。"《京津冀协同发展规划纲要》中提出要将京津冀地区打造成为"全国创新驱动经济增长新引擎"。京津冀是引领我国北方地区发展、平衡南北经济格局的战略高地。

协同创新推动下的京津冀区域发展能够更好地适应国内外瞬息万变的发展局势，广泛地与区外其他地区进行合作，从而对全国范围内产业分工、要素流动等产生推动和引领作用。另一方面，作为全国重点发展和改革区域之一，京津冀协同创新过程的相关体制机制形式、政策工具，产业分工协作和要素流动引导等方面的经验教训可以被我国其他城市群所借鉴。相比于国外城市群发展经验，京津冀协同创新所提供的范式和创新发展模式更加符合我国国情，能够为国内尚未成熟区域的发展提供更为具体、可行的方法论。

（3）强化首都功能、提升中央机构运行效率

首都的可持续发展和城市综合环境是影响国家机构运行效率的重要因素之一，也是国家稳定发展、统筹规划的必然要求之一。京津冀区域的"不协同"导致北京作为国家首都面临着严重的"大城市病"问题，首都功能和非首都功能往往产生难以调和的矛盾。因此，通过创新思路和方式，将非首都功能有选择地部分"疏解"至津冀地区，同时重构首都经济社会空间格局，对改善中央机构办公环境、提升城市运行效率有着重要作用。

1.2.2.2　区域层面

京津冀地区地处我国北方沿海的咽喉地区，区位优势明显，经历了新中国成立以来70多年的发展，已经形成了相当雄厚的现代生产能力和配套服务基础；另外，深厚的历史渊源、独特的自然地理格局以及长期发展带来的在经济、社会和文化等多层面的客观联系，使得京津冀一体化和协同发展不断朝着更高水平迈进。然而，近年来京津冀区域发展较"长三角"和"珠三角"弱的观点已成为各界的共识，主要原因在于区域内部经济联系、社会网络、交通设施、公共服务以及空间格局的协调配置欠缺，要素流动受行政壁垒和地方保护主义限制严重，造成京津冀地区面临着较为严重的区域发展不均衡、区域整体发展动力较弱的问题。

协同创新是解决京津冀综合性问题、焕发持续发展动力的根本途径。通过协同创新，可以充分调动和协同地方政府力量，打破行政壁垒，缩小区域内部发展差距，营造互利共赢的区域发展环境。只有通过创新体制机制和协同发展的方式，才能打破长期以来形成的内生发展障碍，有效应对

当前严峻的国内国际形势，以推进区域一体化市场构建、国土空间优化、区域治理协同、生态补偿机制和公共服务均等化等方面工作为着力点，逐步实现区域整体性、均衡性的持续突破发展。

1.2.2.3 省市层面

（1）北京市

北京市是中华人民共和国首都，具有"政治中心、文化中心、国际交往中心、科技创新中心"的不可替代地位。改革开放以来，北京的经济快速发展和相对落后的城市管理及设施配备水平间的矛盾，加之对其首都功能和非首都功能欠缺明确分析规划，使得北京出现住房紧张、交通拥挤和环境恶化等各类"大城市病"难题。通过在更广阔区域范围内的推动协同创新，可充分疏解北京部分非首都功能，明确首都功能和核心非首都功能，进而有效缓解和解决北京大城市病问题。另外，协同创新将加快京津冀区域朝着空间一体化发展，依托空间一体化的区域发展腹地，北京成为与纽约、伦敦和东京等有着同样影响力和辐射力的"世界城市"的支撑和动力将更加牢固和持续。

（2）天津市

天津作为"中国北方经济中心、国际港口城市和生态宜居城市"，相比于河北而言与北京发展差距较小，在京津冀区域协同发展过程中，天津具有承接北京部分高端产业的良好潜力。通过区域协同创新，天津可通过其独特的区域价值链的"居间"位置和地理区位优势，充分利用北京在信息、资金以及河北在下游制造业和劳动力等方面的支持，加快自身产业集群建设，在航空航天设备、生物医药、新能源技术等新型产业方面形成自身优势。同时，通过推动区域科技协同创新共同体建设，天津也可成为独特的次级区域创新要素集聚高地。另外，交通网络逐步完善情况下，通过协同创新作用，可将天津"空、港、陆"三维交通充分整合提升，进一步提升天津港在全域乃至全国的地位，增强其对我国中西部腹地的服务能力。

（3）河北省

京津冀协同发展过程中，河北省将着重在城市布局优化、现代产业体系、综合交通运输网络以及生态涵养保护等方面推进自身发展。因此，协同创新机制的构建，将加速河北城镇化进程，吸纳北京疏解的部分人口；科学合理地配置与京津两市匹配的相关产业，在整体科技创新过程中，更好地享受知识溢出和技术扩散带来的社会经济效益；通过创新体制机制，充分协调京津冀三省市利益，有利于加快河北高效便捷的网络化综合交通体系建设，提高京津冀三地人流、物流的流动效率；通过创新区域生态补偿机制，充分将河北的生态环境问题与北京、天津相联系，加快河北至京津冀全境解决大气污染困局，促进山水林田湖海的综合治理。

1.3 研究思路

1.3.1 研究背景及思路视角

1.3.1.1 京津冀协同发展战略的实践与困境

党的十八大以来，党和国家高度重视京津冀区域发展，以2014年2月习近平总书记在北京考察时发表的重要讲话为标志，京津冀协同发展战略正式提出，相关理论研究和实践探索进入丰富和加速发展阶段。随后，一系列顶层设计得到逐步完善：2014年国务院成立了京津冀协同发展领导小组；2015年，中共中央政治局审议通过《京津冀协同发展规划纲要》；2016年的"十三五"规划，明确了"一带一路"倡议、京津冀协同发展战略、长江经济带战略的推动落实是引领重构国家区域格局的主要抓手①。

京津冀区域具有特殊战略地位，以协同创新促协同发展，对提升我国区域竞争力、国际新形势应对能力，优化我国区域经济格局以及中央机构运行效率等都有重要意义；以协同创新推动区域发展，可以通过焕发经济活力、社会进步动力等，消除区域整体进步的主要障碍。这一过程中不断催生的"新利益、新财富"，也能更加合理地在区内各主体间分配，对优

---

① 孙久文. 京津冀协同发展70年的回顾与展望 [J]. 区域经济评论，2019（4）：25-31.

化区域发展格局、缩小区域差距也具有重要意义。此外，北京、天津和河北在协同创新的过程中，也将根据自身特征和战略定位，获得新发展、新收益，不断形成新的核心竞争力。

2014 年后，京津冀协同发展进入新时期，以首都非核心功能疏解为突破口和重点内容，在普通制造业、批发类专业市场和物流基地等方面推动了一系列工作，区内新型产业协同体系构建稳步推进；以互联互通为导向加快推进高速公路、铁路建设，交通基础设施网络体系短板逐步补齐，成效初显；区内环境联防共治工作有序推进，建立了区域空气重污染预警会商制度和应急联动长效机制等①。然而，在战略推动的同时也伴随着严峻的挑战和障碍。现实中，区内发展差距依旧悬殊、公共服务和教育资源配置尚需均衡、河北空气质量较差等问题仍旧明显，三地政治和经济上的权力差距、地方保护主义和路径依赖仍是制约区域协同发展的重要因素②。一方面，打破京津冀上述困境，通过单一形式的跨区域合作或仅依靠北京自发的辐射带动作用远远不够；另一方面，京津冀协同发展相关理论如何完善、战略怎样进一步推动实施，成为必须面对的严峻挑战。

本书的研究思路如图 1-5 所示。

1.3.1.2　京津冀协同创新与发展需要系统思维和历史视角

以上分析不禁令人思考：京津冀协同发展的当前困境和障碍是如何形成的？在资源限制条件下，如何协调有序地推进各项工作？京津冀协同发展能否和怎样具备强劲协调的动力机制，从而自发、自组织地推动自身优化发展？为此，本书将区域视为复杂系统，分析了"区域协同创新"作为"区域协同发展"的根本动力的构成和特征；同时，本书后续章节将以时间脉络为线索，从历史发展视角出发，基于多层次、多领域维度，结合国内外成果经验的比较，总结新中国成立 70 年来京津冀区域协同创新与发展的整体脉络，梳理现状成就并进行趋势展望。

---

① 薄文广，殷广卫. 京津冀协同发展：进程与展望［J］. 南开学报（哲学社会科学版），2017（6）：70-80.

② 薄文广，陈飞. 京津冀协同发展：挑战与困境［J］. 南开学报（哲学社会科学版），2015（1）：110-118.

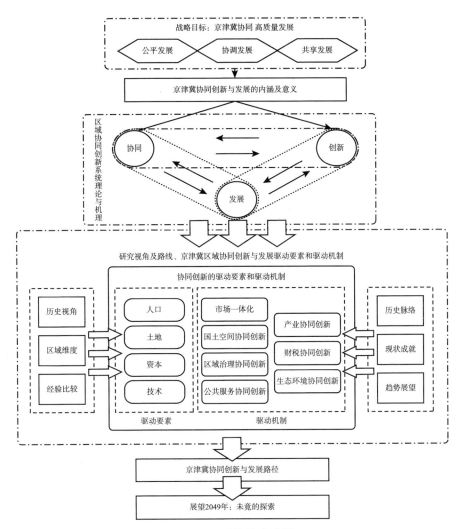

图 1-5　总体技术路线

资料来源：笔者自绘。

第一，区域（城市群）是一类典型的复杂自适应（社会）系统①。在动态演化的制度环境内，区域内部能动主体以要素作用等为内容，持续产生复杂、综合的相互作用。京津冀区域协同发展要求区域内多层次、多领

---

① 曾珍香，段丹华，张培，等．基于复杂系统理论的区域协调发展机制研究——以京津冀区域为例［J］．改革与战略，2008，24（1）：89－91.

域的各类主体公平地享有发展权利和发展机会，各功能系统、各地域单元能够均衡发展、共享成果。京津冀协同发展的根本动力在于协同创新。区域协同创新是区域系统内各层次、各领域主体复杂互动作用下，基于不断优化的动态制度协同环境，以创新性的要素协同组合为内容和表现形式，形成破除区域经济、社会和生态环境优化发展障碍，推动系统各区域层次、各功能维度不断革新进步的协同发展动力系统。另外，京津冀协同、高质量发展是京津冀协同创新的战略目标。协同发展的静态特征是协同创新成效的有效反馈，协同发展战略不断优化完善也为协同创新提供了动态的目标和纠偏系统支持。

第二，当前困境的形成往往是由于历史问题的积累，未来发展的障碍通常也是历史积累所致。京津冀协同创新和发展需要基于历史视角，梳理变化脉络、提炼经验教训，才能更好地服务于当前实践。新中国成立后至1978 年，高度计划、行政分割等特征主导着京津冀区域发展①，当前行政区划和三地政治权力地位基本形成于那段时期②；改革开放后，伴随着我国社会主义市场经济体制的萌芽、建立和完善，京津冀区域经历了无序竞争、合作初探、一体化战略和协同发展战略各个阶段。基于京津冀协同创新与发展视角，可将各时期放到统一基础和标准的梳理分析框架，从而得出具有规律性的发展脉络结论，为京津冀区域和其他区域协同创新与发展提供有力借鉴。

1.3.1.3　京津冀协同创新与发展优化的驱动要素与关键驱动机制

（1）京津冀协同创新与发展优化的驱动要素

要素是驱动京津冀协同创新与发展最基本的"生产资料"。区域协同创新与发展本质上表现为区域内人口、土地、资本和技术等要素在一定经济社会环境下的流动、组合和相互作用，呈现出各领域、各层次区域子系统的特征和行为。本书第 2 章对马克思主义理论和西方主流经济学中的生产要素范围观点进行了梳理分析，发现两者的观点表现出一定的一致性和趋同性。在生产力、生产关系不断发展升级的背景下，生产要素范围不断

---

① 孙久文．京津冀协同发展 70 年的回顾与展望［J］．区域经济评论，2019（4）：25－31．
② 孙冬虎．"京津冀一体化"的历史考察［J］．北京社会科学，2014（12）：48－53．

扩大，从最初仅包含"劳动"一种要素，逐步发展为"劳动、资本和土地"，再到包含"劳动、土地、资本、组织和信息技术等"；"能动的人"为主体所形成的"劳动"贯穿始终；非实体性的生产要素在生产活动中的角色地位愈发突出；金融资本所代表的投资部门对经济发展的推动影响愈发凸显。

考虑到京津冀区域协同创新与发展的要求，相关微观要素范围则更加广泛。"要素"应当是一切与该系统状态表现和动态优化发展相关的物质、非物质要素。其中，区域人口的结构与流动分布、土地的规划与使用状态、资本资金的分布与流动以及区内知识和技术创新的集聚与扩散特征等是最为核心要素特征，是带动其他要素发展、推动驱动机制实施以及优化区域系统整体的主要落脚点和抓手。

（2）京津冀协同创新与发展优化的关键驱动机制

推动京津冀协同创新与高质量发展，需要根据不同部门特点和当前的实施条件，选取中观维度的部门子系统为关键抓手实施多维度、多部门推进，进而形成由特定制度体系、特定参与主体和各类要素构成的京津冀区域协同创新与发展的子系统。本书将其视为一类自发的驱动机制，通过各类驱动机制在不同领域内的持续推动作用，最终形成突破重点领域障碍、优化区域系统整体的强大合力。根据当前京津冀协同发展战略和区域现状要求，本书认为相关驱动机制主要涉及针对要素流动和分布的区域市场一体化问题，产业发展、公共服务等中观社会经济发展领域，国土空间规划、生态环境治理等国家战略或规划范畴，以及区域治理、地方政府财税协同等。如图 1-5 所示。

第一，市场一体化方面，市场体系是经济运行的中介，起着作为商品、要素交换平台的重要作用。价格机制、供求机制和竞争机制等市场机制作为经济条件和运行的基础，在区域系统内同样起到优化资源配置、提升交易效率以及提供更为充分和对称信息的重要作用。

第二，区域产业系统的规模与结构、特征与功能是形成区域整体优势和吸引力以及国家竞争力的主要依托。区域协同发展由低水平向高水平演进过程中，对产业结构的调整优化往往处于核心地位。

第三，国土空间是指国家主权与主权权利管辖下的地域空间。它是一国及其国民依附生存的自然根基，也是该国通过配置各种资源实现发展目标的主要场所，还是区域经济、政治、文化、社会、生态等要素相互作用的载体，深刻影响着区域的发展。

第四，传统单一碎片化的地方政府治理模式滞后于复杂的现代政府治理场域①。特别是在区域的中观视角下，以行政分割、地方保护为特征的传统模式，越来越成为制约区域整体与部分共进发展的障碍，这种情况倒逼横向区域内地方政府共同推动协同治理。

第五，基本公共服务均等化一方面是促进区内人口合理流动迁移、有效集聚与分散，引导资本、技术等要素流动，重构、优化区域经济社会格局的关键环节；另一方面也有利于促进区域社会公平与稳定，具有重要的政治意义②。

第六，因地理临近性和自然环境的连续性，区域内各子区域的生态环境是统一的"命运共同体"的组成部分。"绿水青山也是金山银山"，怎样优化区域环境生态、怎样平衡调节区域间经济发展与生态保护间的矛盾关系，是区域系统综合优化不可回避的重要问题之一。

第七，财税政策是政府主导社会资源再分配的主要基础和手段。财税体制是影响区域经济社会格局的重要因素。创新财税协同制度是地方政府打破行政分割、形成合力、加速实现一体化的重要推进器和基本保障③。

1.3.2　研究内容及章节安排

区域协同创新与发展本质表现为区域内人口、土地、资本和技术等要素在一定经济社会环境下的流动、组合和相互作用，呈现出各领域、各层次区域子系统的特征和行为。基于对京津冀区域战略定位、当前障碍等的

① 李金龙，武俊伟. 京津冀府际协同治理动力机制的多元分析 [J]. 江淮论坛，2017（1）：73 – 79.

② 易成栋，巩密密. 京津冀公共服务协同创新研究 [C] //京津冀发展报告（2015）. 北京：社会科学文献出版社，2015：149 – 150.

③ 杨全社，李林君，刘叶莎. 京津冀财税制度创新的机制与模式研究 [C] //京津冀发展报告（2018）. 北京：社会科学文献出版社，2018：113 – 114.

分析，本书选取人口迁移与市场一体化、国土空间、区域治理、公共服务、生态环境和财税机制七个方面，分别梳理其理论基础、发展历程（成就、经验与教训），分析该领域今后协同创新的趋势并总结历史大事件。最后，总结区域协同创新发展的新特征和驱动模式，展望京津冀区域创新的未来。具体章节安排如下：

第 1 章为绪论。主要介绍京津冀协同创新与发展的相关背景，界定分析区域协同创新的内涵和内容，提出京津冀协同创新的意义。最后，对本书的研究思路视角、内容及章节安排做出说明。

第 2 章为京津冀区域市场一体化研究。京津冀协同发展的主要目标之一是推动京津冀经济一体化水平的优化提升。现有将市场一体化等同于经济一体化的研究，忽视了产业和基础设施的作用，同时对市场一体化的解释存在边界模糊的问题①。从国民经济运行系统看，市场体系是经济运行的中介，起到作为商品、要素交换平台的重要作用。价格机制、供求机制和竞争机制等市场机制作为经济条件和运行的基础，在区域系统内同样起到优化资源配置、提升交易效率以及提供更为充分和对称信息的重要作用。梳理分析新中国成立 70 年来，特别是改革开放以来推动京津冀统一市场形成发展的各类规划、政策和机制，测算市场一体化水平（商品市场）发展变化沿革，重点分析劳动力（包括人口流动）、金融、产权三类要素市场的发展规律和经验教训，对分析区域当前市场分割存在的原因、破除区域一体化的市场障碍等具有重要参考意义。

第 3 章为京津冀产业发展协同创新研究。区域产业集群的规模与结构、特征与功能是形成区域整体优势和吸引力以及国家竞争力的主要依托。区域协同发展由低水平向高水平演进过程中，对产业结构的调整优化往往处于核心地位。当前，京津冀产业协同发展取得了一定的成果，但同时也暴露出各类问题和障碍，这与改革开放前的高度计划体制、改革开放后在市场分割、地方保护等环境下形成的长期产业分工的影响有密切联系。因此，通过回顾历史，总结经验教训，才能为正视当前问题、服务未

① 贺灿飞，黄志基，等. 中国城市发展透视与评价：基于经济地理视角［M］. 北京：科学出版社，2014：1 - 297.

来发展提供更广阔和系统的视角。

第 4 章为京津冀国土空间协同创新研究。国土空间是指国家主权与主权权利管辖下的地域空间。国土空间规划是国家空间发展的指南、可持续发展的空间蓝图,是各类开发保护建设活动的基本依据,对实践活动具有根本影响。经过多年发展,不同部门和地区主体对国土空间规划有着不同规定,主要形式包括主体功能区规划、土地利用规划和城乡规划三类。近年来,国家大力推动"多规合一",将上述三类规划整合形成"国土空间规划"。京津冀区域国土空间发展沿革深刻反映了我国整体空间利用政策的演化规律,同时因北京特殊的政治地位、雄安新区设立等原因和因素,京津冀三地在国土空间协同发展方面具有特殊意义和作用。因此,梳理新中国成立以来相关发展沿革,对三地协同调整耕地、建设用地规模,推动建设统一城乡市场等具有良好的借鉴价值。

第 5 章为京津冀区域治理协同创新研究。当前,传统单一碎片化的地方政府治理模式滞后于复杂的现代政府治理场域[①]。特别是在区域的中观视角下,以行政分割、地方保护为特征的传统模式,越来越成为制约区域整体与部分共进发展的障碍,这种情况倒逼横向地方政府协同治理的兴起。从地方政府的公共管理职能分析出发,通过历史视角、经验比较、系统分析等途径,将区域内各行政单元的职能重新洗牌,实现从区内分治、地方保护逐渐转向区域共治、风险共担,从单元间的恶性竞争与资源争夺到优势互补、共享利益的府际协同治理新格局,是当前重要课题之一。

第 6 章为京津冀公共服务协同创新研究。在推进京津冀协同发展过程中,基本公共服务均等化既是重要目标,也是关键因素。基本公共服务均等化是促进区内人口合理流动迁移、有效集聚与分散,引导资本、技术等要素流动,重构优化区域经济社会格局的关键环节。基本公共服务均等化有利于促进区域社会公平与稳定,具有重要的政治意义[②]。系统梳理京津

---

① 李金龙,武俊伟. 京津冀府际协同治理动力机制的多元分析 [J]. 江淮论坛,2017 (1):73 – 79.

② 易成栋,巩密密. 京津冀公共服务协同创新研究 [C]//京津冀发展报告 (2015). 北京:社会科学文献出版社,2015:149 – 150.

冀公共服务发展历史沿革，总结各时期公共服务协同创新政策机制、区内差异化分布特征等，对当前破除区内不均格局困境、可行方案优化等具有特殊意义。

第7章为京津冀生态环境保护协同创新研究。党的十八大以来，生态文明建设在我国发展战略和整体布局中的地位愈发凸显，党的十九大明确提出要"坚持人与自然和谐共生"。因地理临近性和自然环境的连续性等因素，京津冀三地生态环境组成统一的"命运共同体"。京津冀生态协同发展是京津冀协同发展战略的重要组成部分。目前，京津冀地区在清洁生产、大气污染联防联控、生态修复等方面展开协同合作，取得了一定成果[①]。本书将基于更为广阔的历史视角，梳理分析、评价提炼京津冀生态文明协同创新与发展状态和经验教训，为未来发展提供合理借鉴。

第8章为京津冀财税制度协同创新研究。财税政策是政府主导社会资源再分配的主要基础和手段。财税体制是影响区域经济社会格局的重要因素。创新财税协同制度是京津冀三地政府打破行政分割，形成合力，加速实现一体化的重要推进器和基本保障[②]，同时也是推动产业、交通、公共服务和生态建设等其他领域协同创新与发展的重要保障。当前，三地政府由于面临巨大的财政压力，同时追求自身税收最大化的激励仍旧强劲，跨区资源争夺造成的公共产品分布不均和收入差距过大问题仍旧严峻。因而，梳理新中国成立以来区域财税制度环境变迁规律，对回答区域财税制度协同创新如何推动区域发展和格局重构，怎样进一步有效创新财税制度本身的协同方式，合理发挥财政政策这只"有形之手"的作用，具有重要的意义。

第9章为京津冀协同创新与发展未来趋势展望。总结过去，是为了更好地发展当下、规划未来。为此，本书的最后一章拟对京津冀未来协

① 张贵祥，赵琳琳，葛以恒. 京津冀生态协同发展模式与机制［C］//京津冀发展报告（2018）. 北京：社会科学文献出版社，2018：113 - 114.

② 杨全社，李林君，刘叶莎. 京津冀财税制度创新的机制与模式研究［C］//京津冀发展报告（2018）. 北京：社会科学文献出版社，2018：113 - 114.

同创新与发展进行展望。从建设世界级城市群的总体目标出发，对疏解非首都功能、区域首都功能的重新布局和重构、构建首都功能的大格局提出展望，并从区域治理模式、区域投融资机制、区域税收分享机制、财政转移支付、法律保障等角度，展望未来 30 年京津冀协同创新的重大抓手。

第 2 章
京津冀区域市场一体化研究

京津冀市场一体化是京津冀协同发展的重要领域和表现形式之一。区域市场一体化即为区域内经济活动受同一供求和价格机制调控，形成统一的市场经济运行机制的过程和状态。分析研究新中国成立以来京津冀市场一体化发展历程，有利于加深对该区域市场机制形成和发展、要素流动集聚变化过程等方面发展脉络的认识，对界定当前主要障碍、提出优化发展措施等也有着良好的参考价值。在概念界定、理论梳理和对象确定的基础上，对新中国成立以来京津冀市场一体化发展过程中各阶段的整体主导思想、措施、规划和合作形式等进行了梳理，同时分别对京津冀商品市场和部分要素市场（劳动力、金融）一体化变化历程进行了较为细致的研究。进而，对京津冀市场一体化发展的总体特征和实践启示等进行了提炼和总结，并从区域市场体系整体、商品市场以及要素市场中的劳动力市场、金融市场和产权市场五个方面对未来的发展趋势进行了展望分析。

2.1 理 论 基 础

区域市场一体化即为区域内经济活动受同一供求和价格机制调控，形成统一的市场经济运行机制的过程和状态。对商品和生产要素的区内流动情况进行研究，是判断区域市场一体化水平最基本的视角和方式之一。区域市场一体化发展的理论基础包括区域经济增长相关理论、区域经济一体化相关理论和区域人口迁移相关理论等。基于马克思主义和西方经济学的观点，本节对区域市场一体化发展过程中涉及的相关要素进行了界定。

2.1.1　区域市场一体化的内涵分析

在早期，区域市场一体化多指国际区域市场一体化。国家间的经济边界主要受国家主权，不同体制、制度和政策条件以及经济基础等因素影响形成，经济边界与主权边界往往重合。主权国家往往基于本国利益考虑，通过设置关税，限制资金流动或提高企业准入等措施保护本国市场，从而形成国家间的经济边界。国际区域经济一体化主要以消除关税或非关税等贸易壁垒为主要手段和内容，可分为自由贸易区、关税同盟、大市场等多个层次①。

在一国疆域范围内的区域市场中，关税等贸易壁垒形式不再产生影响。地方市场分割是与国内市场一体化相对应的重要概念，从某种意义上讲建设全国统一开放市场的过程就是逐步打破、消除地方市场分割的过程②。地方市场分割指一国范围内各地方政府为了本地的利益，通过行政管制手段，限制外地资源进入本地市场或限制本地资源流向外地的行为③。因此，国内区域市场内经济主体间边界的形成和维持，往往由自然地理、中央和地方政府关系、地方政府行为以及各区域子单元经济社会发展的历史环境和现实基础等因素决定。

综上所述，两类市场一体化的主要目标都是促进区域内商品及要素流动自由化和合理化，形成区域统一、高效的市场机制。因此，可认为区域市场一体化即表示某一区域内各子区域间经济边界逐步消失，商品、生产要素可以跨区域自由流动，内部各层次经济主体受同样的供求和价格机制影响，区域整体形成统一的市场经济运行机制的过程和状态。

---

① 国务院发展研究中心课题组．国内市场一体化对中国地区协调发展的影响及其启示 [J]．中国工商管理研究，2005（12）：22 – 25．

② 徐现祥，李郇．市场一体化与区域协调发展 [J]．经济研究，2005（12）：57 – 67．

③ 银温泉，才婉茹．我国地方市场分割的成因和治理 [J]．经济研究，2001（6）：3 – 12．

2.1.2　区域市场一体化的理论梳理

推进区域市场一体化是一项复杂的系统工程，涉及区域贸易、经济增长、制度经济学等多项理论。根据马清华（2003）①、高景楠（2009）②等学者的总结，梳理得到以下区域市场一体化发展的相关理论。

2.1.2.1　区域经济增长相关理论

首先是新古典理论学派的有关论述。该理论认为，劳动力、资本和土地是决定经济增长的三大要素，要素地利用和流动决定着区域经济增长的最终效果。换言之，只有充分高效地利用本区域内的生产要素，才能保证本区域经济最大限度的增长。新古典理论模型中，区域经济的增长取决于资本积累，经济增长与资本形成存在某种函数关系，为提高资本积累水平以促进区域经济增长，建立一体化的区域市场是必然选择。区域经济一体化的任务是通过取消区域内各类限制和壁垒，充分发挥各子区域的比较优势，以促进要素、商品在区内的充分流动、资源的有效利用和吸引投资等，建立能够激发企业扩大生产规模的统一市场，促进区域经济增长。同时，该学派认为，要素自由流动和贸易自由化能够推进区内价格趋同，促进区域内的均衡发展。

其次是新增长理论学派的有关论述。新增长理论是将区域经济发展的极化理论纳入新古典模型框架内后产生的，是两者的综合。一方面，同新古典理论一样，新增长理论也从一般均衡出发分析问题；另一方面，其应用了大量如外部效应、市场垄断等与极化理论类似的构成要素和结论③。以罗默（Romer，1986）的内生增长理论为例，关于区域经济一体化问题，罗默认为消除区域间经济壁垒，将极大促进各区域人力资本和知识量，进而达到提高经济增长率的目的。内生增长理论建议促进国际贸易与合作，认为贸易政策和区域一体化合作对世界经济增长具有正效益，而贸易保护主义则会影响要素向知识创造部门分配，产生对技术创新的抑

①　高景楠 . 京津冀区域市场一体化研究［D］. 天津财经大学，2009.
②　马清华 . 京津市场一体化理论与实证分析［J］. 环渤海经济瞭望，2003（8）：12 – 16.
③　陈秀山，张可云 . 区域经济理论［M］. 北京：商务印书馆，2003：217 – 227.

制作用①。

2.1.2.2　区域经济一体化相关理论

区域经济一体化理论（regional economic integration theory）是区域国际贸易协调发展的理论基础。实践证明，该理论同样对国家内区域间贸易协调也有重要的指导意义，相关理论包括有关税同盟理论、大市场理论等。

关税同盟理论被普遍认为是区域经济一体化的核心理论。维纳（Viner）于 1950 年发表的"The Customs Union Issue"奠定了这一理论的基础，后由米德、科普赛和科登等学者进行了发展与完善。关税同盟指成员国间取消关税和非关税壁垒，建立统一对外关税的区域经济一体化组织。维纳创造性地提出了"贸易创造"（trade creation）和"贸易转移"（trade diversion）的概念，认为关税同盟效应是两者综合的效果，等于前者的收益减去后者所造成的损失。自维纳之后，米德（Meade，1955）等学者分析了关税同盟的福利效应。从 20 世纪 60 年代开始，库珀（Cooper，1965）、巴拉萨（Balassa，1968）等众多学者开始围绕经济规模、生产经营和资源利用等问题，展开对关税同盟的动态效应的讨论。同时，考虑各成员国长期经济利益以及促进区域经济一体化发展，对动态效应的研究分析更加受到重视。一般认为，关税联盟具有如下的动态效果：优化区域竞争格局，促进区域科技进步和经济增长；扩大成员国市场范围，形成规模经济效益；促进资源及生产要素优化配置；刺激区域内部投资，增强资本流动。

大市场理论是共同市场的重要理论基础之一。共同市场（common market）理论的代表人物是米德（Meade）和伍顿（Wooton），他们分析了生产要素可自由流动的条件下，共同市场内部各成员生产要素的价格及收益情况，认为建立共同市场可以使成员国总体收入水平上升，并伴有可能的技术与管理要素转移，进而提高劳动生产率，带来经济增长效应。共同市场是区域经济一体化的一个重要阶段，表现为区域内部跨越国界的以贸

---

① 马清华. 京津市场一体化理论与实证分析 [J]. 环渤海经济瞭望，2003（8）：12 – 16.

易自由化、要素流动自由化为特征的市场形式。共同市场是关税同盟进一步深入①。

相比于静态关税同盟理论，动态的大市场理论更为深入与进步。大市场理论的代表人物有希托夫斯基（Scitovsky）和丹尼奥（Deniau）等。大市场理论主要有以下两个核心观点：一是通过将区内各国市场整合为统一的区域大市场，有利于破除这一障碍以实现区域内各国企业整体的规模收益提升；二是区域市场将提升竞争程度，由此促进科技发展、降低生产成本和提高消费环境质量。

2.1.2.3　新制度经济学相关理论

新制度经济学的相关理论主要涉及交易费用和信息不对称理论。交易费用理论是现代产权理论大厦的基础，由罗纳德·科斯教授（Coase）于1937年在其所著的《企业的性质》一文中首次引入经济学分析。科斯认为，交易费用是指达成一笔交易所要花费的成本，即买卖过程中所花费的全部时间和货币成本。交易成本包括发现贴现价格、获得市场信息、谈判交易和履行合同等的成本等。科斯之后，威廉姆森等经济学家对交易费用理论进行了发展和完善。按照交易费用理论的观点，市场和企业是两种不同的经济组织形式，关键在于两者组织劳动分工时交易费用的大小比较。该理论打破了新古典经济理论对经济组织和市场的完美假设，完善了经济学研究，也为经济学开辟了新视角。它正视了价格信息不完全、不对称的现实，用交易费用的概念将不完全信息与完全信息进行了连接。交易费用和信息不对称理论认为，完成交易的难易程度决定交易成本大小，进而决定市场规模的大小。交易成本越低，市场需求越旺盛，市场发展越充分。一体化的区域统一市场有利于资源配置效率的提升，从而降低市场信息不对称程度、节约交易成本，促进交易和市场发展。

2.1.2.4　区域人口迁移相关理论

区域经济理论多假设资本区内自由流动、土地不可流动，影响区域经

---

① 王曼怡. 我国特大城市CBD金融集聚差异化发展研究［M］. 北京：中国金融出版社，2016：81.

济发展与格局变化的最为重要的因素一般是薪资差异和人口流动性强弱水平。因此，人口空间流动的相关理论具有重要的借鉴意义。19 世纪 80 年代，雷文斯坦（E. G. Ravenstein）提出"人口迁移法则"，提出经济状况改善是迁移的主要目的，迁移常表现为由落后地区向富裕地区的规律运动[①]。1946 年，美国社会学家齐普夫（G. K. Zipf）提出人口迁移的引力模型，认为人口迁移数量与迁入地、迁出地人口数的乘积成正比，与两地的距离成反比[②]，相关研究也开始从定性向定量的方式转变。20 世纪 50 年代，博格（D. J. Bogue）提出系统的推拉理论，认为以经济因素、生活条件为核心，经济、文化、政治等的多重因素在流入、流出地间的不平衡性，形成了人口迁移推力与拉力。随后，李（E. S. Lee）、赫伯尔（R. Herberle）发展并完善了这一理论。舒尔茨（T. W. Schults）提出了成本—收益理论，将人口迁移视为投资，从迁移带来的成本和收益的角度考虑决策和行动的规律，提供了创新性的角度。美国人口学家罗杰斯（A. Rogers）利用瑞典等国的人口普查资料，提出了年龄—迁移率理论模型，他从年龄视角考察迁移概率，认为一般在幼儿阶段较高，到初等义务教育阶段下降较快，但该阶段结束又迅速上升，到 20 ~ 30 岁达到顶峰，之后缓慢下降。在发展经济学领域，刘易斯（W. A. Lewis）在 1954 年提出了发展中国家"农业（农村）—工业（城镇）"两部门间人口流动模型；1969 年托达罗（M. P. Todaro）提出迁移者做出决策的决定因素是预期收入，而不是城乡的实际收入差[③]，即"托达罗模型"。

2.1.3 区域市场一体化发展相关要素界定

2.1.3.1 经典理论对生产要素的界定与发展

（1）马克思主义对生产要素的界定分析

人类在改造自然的"劳动"过程中形成了生产力和生产关系。其中，前者对应人与自然，后者对应人类之间，且生产力决定生产关系。因此，

---

① 赵晋. 我国人口城乡迁移的理论与模式研究 [D]. 吉林大学，2008.
② 蔡霞. 国内外人口迁移研究现状综述 [J]. 知识经济，2014（8）：55 - 57.
③ 饶旻. 京津冀劳动力流动特点及影响因素分析 [D]. 首都经济贸易大学，2011.

人类社会结构和状态的变化归根结底是由生产力的变革与发展推动的。生产力是人类在从事物质劳动过程中与自然进行物质交换的能力，或具有劳动能力的人和生产资料相结合而形成的改造自然的能力，可狭义地理解为"人类生产有用物品、创造财富的能力"。生产力是客观的、不以人的意志为转移，物质要素是其构成要素。而这类物质要素即为"生产要素"，包括劳动者、劳动资料和劳动对象。生产要素作为生产活动的内在构成部分，是生产活动的具体承担者①。

劳动者即具有一定劳动能力的人，是生产的能动主体。劳动能力指劳动者体力和智力的总和。劳动者是首要生产要素，其质量和数量决定了社会发展的状态和动力。劳动资料即劳动工具，是劳动者用来传递自己对劳动对象或作为总的劳动对象的自然界的作用的物或物的系统②。劳动资料本身的性质变化，及其对生产活动效率的促进作用等，是表征社会生产力高低的主要标志。劳动对象是生产活动存在的前提，是劳动者将其劳动加在其上的一切物质资料，包括天然存在和已被劳动改造过后的物质资料。

劳动资料和劳动对象合称生产资料。劳动力和生产资料是生产的基本要素，两者对于生产活动缺一不可。马克思主义理论强调人的能动性在生产活动中的核心作用，也就是说只有通过人对自身劳动力的实际使用，即劳动实际发生，生产要素才能被有机利用，通过生产过程形成劳动产品，产生人类财富。

（2）西方经济学对生产要素的界定分析③④

现代西方主流经济学主要研究怎样利用和配置稀缺社会资源进行生产，以及怎样将社会产品在社会成员内合理分配的问题。社会资源即生产要素，主要包括自然赋予、劳动（体力、智力）以及人们创造出来用于生产的已有物质资料如工具、设备、厂房等。社会资源是稀缺的，因而如

① 贾娟. 论生产要素演变下发展生产力的目的意义［J］. 东方企业文化，2010（8）：110 + 86.

②③ 曹大勇. 社会经济制度变迁理论研究［D］. 西北大学，2006.

④ 张培刚. 微观经济学的产生和发展［M］. 长沙：湖南出版社，1997：214 - 217.

何高效利用和配置社会资源成为经济体所要解决的首要问题。

西方主流经济学对于生产要素的界定和分析，是随着社会经济和西方经济学理论的发展，在特定历史环境和背景下逐步丰富、补充和完善的。亚当·斯密认为，在未开化状态下，人类创造价值的要素仅为劳动。到17世纪末，威廉·佩第提出"土地是财富之母，劳动是财富之父和能动的因素"。随后，萨伊提出"所谓生产，不是创造物质，而是创造效用"，并将土地、劳动和资本归结为生产三要素。到20世纪初，新古典经济学家马歇尔在《经济学原理》中，将生产要素归结为土地、劳动力、资本和组织。而随着20世纪以来科技的迅速发展，信息、技术等也被划入生产要素中。

从研究方法看，生产要素往往属于生产者理论的研究范畴，在生产函数的右端作为自变量存在。因此，如何组合和利用生产要素使得左端生产所得最大化，以及如何测度生产要素的贡献能力等问题，成为西方经济学家的主要研究领域之一。如克拉克在《财富的分配》一书中，首次将"边际"分析方法与"生产三要素"理论相结合，创立了"边际生产力"的概念和要素收入分配理论。从20世纪中期开始，生产者理论中的要素组合理论也得到广泛关注。

（3）生产要素内容范围的发展

马克思主义和西方主流经济学都对人类社会经济系统中的生产活动进行了抽象概括，从而得出对生产要素的不同划分的观点。两类理论在解释实际和指导实践方面有着各自的优势和作用，且在某些方面殊途同归、相辅相成。主要表现为，在经济社会历史发展过程中，两者对于生产要素的内容界定变化表现了出一致性。

①生产力、生产关系发展推动生产要素范围不断扩大。如上文所述，在西方经济学理论中，生产要素范围经历了由"劳动"—"劳动和土地"—"劳动、土地和资本"—"劳动、土地、资本和组织"—"劳动、土地、资本、组织和信息技术"等的变化。而在马克思主义的相关研究中，生产要素最初仅包含劳动力、生产资料和生产对象，随后商品、信息技术等市场经济和现代社会要素逐步加入进来，如表2-1所示。

表2-1　　　　　　　　　　　生产要素历史演变情况说明

理论名称	要素内容	社会背景	解释说明
三要素	劳动、劳动对象和劳动资料	自给自足	生产能力极低，劳动所得全部用于自身消费；劳动产品不以交换为目的创造；该理论强调人与自然的关系
四要素	劳动、劳动对象、劳动资料和商品（产品）	市场条件	商品在市场上反复进行交换，交换成为直接目的；商品既是生产活动的结果，也是生产活动的前提；人与人之间的社会关系得到重视
"知识""信息流"要素论	劳动、劳动对象、劳动资料、商品（产品）、知识和信息流等	科技时代	信息行业劳动者快速增加；人们对其获取、传递、处理和运用信息的能力的依赖空前增强；隐含在劳动工具中的信息分量急剧增大；数据、信息、知识等成为新的劳动对象；信息本身作为劳动产品在网络中进行流通等

资料来源：贾娟. 论生产要素演变下发展生产力的目的意义 [J]. 东方企业文化，2010（8）：110+86.

②以"能动的人"为主体所形成的劳动力的地位不可撼动。无论是在马克思主义理论还是西方主流经济学中，劳动力和劳动始终是贯穿始终的生产要素。

③非实体性的生产要素在生产活动中的角色地位愈发突出。从马歇尔开始，人们对"组织""企业家才能"和"知识溢出"等就开始给予越来越多的重视。一方面，在现代生产体系中，劳动力的智力部分逐渐得到更多重视，劳动力要素被进一步细分为劳动力和人力资本；另一方面，现代科技，特别是计算机和互联网的发展，使得社会生产开始由传统的固态要素组合向信息要素组合转化①。

④金融资本对经济发展的影响愈发凸显。伴随着社会生产力的发展，资金、资本或金融资本对投资的影响越来越强烈。这类要素在上文中并未提及，因为马克思主义和西方经济学的要素主要关注"生产"，而金融资

---

① 曹大勇. 生产要素的历史演变和现代劳动价值关系探讨 [J]. 西北大学学报（哲学社会科学版），2005（3）：22-26.

本则属于投资。凯恩斯主义后的西方经济学界越来越重视投资对于宏观经济的影响。

2.1.3.2 京津冀协同创新与发展、市场一体化及要素构成界定

经典理论为在区域经济社会发展语境下讨论流动要素的构成提供了有力的借鉴和坚实的基础。但空间因素的引入，也使得区域流动要素的范围有其自身特点。

首先，从区域协同创新系统的视角来看，各类要素是区域协同创新系统的"生产资料"和落脚点。因此，"要素"应当是一切与该系统状态表现和动态优化发展相关的物质、非物质要素。

其次，考虑京津冀协同创新与发展的具体要求。划定微观生产要素范围时，一是要考虑与产业发展、公共服务等中观范畴的联系；二是要考虑国土空间规划、生态环境治理等国家战略或规划要求；三是要考虑府际治理和财税协同等政治经济因素。

最后，从本章主题"区域市场一体化"的内涵看，所涉及的要素构成应更加聚焦在商品服务代表的消费市场部分，以及劳动力、人力资本、金融资本、土地资源、实物或产权、信息技术等代表的生产要素市场部分。

综上所述，在京津冀协同创新与发展、京津冀市场一体化的目标规定下，本章主要涉及商品市场和生产要素市场两部分内容。商品市场一体化的水平一般能够对应区域统一市场发展总体水平。要素市场方面，现有经典理论主要涉及劳动力、资本、土地、组织、技术和信息等。而区域经济理论常假定资本自由流动、劳动力有限流动（有迁移成本）以及土地要素不可流动。同时，本书其他章节对区域国土空间资源、产业体系等问题进行了细致研究。因此，本部分选取京津冀劳动力市场以及资本市场中的金融市场和产权市场三类市场的一体化问题进行分析。

2.2　京津冀市场一体化协同发展历程

本节首先对改革开放前后与京津冀市场一体化各相关区划调整、地区

间合作机制、协议以及区域规划等进行回顾梳理。其次，基于定性与定量相结合的方法和视角，分别对京津冀商品市场和部分要素市场（劳动力、金融）一体化发展变化历程进行研究分析。总体来看，1978年前京津冀尚未有真正意义上的区域"市场"形成，区域经济社会格局的调整形式主要为行政区划和指令计划等；改革开放以来，伴随着我国对中国特色市场经济体制不断的摸索和改善，京津冀市场一体化不断向着更高水平发展，表现出"前期缓慢变化、市场单一；后期提速优化、全面发展"的整体特征。最后，通过对70年来京津冀市场一体化发展的研究发现，其主要障碍在于地区间的制度壁垒因素，因此中央层面的推动协调至关重要，同时市场一体化与区域协同发展的其他方面息息相关，是区域协同发展系统工程推进优化的重要领域之一。

2.2.1　主要历程

2.2.1.1　京津冀市场一体化战略思想和规划发展脉络梳理

（1）改革开放前

改革开放前，我国经济社会发展受到高度计划体制管控，区域内部存在明显的城乡分割和地方分割现象，人流、物流和信息流等自发流动、作用较弱，行政区划调整成为区域内经济社会结构重构的主要方式[①]。新中国成立前，京津冀经历了由明清两朝"一体化"的"直隶省"形态到民国后以逐步分化、行政分割为特征的区域格局转变。新中国成立至改革开放前夕，京津冀区域内部经历了多次行政区划调整，表现为北京在空间面积上的不断扩张，以及天津和河北复杂的多次分离、合并调整。

北京方面，主要表现为在新中国成立后的第一个十年内行政区划面积的大幅度扩张，分别在1950年10月、1952年7月、1956年3月、1957年9月、1958年3月和1958年10月从河北省划入多个县级、乡级地方单位。十年间，总行政区划面积从最初的707平方公里增加到1958年的16410平方公里，扩大了近23倍。天津与河北方面有着密切联系，表现

---

① 孙久文. 京津冀协同发展70年的回顾与展望［J］. 区域经济评论，2019（4）：25－31.

为天津在中央直辖和河北省会间身份转换和相应的区划面积经历过数次调整。1949 年至 1958 年天津为中央直辖市，其间在 1950 年、1956 年先后从河北划入多个村、县单位；1958 年至 1967 年，与唐山、沧州等进行了多次区划调整；1967 年后，又分别于 1973 年、1979 年从河北省划入多个行政单元。

这一时期，北京、天津所辖子行政单元和面积不断增加，形成了对河北省各县"按计划蚕食"的发展脉络[①]。这样单纯依赖计划和中央推进的"机械化"调节方式促使三地呈现"自成体系、各自为战"的鲜明特征，是造成京津冀经济"支离破碎"、整体性较差的决定性因素之一。

（2）改革开放后

改革开放后，我国社会主义市场经济体制建设、城乡改革和各区域经济不断发展进步，推动京津冀市场一体化各类战略思想和规划实践不断丰富，主要可分为以下三个阶段：

①萌芽探索阶段。时间范围大约在 20 世纪 80 年代初至 90 年代末，主要特征表现为首都都市圈、环渤海经济区域以及京津经济发展合作等构想开始出现，90 年代社会主义市场经济体制正式确立后行政壁垒和市场分割等实际问题凸显，京津冀区域市场一体化发展相关理论和实践成果较少。

1982 年，《北京城市建设总体规划方案》中首次提出"首都圈"概念，中央于 1983 年进行了批复认同。随后，有关单位进行了"首都圈规划"，并将这一都市圈划分为两个层次：内圈包括北京、天津、唐山、廊坊和秦皇岛；外圈则由承德、张家口、保定和沧州构成。随后，全国最早的区域协作组织——华北地区经济技术协作会成立，通过高层协商方式，有效地协调了各地区间生产、生活物资资料的跨区域调配问题。1988 年北京和河北部分地级市建立了环京经济协作区，相继创办了农副产品、工业品交易市场等。1991 年，由北京城市科学研究会发起，京津冀 9 个城市联合开展了京津冀区域城市协调发展研究课题。1992 年后，相关京津

---

① 孙冬虎."京津冀一体化"的历史考察［J］.北京社会科学，2014（12）：48－53.

冀协调组织逐渐销声匿迹，90年代中后期区域内部微观主体间、地方政府间无序竞争、保护主义等问题逐渐凸显。其间，1992年十四大报告提出要"环渤海区域开发和开放"，1997年，贾庆林于中共北京市第八次代表大会报告中正式提出"首都经济"的概念，1996年河北省全面实施"两环开放带动战略"，又在"九五"计划中将环渤海地区列为7个跨省区市经济区域第二位①。

②规划发展阶段。在20世纪90年代末至2010年前后这段时期内，京津冀一体化发展特征表现为开始从区域整体空间规划的角度提出思想或措施，同时更高层次权力单位开始关注介入，如国家发改委等中央机构的逐渐参与和协调等。

2000年，吴良镛提出了"大北京"概念，范围划定为京津唐和京津保。2001年，吴良镛主持、毛其智等人正式开启"京津冀北城乡空间发展规划研究"课题。2002年《京津冀城乡空间发展规划研究（一期报告)》发表，引起了社会各界和各层次政府机构的广泛关注，成果针对北京建设世界城市、京津冀区域合作发展等目标，提出区域级管理协调、重大项目协调与组织等机制创新，同时各城市要考虑区域全局特征改进自身城市规划等措施建议。2004年2月12日，在河北廊坊，由国家发改委地区经济司发起召开关于"京津冀区域经济发展战略"的研讨会，最终达成"廊坊共识"，标志着京津冀区域发展的基本思路和框架开始形成，中央层次的权力机构开始正式介入推动相关工作。"廊坊共识"主要决定在易于突破的相关领域开始推进各地区合作，如推进交通基础设施联合建设、破除经贸障碍、省市长联席会议等。此后，京津冀地区关于区域经济一体化发展的地区间协议、部门联席会议和各类学术研讨与课题研究等不断丰富，各地区城市规划也纷纷开始考虑区域整体情况以及自身在城市群体系内的功能与分工等，进行城市发展规划编制工作。如2004年5月，环渤海地区经济合作与发展论坛召开，6月环渤海合作机制会议召开；2005年发布的《北京城市总体规划》中明确提出京津冀应在多方面协作；

① 赵国岭. 京津冀区域经济合作问题研究［M］. 北京：中国经济出版社，2006：86－90.

2006 年，天津滨海新区列入国家"十一五"规划，提出其设立与发展对京津冀区域一体化发展的战略性作用；2008 年 11 月，津冀签署《加强经济与社会发展合作备忘录》，提出在共同推进滨海新区和曹妃甸新区以及渤海新区的开发建设、联合建设现代化综合交通运输体系、水资源和生态环境保护、科技和人才、教育、卫生事业等方面加强合作；2008 年 12 月，北京与河北签署《关于进一步深化经济社会发展合作的会谈纪要》，双方同意在生态环境保护、农业、旅游业、教育、金融商贸、劳务市场以及建筑市场七个方面展开合作。

③全面推进阶段。从 2010 年开始，京津冀区域经济一体化发展进入全面推动阶段。2008 年后，我国经历了从仅关注"城市"向明确"城市—区域"整体作用转变。京津冀区域的战略地位，也逐渐在国家整体发展和改革体系中得到明确，国家层级权力主体对区域发展开始进行重点规划和全面推进。2010 年，北京和河北相继提出"首都经济圈"和"环首都绿色经济圈"的战略构想，两地互为呼应，支撑之势初显；2011 年，十一届全国人大四次会议的政府工作报告以"京津冀都市圈"替代了"首都经济圈"；2013 年，习近平总书记先后提出要谱写"新时期社会主义现代化的京津'双城记'"、推动"京津冀协同发展"；2014 年 2 月，习近平总书记明确指出京津冀协同发展是重大国家战略之一。至此，京津冀市场一体化发展进入了加速推进和全面发展时期。

2015 年 4 月中央政治局会议审议通过《京津冀协同发展规划纲要》，以文件形式明确京津冀协同发展的重大战略地位，规定了交通、产业、公共服务和生态保护等重点领域的协同内容。《"十三五"时期京津冀国民经济和社会发展规划》于 2016 年 1 月印发后，区域整体空间规划以及交通、产业、科技等 12 个专项规划也相继编制完成，具有法律效力、涉及各个领域的规划类文件不断公布。伴随着一系列联系紧密、层次明确的政策相继出台，京津冀市场一体化持续、稳定和综合发展得到极大促进[①]。2016 年 5 月中共中央政治局召开会议，开始研究部署"北京城市副中心

---

① 武义青，田学斌，张云. 京津冀协同发展三年回顾与展望 [J]. 经济与管理，2017 (2).

建设"的有关工作①。2017 年 4 月 1 日，中共中央、国务院宣布设立河北雄安新区，明确新区是以习近平同志为核心的党中央深入推进京津冀协同发展做出的一项重大决策部署，其总体规划纲要于 2018 年 4 月公布，提出了雄安新区是北京非首都功能疏解集中承载地，其规划建设有利于补齐京津冀区域发展短板、提升区域经济社会发展质量和水平，并形成新的区域增长极，推动京津冀世界级城市群建设等。

2.2.1.2　京津冀各类市场的一体化发展情况分析

（1）京津冀商品市场一体化发展

①方法选择与分析思路。价格法是当前多数学者用来测算区域市场一体化的方法。一般认为，只要商品和要素有一种可以自由流动，区域商品的价格便会趋向均衡②；反之，若主要商品价格大体趋同，则可推断区域市场一体化程度较高。基于价格法原理，本文拟对京津冀 1949 年至 2017 年的商品市场一体化发展脉络进行测算，进而反映区域市场一体化整体变化情况。具体思路与步骤如下：

第一，分析 1951～2017 年商品价格环比指数和同比指数（1950 = 100）变化情况。根据高景楠（2009）③研究中对价格法的简化处理，基于公式（2－1）对京津冀三地商品价格的分异变化脉络进行分析。

$$\mathrm{VAR}(P)_t = \sum_{i}^{n} (P_{it} - \overline{P}_t)^2 \qquad (2-1)$$

第二，基于环比价格指数数据，并借鉴桂琦寒等（2006）④以及陈红霞、李国平（2009）⑤的方法，以"冰山成本"为理论基础，测度和计算地区间相对价格，对三地进行两两配对分析。考虑改革开放前后商品种类变化和数据可得性问题，本书选用公式（2－2）来计算地区间相对价格。

$$\Delta Q_{ijt} = \ln\left(\frac{p_{it}}{p_{i(t-1)}}\right) - \ln\left(\frac{p_{jt}}{p_{j(t-1)}}\right) \qquad (2-2)$$

①　孙久文. 京津冀协同发展 70 年的回顾与展望 [J]. 区域经济评论，2019 (4)：25－31.

②④　桂琦寒，陈敏，陆铭，陈钊. 中国国内商品市场趋于分割还是整合：基于相对价格法的分析 [J]. 世界经济，2006 (2)：20－30.

③　高景楠. 京津冀区域市场一体化研究 [D]. 天津财经大学，2009.

⑤　陈红霞，李国平. 1985～2007 年京津冀区域市场一体化水平测度与过程分析 [J]. 地理研究，2009，28 (6)：1476－1483.

②新中国成立以来京津冀商品市场一体化总体发展脉络测算分析。

1）京津冀三地商品价格环比指数（上年 = 100）变化情况

1951 ~ 1956 年，我国经历了新民主主义社会向社会主义社会转变的过渡时期，三地价格环比指数波动较缓、总体差异较小。1956 ~ 1958 年处于短暂的稳定时期。随后 3 年的经济困难时期（1959 ~ 1961 年），以及"大跃进""人民公社化"运动均对三地商品价格波动有明显的影响，表现为 1959 ~ 1966 年三地环比价格指数有明显波动。进入 20 世纪六七十年代，即"文化大革命"时期，全国处于极为严格的计划管控中，1966 ~ 1978 年，三地商品价格变化情况基本趋同。1978 ~ 1983 年的改革开放初期，地区间商品价格变动的差异仍较小，三地商品价格指数在 1980 年有较大幅度的同步上涨。1983 年后，三地价格变化呈现同步的剧烈波动态势。从 20 世纪 90 年代开始，中国特色社会主义市场经济逐步发展完善。90 年代前期，三地商品价格均明显上涨，但幅度有明显差距。90 年代后期至 2000 年，三地商品价格的增长同步放缓且差距减少。2000 年后，三地商品价格环比指数呈现小幅度的同步变动。如图 2 - 1 所示。

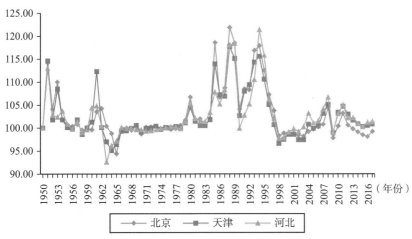

图 2 - 1　1950 ~ 2016 年京津冀三地环比商品零售价格指数

（上年 = 100）变化趋势

资料来源：笔者自绘。

2）京津冀三地商品价格同比指数（1950 年 = 100）变化情况

价格同比指数是环比变化的历史累积呈现，能够更好地反映各期实际价格水平。如图 2 - 2 所示。新中国成立后至改革开放前三地价格均长期处于较低水平；1978 ~ 1983 年，三地有同步的小幅度上升；1983 年至 1996 年，京津冀物价水平呈现飞速上涨和差距扩大的趋势；1996 ~ 2011 年，北京商品价格变动幅度放缓，而河北、天津两省市 2007 年前呈现同步下降而后呈现同步上涨；2011 年至今，三地价格水平再次趋于稳定、差距变小。

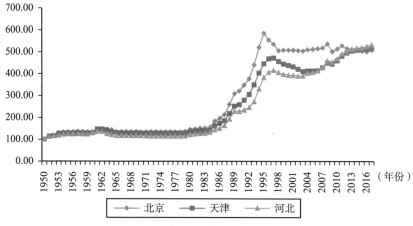

图 2 - 2　1950 ~ 2016 年京津冀三地同比商品零售价格指数
（1950 = 100）变化趋势

资料来源：笔者自绘。

3）京津冀三地商品价格方差变化情况

基于公式（2 - 1），三地价格各期方差变化趋势如图 2 - 3 所示。1951 ~ 1983 年，京津冀区域总体的价格水平趋同。改革开放前，京津冀商品和要素的价格和流动皆受到严格的行政管控。考察改革开放后的相关情况更具意义。将上述方差数据开方后取倒数，得到可以直接反映市场一体化水平的数值变化情况（如图 2 - 4 所示）。

图 2 – 3　1950 ～ 2016 年京津冀三地同比商品零售价格指数

（1950 年 = 100）变化情况

资料来源：笔者自绘。

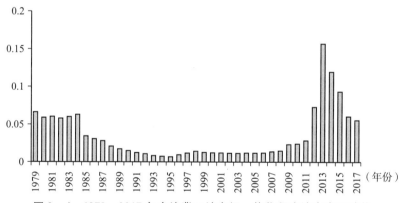

图 2 – 4　1979 ～ 2017 年京津冀三地市场一体化程度演变发展脉络

资料来源：笔者自绘。

改革开放初期，三地"市场"整合程度维持稳定且呈现虚高的状态，这一状态并非市场机制的自发作用，而是价格管控和计划经济的"余温"尚存所致。1983 年后，在商品经济迅速发展的同时，三地差距也迅速扩大。地方保护主义开始升温，行政单元阻碍要素流动、商品贸易等行为增多，加之这一时期相关理论、实践皆未成熟，各地经济"野蛮生长"，而对区域经济均衡、一体化缺乏特别重视和关注。1996 年前，京津冀商品市场一体化均处于下降趋势。1996 年后，国家逐步重视京津冀的合作、整合发展问题，该区域市场一体化水平迅速提升，特别在党的十八大后的2013年达到最高值，其后有所下降但仍处于较高水平。

③新中国成立以来京津冀各省份间商品相对价格变化脉络分析

基于公式2-2和商品环比数据，对北京、天津和河北进行两两比较分析，进一步探析京津冀区域商品市场一体化的特征。如图2-5、图2-6和图2-7所示。

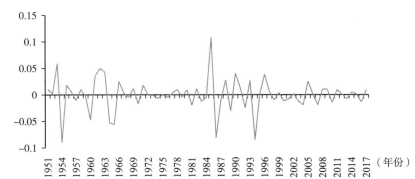

图2-5　1951～2017年"北京—河北"省市间相对价格变化脉络

资料来源：笔者自绘。

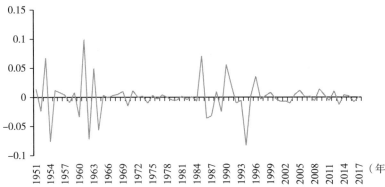

图2-6　1951～2017年"天津—河北"省市间相对价格变化脉络

资料来源：笔者自绘。

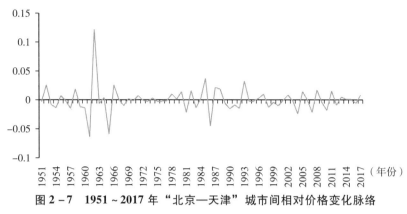

图 2 - 7   1951~2017 年"北京—天津"城市间相对价格变化脉络

资料来源：笔者自绘。

北京和天津两市在 67 年间每年价格变动相对于河北省多数年份都呈现更快上升态势。其中，1951~2017 年，"北京—河北"间相对价格变动有 36 年为正值，改革开放以来 22 年为正值；"天津—河北"情况类似，有 37 年为正值，改革开放以来有 21 年为正值。新中国成立至 2017 年，北京相对于天津仅有 29 年处于"涨价"状态，而改革开放后为 19 年。

将所计算的三组价格进行绝对值计算，如图 2 - 8 所示。新中国成立以来相对价格差距有三次剧烈波动期：首先是新中国成立至 1953 年，峰值主要由"北京—河北"以及"天津—河北"的差距造成；其次是 1956~

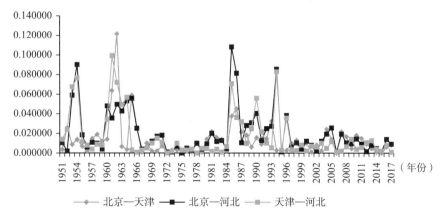

图 2 - 8   1951~2017 年京津冀三省市间相对价格的绝对值变化脉络汇总

资料来源：笔者自绘。

1966 年，波动来源于所有三对城市组，北京与天津差距最大，天津与河北次之；最后为 1983～1996 年，这一时期北京与天津相对价格差距不大，波动主要源自于"北京—河北"以及"天津—河北"。

（2）京津冀要素市场一体化发展

①劳动力市场一体化与人口流动分析

地区间工资差异不断缩小，劳动力、人力资本要素自由流动、合理配置，是区域劳动力市场一体化的重要特征。而现实中的户籍管理、人才引进等"非竞争因素"成为制约一体化发展的重要原因①。探讨京津冀劳动力市场一体化问题首先要从区域人口政策的分析梳理入手，同时研究区内"工资水平"的分布和演变特征。

1）我国及京津冀三地人口流动政策发展脉络梳理

改革开放前，我国人口流动受到严格控制，以"单位制"为特征的社会基层管理体制和城乡户籍制度等，造成产业部门间、城乡间和地方行政单元间人口流动阻滞局面。如 1962 年 4 月公安部颁布的《关于处理户口迁移问题的通知》中，明确提出北京、天津等大城市要特别严格地限制农村地区和中小城市人口的迁入。

改革开放以来，工业化和城镇化不断推动农村剩余劳动力向城市迁移，"社区制"的基层人口管理体制逐步取代"单位制"，劳动力流动性得到多维度解放。京津冀区域人口迁移流动发展脉络具体可分为以下几个阶段：

第一阶段是以"控制流动"为特征的准备阶段，约为 1978 年至 20 世纪 80 年代前期。改革开放初期，在农村改革推进和户籍制度不变双重影响下，我国城市对劳动力转移的限制出现部分缓和，城乡间和部门间人口流动态势初显。从 1981 年国务院颁布的《关于严格控制农业人口迁向城市和农业人口转为非农业人口的通知》等政策来看，这一时期城乡间壁垒并未被根本打破，区域总体流动人口的规模较小且增长缓慢②。京津冀区

---

① 赵金丽，张学波，宋金平 . 京津冀劳动力市场一体化评价及影响因素 ［J］. 经济地理，2017（5）：96 - 102.

② 欧阳慧 . 改革开放以来我国人口流动政策变迁 ［C］. 北京：国家卫生计生委流动人口服务中心，2018：85 - 92.

域内，以北京市为例，一方面严格限制流动人口落户，同时流动人口无法获得凭本地户口才能享有的基本生活物资、就业保障等。在这一阶段，北京市流动人口数量仅从 26.5 万变化至 30 万人①。

第二阶段是以"允许流动"到"控制盲目流动"为特征的就地转移主导阶段，约为 20 世纪 80 年代中期至 90 年代初期。从 1984 年开始，以《国务院关于农民进镇落户问题的通知》（1984 年）、《关于城镇暂住人口的管理规定》（1985 年）、《国营企业实行劳动合同制暂行规定》（1986 年）和《国营企业招用工人暂行规定》（1986 年）等国家文件的颁布实施为标志，我国逐渐开始放宽农村人口的城乡和产业转移限制，人口流动与转移进入加速阶段。随后为解决人口盲目流动以及由此催生的各类问题，国家先后出台《国务院关于做好劳动就业工作的通知》和《关于"农转非"政策管理工作分工意见的报告》等政策。京津冀区域内，北京开始实施以非本地户籍进京农民为主要对象的暂住证制度。在 90 年代初期"民工潮"席卷全国的背景下，北京"城市病"问题开始显现。天津在 1980 年的户籍人口净迁入量就达 8 万人，相比于同时期北京来讲人口流动的限制较弱，随后 1982 ~ 1987 年也都实现了人口净迁入。1988 年，天津市政府颁布《天津市城镇暂住人口的管理办法》，以加强对城镇暂住人口的系统管理②。

第三阶段是以"规范引导"为特征的外出务工主导阶段，约为 20 世纪 90 年代初至 21 世纪初期。1992 年后，《农村劳动力跨省流动就业暂行规定》（1994 年）、《关于加强流动人口管理工作的意见》（1995 年）、《国务院批转公安部小城镇户籍管理制度改革试点方案和关于完善农村户籍管理制度意见的通知》（1997 年）等政策制度逐步颁布实施；1994 年后，部分沿海地区相继实施了涵盖人口总量和行业工种等内容的地方性政策。20 世纪末，在亚洲金融危机、国企改革等内外挑战影响下，下岗人员

① 冯晓英. 改革开放以来北京市流动人口管理制度变迁评述 [J]. 北京社会科学，2008（5）：66 – 71.
② 白莹. 天津市户籍制度的形成与发展趋势 [J]. 天津行政学院学报，2009，11（6）：71 – 75.

激增、农民负担加重等问题日益严峻，国家通过积极的财政政策和户籍制度改革等措施予以应对，对人口流动的管理逐步从"盲目"转变到"规范"。北京颁布实施了《北京市外地来京务工经商人员管理条例》等地方法规政策，推进了成立市外来人口管理工作领导小组和由各级公安机关牵头的综合协调办公室等相关工作①。天津方面，1998 年颁布实施了《天津市流动人口就业管理暂行规定》，规定了流动人口就业应严格实行凭证管理，用人单位招用流入劳动力时，双方必须签订劳动合同等一系列内容。

第四阶段是以"更加注重公平"和"农民工市民化"为特征的综合融合发展阶段，基本在 21 世纪初期至今。我国流动人口政策逐步由限制流动向鼓励流动转变，在保障农民工合法权益和区域一体化合作等方面取得了巨大进步。

2001 年，国务院批转公安部《关于推进小城镇户籍管理制度改革的意见》，明确推进镇、县级市取消"农转非"指标等工作。2006 年，《国务院关于解决农民工问题的若干意见》对农民工的工资问题、劳动管理等八类工作做出明确指示。2011 年发布的《国务院办公厅关于积极稳妥推进户籍管理制度改革的通知》指出，要放宽中小城市和小城镇落户条件的政策。2014 年发布的《国务院关于进一步推进户籍制度改革的意见》要求推进城乡统一户口登记、居住证制度等创新人口管理制度等。2016 年发布的《国务院办公厅关于印发推动 1 亿非户籍人口在城市落户方案的通知》提出，除极少数超大城市外，要全面放宽农业转移人口落户条件。2019 年，发改委印发的《2019 年新型城镇化建设重点任务》指出，推动 1 亿非户籍人口在城市落户目标取得了决定性进展，全国各城市，尤其是 500 万人口及以下的大城市，落户政策进一步放宽。

2004 年，北京废止了与《北京市外地来京经商人员管理条例》配套的五个政府规章，2005 年废止了《北京市外地来京务工经商人员管理条例》。人口流动的严格限制开始在法律层面松动，同时维护农民工合法权益的相关政策逐渐丰富。2016 年 8 月，《北京市积分落户管理办法（试

① 欧阳慧. 改革开放以来我国人口流动政策变迁［C］. 北京：国家卫生计生委流动人口服务中心，2018：85 - 92.

行）》正式发布，随后 2018～2019 年共启动两次积分落户申报（2018 年4 月为首次）。2003 年，天津市发布《关于修改〈天津市流动人口管理规定〉的决定》《关于修改〈天津市暂住人口户管理规定〉的决定》，明确取消收容遣送制，推出一系列便民措施。2004 年进一步放宽了对流入人口的限制。2019 年 7 月，天津市公安局推出了"创新加强人口服务管理十项措施"，提出降低准入条件"放宽办"，优先解决存量人口，进一步放宽外省市老年人投靠子女在津落户条件。2001 年，石家庄率先放开市区户口准入限制。2003 年，河北省政府批转《关于我省户籍管理制度改革的意见》，在全省取消了农业户口、非农业户口的户口性质划分，取消了"农转非"计划指标管理和"农转非"户口审批。2009 年，《河北省人民政府关于进一步深化户籍管理制度改革的意见》发布，确定以合法固定住所和具有稳定生活来源为基本落户条件的户籍政策。2014 年发布的《河北省人民政府关于深化户籍制度改革的实施意见》提出要有序放开城镇迁移落户条件、创新户籍管理制度并扎实推进相关配套改革。2017 年发布的《河北省人民政府办公厅关于推动非户籍人口在城市落户的实施意见》强调要放开放宽重点群体落户限制，大中城市不得采取购买房屋、投资纳税等方式设置落户限制等。

2）京津冀人才合作与统一劳动力市场建设历程梳理

真正意义上的京津冀区域人才和劳动力市场领域合作始于改革开放后。借鉴杨君（2011）[1]、李国平（2013）[2] 等人的梳理成果，结合其他相关补充资料，本书将改革开放后京津冀人才合作与统一劳动力市场建设历程分为两个阶段。

第一阶段大致从 20 世纪 80 年代至 2005 年前后。这一时期的统一劳动力市场建设，主要是以松散自发的民间组织，各地区自主探索为主要形式。80 年代，京津冀人才交流合作主要通过民间自发进行，形式单一且渠道薄弱，例如河北乡镇企业通过聘请"京津师傅""星期日工程师"等

---

① 杨君. 京津冀区域人才开发合作的制度变迁模式与未来走向探究 [J]. 中国城市经济，2011（23）：40－41.

② 李国平. 京津冀区域发展报告（2014）[M]. 北京：科学出版社，2014：69－95.

与京津两地建立临时、松散的人才合作关系。90年代中后期开始，部分地区自发与京津发达地区高校、协会、机构和科研单位等建立人才合作关系，如廊坊积极与国家生产力促进协会、首都科技集团等达成长期科技合作协议，"十五"期间从北京引进11533名相关人才；唐山积极与清华大学、北京大学、中国农业大学等共建工作站、实践服务基地等，搭建了一系列人才服务交流平台。

第二阶段为2005年至今，京津冀统一人才市场建设得到全面发展。2005年6月，三地人事厅（局）签订《京津冀人才开发一体化合作协议书》，规定逐步构建三地信息共享、结构互补、培养合作等体制机制。同年8月，河北省人事厅牵头起草《京津冀人才开发一体化联席会议章程》，随后"京津冀人才开发一体化联席会议制度"建立，标志着京津冀区域人才合作的顶层组织设计开始得到保障。2006年12月，三地签署《京津冀人才交流合作协议书》《京津冀人事代理、人才派遣合作协议书》和《京津冀人才网站合作协议书》三项协议。2007年7月"环渤海人才网站联盟"成立，同年9月，"首届环渤海网上人才招聘大会"召开。2011年后，京津冀区域人才合作工作向着常态化、系统化方向发展。2011年，三地签署《京津冀区域人才合作框架协议书》；2014年，三地联合举办"环首都绿色经济圈招才引智大会暨京津冀区域人才交流洽谈会"；2017年，三地联合发布《京津冀人才一体化发展规划（2017—2030年)》，这是我国首个跨区域和服务国家重大战略的人才规划；2018年《关于北京市延庆区、河北省张家口市联合建设西北部生态涵养区人才管理改革试验区的实施意见》发布；2019年，北京通州、天津武清、河北廊坊三地共同签署《通武廊人力资源服务企业联盟合作协议》，成立"通武廊人力资源服务企业联盟"。

3）劳动力市场一体化测算与脉络分析

a. 方法思路

根据上述分析，本小节主要以1984年以来京津冀劳动力市场为分析对象。具体思路与步骤如下：

第一，分析1984～2017年工资环比指数和同比指数（1984年＝100）。

基于公式（2-3）计算的工资方差，考察梳理京津冀区域工资水平分异情况。公式（2-3）中，区域内有 n 个子地区单位，W_{it} 表示地区 i 在 t 时期内的实际工资水平，$\overline{W}_t$ 为该时期 n 个地区在 t 时期的平均值。

$$\mathrm{VAR}(W)_t = \sum_i^n (W_{it} - \overline{W}_t)^2 \qquad (2-3)$$

第二，借鉴陈红霞、习强敏（2016）[1] 的研究，分析三地 1984～2017 年劳动力市场一体化水平变化情况，见公式（2-4）～公式（2-6）。其中，n 为地区单位数，i 为考察地区，t 为考察时期，w 为实际工资水平，平均工资为 $\overline{W}$；$u_{j,t}$ 表示 j 相对于 i 的工资偏差，U_t 表征区域劳动力市场一体化总体水平。

$$\overline{W} = \sum_{i=1}^n w_{i,t}/n \qquad (2-4)$$

$$u_{j,t} = w_j - \sum_{i=1}^n w_{i,t}/n \qquad (2-5)$$

$$U_t = \sum_{i=1}^n |u_{j,t}|/n \qquad (2-6)$$

b. 测算结果

ⅰ. 1984 年以来京津冀各省市平均工资水平总体发展脉络测算分析

如图 2-9 所示，1984 年后，在人口流动控制开始放宽背景下，京津冀三地平均工资加速上升。20 世纪 80 年代中后期，国家对劳动力盲目流动进行管理，1989 年后劳动力城乡、跨区域流动相对停滞，此时期内的京津冀三地平均工资水平涨幅有所回落。1992 年开始，国务院及各部委颁布多项法令法规，鼓励、引导外出务工人员的有序流动，此时三地平均工资水平开始同步上涨。随后，90 年代中后期我国爆发第一轮下岗潮，一些城市政府为安排国有企业下岗、失业人员就业，自 1994 年开始采取了更为严格的准入制度，同时 1997 年亚洲金融危机爆发，此种影响下，京津冀三地工资水平涨幅持续走低，直至 2000 年才有所上浮。2000～2008 年京津冀三地平均工资水平始终处在稳定上涨的状态，进入 21 世纪

① 陈红霞，席强敏. 京津冀城市劳动力市场一体化的水平测度与影响因素分析 [J]. 中国软科学，2016（2）：81-88.

以来，我国流动人口政策发生了根本性变化，由限制变为鼓励，着力保护外来人口的合法权益，2008 年受世界经济危机的影响，平均工资水平略有下降，2010 年后稍有回升并保持平稳波动。

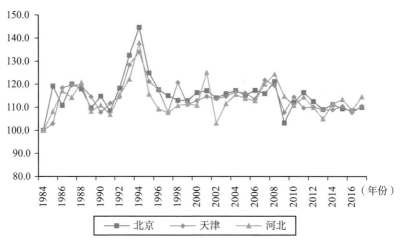

图 2 - 9 1984 年以来京津冀三地环比平均工资指数（上年 = 100）变化趋势

资料来源：笔者自绘。

京津冀三地平均工资同比指数（1984 年 = 100）变化趋势如图 2 - 10

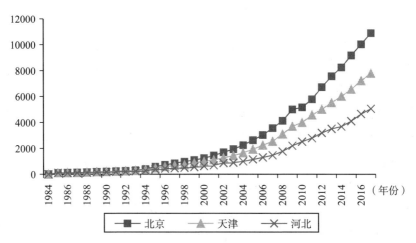

图 2 - 10 1984 ~ 2017 年来京津冀三地同比平均工资水平指数

（1984 年 = 100）变化趋势

资料来源：笔者自绘。

所示。1990 年左右，三地工资仍处于较低水平，1990～1996 年期间三地平均工资水平小幅同步上涨，1996 年后三地平均工资水平皆快速上涨，但差距逐步拉大。其间，京津冀人口流动政策不断放宽，吸引并留住了大量人才，使北京、天津处于劳动力市场中的较高层次，平均工资水平不断上涨；河北对于人口的吸引力远低于北京、天津。以 2015 年为例，由河北省流入北京市 182.38 万人，而由北京市流入河北省仅 12.85 万人，不到河北流入北京市人口的 1/10。

ⅱ. 1984 年以来京津冀劳动力市场一体化程度变化脉络分析

工资水平的空间分异是区域经济非均衡格局的重要表现之一。拟基于公式（2－3）～公式（2－6）和相关数据，探析三地工资与当期平均水平偏差变化规律，梳理京津冀劳动力市场一体化发展脉络。如图 2－11、图 2－12 所示。

1984～2017 年京津冀劳动力市场的分异现象较为明显。北京平均工资水平大幅超过区域平均水平，河北则大幅低于区域平均水平，且这种差异有不断扩大的趋势；天津市的平均工资水平与区域平均水平接近。基于公式（2－5）、公式（2－6）、公式（2－7），进一步得到了京津冀区域劳动力市场一体化水平曲线如图 2－12 所示，京津冀区域工资绝对平均偏差呈现逐年扩大的趋势。

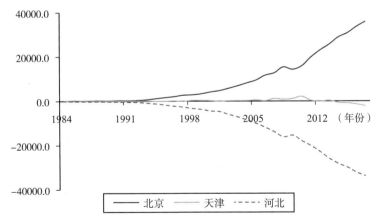

图 2－11 1984～2017 年京津冀三地平均工资与当期区域平均水平偏差

资料来源：笔者自绘。

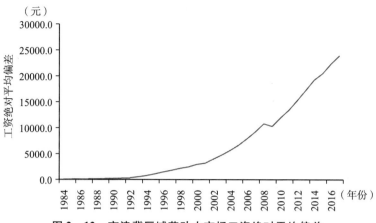

图 2－12 京津冀区域劳动力市场工资绝对平均偏差

资料来源：笔者自绘。

如图 2－13 所示，区域工资绝对平均偏差增幅整体呈现波动下降的趋势。1984～2000 年，平均年增幅约为 27.7%，且波动剧烈。这个阶段全国人口流动政策尚未成熟，区域工资绝对平均偏差波动剧烈：政策相对宽松的年份，工资绝对平均偏差增幅大；限制较为严格的年份，平均偏差增幅有所回落。进入 21 世纪，我国人口流动政策更加科学系统，由限制、严控变为引导、鼓励，偏差年增幅约为 13.7%。当前，区域工资绝对平均偏差仍在扩大，但已有明显缩小趋势。

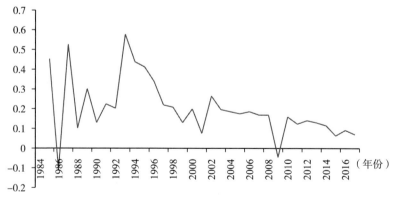

图 2－13 1984～2017 年京津冀区域劳动力市场工资绝对平均偏差增长变化情况

资料来源：笔者自绘。

②京津冀金融市场发展与一体化分析

1）思路方法

改革开放前，我国金融体系的"大一统"特征突出，具体表现为一元化和单调的金融体制、运行框架由信贷计划决定以及运作方式主要是"服从命令"等[①]。在这一历史环境下，京津冀区域尚未有真正意义上的金融市场形成。本小节主要以 1978 年以来京津冀区域金融市场为对象进行分析。

a. 京津冀金融市场发展状况测度

借鉴田霖（2005）[②] 的研究，本书拟选用以下指标分析京津冀金融市发展情况。首先是金融相关比率（FIR），该指标是反映区域金融增长的综合性指标，如公式（2 – 7）所示，其中，S 表示地区金融机构存款额，L 表示地区金融机构贷款额，GDP 表示地区生产总值。其次是收入比，即 S 与 GDP 之比，反映区域的资金储蓄能力。最后是存贷比，即 S 与 L 之比，能反映地区资本形成的潜力和保障能力，也可反映地区信贷资金的自给程度。

$$FIR = (S + L)/GDP \qquad (2-7)$$

b. 京津冀金融市场一体化程度测度

当前国内学者对区域金融一体化水平的测度方法基本为 FH 法，该方法由费尔德斯坦和堀冈（Feldstein and Horioka，1980）两位学者提出[③]，以某一时期区域内各地区储蓄和投资间的统计关系测度区域整体金融资本一体化水平，见公式（2 – 8）。若 β 显著趋近于 0，则表示区域整体金融市场一体化程度越高。

$$\left(\frac{L}{Y}\right)_i = \alpha + \beta\left(\frac{S}{Y}\right)_i + \varepsilon_i \qquad (2-8)$$

---

① 李志辉. 中国银行改革与发展：回顾、总结与展望 ［M］. 上海：格致出版社，2018：3 – 4.

② 田霖. 金融地理学视角下的区域金融成长差异研究 ［D］. 浙江大学，2005.

③ 邬晓霞，李青. 京津冀区域金融一体化进程的测度与评价 ［J］. 广东社会科学，2015（5）：34 – 40.

c. 数据说明

其中，金融机构的存款总额和贷款总额分两部分收集，1979～1999年数据来源于《新中国五十年统计资料汇编（1949～1999）》中有关国家银行的相关资料；2000～2017年相关数据则来自2018年三地统计年鉴。GDP数值来源于《中国统计年鉴（2018）》。城市建成区面积来源于各年份《中国城市统计年鉴》。一体化水平测度相关数据来源于国家统计局官方网站，以及2004～2017年《河北省统计年鉴》《天津市统计年鉴》和《北京市统计年鉴》。其中，河北数据主要为各地级市数据。

2）改革开放以来京津冀金融发展水平测度结果

a. 金融相关比率变化情况

如图2-14所示，京津冀各省市1979～2017年FIR呈现上升趋势。从各自发展趋势看，北京总体上升最多，1979～1996年间资金利用上升平缓，数值从1979年的1.7759波动变化至1996年的3.0978；1997年开始，北京FIR水平加速上升，由1997年的3.6475上升至2017年的7.6260。河北与天津增长情况类似，FIR值一直平缓上升，天津从1997年的1.3874上升至2017年的3.3718，河北从1997年的0.8793上升至2017年的3.0416。

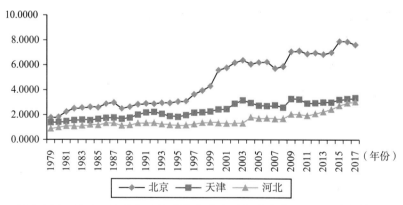

图2-14 1979～2017年京津冀各省市金融相关比率（FIR）变化情况

资料来源：笔者自绘。

从三地每年各自的增速变化情况看，1980～2017 年三地 FIR 年增速
的算术平均值分别为北京 4.2320、天津 2.6129、河北 3.6873，北京居于
首位，河北次之，而天津最为缓慢。如图 2–15 所示，三地各年 FIR 呈现
增长的情况占绝大多数，"同增同减"规律明显，但幅度不同。北京 FIR
年增速最高值为 2000 年的 29.8137，最低值为 1988 年的 –16.0350；天
津最高值为 2009 年的 26.7804，最低值为 2011 年的 –9.7582；河北最高
为 2004 年的 37.3575，最低为 1988 年的 –14.7516。

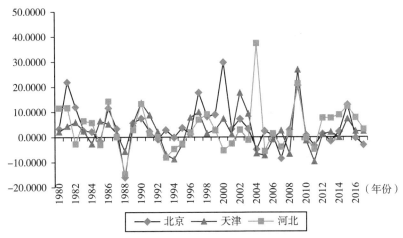

图 2–15　1980～2017 年京津冀各省市金融相关率（FIR）较上年增速变化情况

资料来源：笔者自绘。

京津冀 FIR 以及三地 FIR 值方差变化情况如图 2–16 所示。京津冀总
体的金融相关比率呈现平滑上升的变化趋势，从 1979 年的 1.2515 增长至
2017 年的 4.7094。京津冀总体比率的上升主要靠北京拉动。

如图 2–16 所示，北京、河北和天津三地 FIR 各年方差变化大致呈现
三个发展阶段：首先是 1979～1999 年的平缓上升阶段，此时三地 FIR 差
距较小，方差值从 0.2021 变化为 2.2141；其次是 2000～2003 年，短短 4
年间从 4.8738 增至 6.5545；2004 年后进入第三个阶段，这一时期三地
FIR 差距波动剧烈，但总体呈现上升的态势，平均约为 6.2532，与 2003
年数值相差较小。

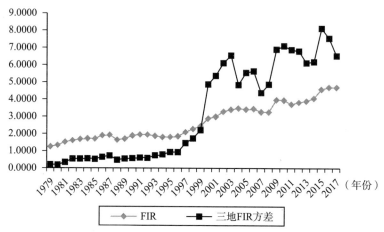

图 2 - 16   1979 ~ 2017 年京津冀总体 FIR 及三地 FIR 方差变化情况

资料来源：笔者自绘。

b. 收入比和存贷比变化情况

收入比变化情况如图 2 - 17 所示。北京从 1979 年的 1.15 变化至 2017 年的 5.14，其资金基础雄厚且不断加强；而河北与天津变化则较为缓慢，天津从 0.43 变化至 1.67，河北从 0.39 变化至 1.77。天津在 1979 年收入比大于河北，而 2017 年河北则反超天津。平均水平方面，北京、天津和

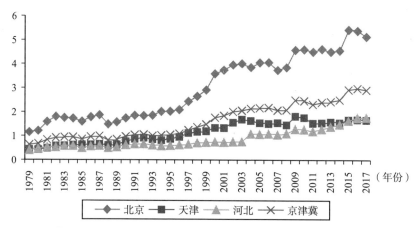

图 2 - 17   1979 ~ 2017 年京津冀各省市金融收入比变化情况

资料来源：笔者自绘。

河北分别为 3.00、1.13 和 0.86，而京津冀总体为 1.60，可知区域资金主要集中于北京地区。

存贷比变化情况如图 2-18 所示。京津冀总体变化平稳，缓步上升。北京各年存贷比的方差为 0.05，天津和河北分别为 0.08、0.11，京津冀为 0.07，区域存贷比波动主要来源于河北的变化。从平均水平看，北京最高为 1.89，河北次之为 1.22，而天津最低为 0.91，京津冀总体水平则为 1.41。

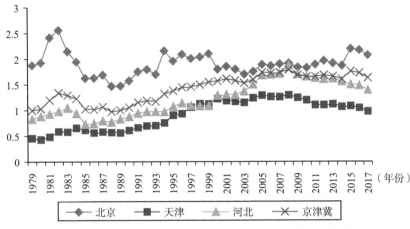

图 2-18　1979~2017 年京津冀各省市金融存贷比变化情况

资料来源：笔者自绘。

如图 2-19 所示，从三地的收入比和存贷比各年的差异变化情况看，收入比的差异要明显大于存贷比。1996 年前，京津冀各省市收入比和存贷比基本保持平稳变化，且数值接近；1997 年开始，区域收入比方差迅速增长，从 1996 年的 0.5965 增长到 2017 年的 3.9087，而存贷比则几乎未变。结合图 2-17 和图 2-18 来看，区域收入比的差异主要体现在北京和其他两省市之间的差异，而河北与天津之间近年来有趋同的态势。

3) 京津冀区域金融市场一体化发展水平测度结果

如表 2-2、图 2-20 所示，利用 SPSS 10.0 软件和京津冀三地 13 个城市相关数据，基于 FH 法，本书对 2002~2016 年以来京津冀区域金融一体化发展水平进行了实际测度。

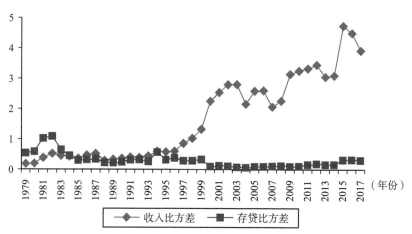

图 2 - 19　1979～2017 年京津冀三地区金融收入比、存贷比各年方差变化情况

资料来源：笔者自绘。

表 2 - 2　　　　　　　　2003～2016 年京津冀区域金融一体化水平变化

变量	2003年	2004年	2005年	2006年	2007年	2008年	2009年	2010年	2011年	2012年	2013年	2014年	2015年	2016年
β	0.57	0.56	0.53	0.47	0.51	0.48	0.45	0.38	0.41	0.39	0.40	0.40	0.31	0.35
R^2	0.97	0.99	0.94	0.86	0.85	0.85	0.79	0.84	0.79	0.76	0.73	0.76	0.74	0.66

资料来源：笔者统计计算汇总。

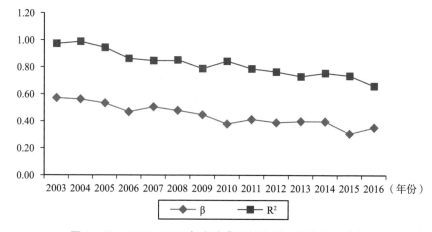

图 2 - 20　2003～2016 年京津冀区域金融一体化水平变化

资料来源：笔者自绘。

β 呈逐年小幅、平稳下降的趋势，平均每年下降 0.02，即京津冀金融一体化水平每年提升 0.02。R^2 同样逐年平缓下降，从最初的 0.97 变化至 0.66 的中等水平。可初步判断，近年来京津冀金融市场一体化水平稳步提升，区域内资本流动不断优化，金融制度壁垒正逐步消除。

③京津冀产权市场一体化发展

1）产权交易及我国产权市场发展

产权交易市场是指市场经济条件下企业作为独立的产权主体从事产权有偿转让的交易场所，如各类产权交易所（中心）、证券交易所等。我国的产权交易市场诞生于 20 世纪 80 年代，最初是针对国有企业产权的流通而设置的，属于资本市场范畴，是区域性的初级资本市场[①]。十六届三中全会明确提出要"规范发展产权交易""推动产权有序流转"。2010 年温家宝总理强调要"完善多层次资本市场体系"，此后产权交易市场得到加速发展[②]。2016 年《企业国有资产交易监督管理办法》出台，标志着国家在政策制度上对产权交易的支持开始落实。

2）京津冀产权市场一体化发展分析

a. 京津冀产权交易机构情况

地方国有企业产权以省域为界限存在着较为明显的"地方保护"特征，跨省产权交易较少。而伴随着国有可转让资产逐年减少，各地开始自发谋求产权区域合作与创新。在我国，产权交易所是法定的产权交易平台。京津冀地区相关产权交易机构的基本情况见表 2 - 3。

2004 年 2 月，北京产权交易所（以下简称"北交所"）经北京市人民政府批准设立。作为首都最主要的综合性产权交易机构，北交所积极担负"首都要素市场的重要建设者和运营者"的责任，设立 15 年来为国有资产保值增值、推动国企改革等都做出了突出贡献。同时，北交所积极开展各类非国有资产、旅游资源等业务，设立北京权益通科技有限公司、中国

---

① 臧学英. 统一完善的产权市场是环渤海区域经济合作的重要前提 [J]. 领导之友，2008 (5)：10 - 10.

② 佘志先. 区域产权市场发展存在的问题与政策建议（上）[J]. 产权导刊，2012（2）：27 - 29.

表 2 - 3　　　　　　　京津冀地区相关产权交易机构的基本情况

起始年份	机构名称	所属层级	主要特征
2004	北京产权交易所	国家级	从事中央国有资产交易的首批试点产权交易机构，是北京市国有资产唯一的指定交易所
2002	天津产权交易中心	国家级	受天津市国有资产监督管理委员会领导，被国资委选定为中央企业国有产权转让市场
1996	河北产权交易中心	省级	河北产权交易中心原名河北省产权转让中心，1996 年 9 月经省政府批准正式成立，2004 年 2 月正式更名为河北产权交易中心。河北产权市场有限公司成立于 2006 年 9 月
2002	北方产权交易共同市场	区域性转让市场	2002 年由天津、北京、河北、青岛等 7 省市产权交易机构共同组建，目标是整合交易机构，建立区域跨省产权交易平台

资料来源：笔者汇总整理。

技术交易所等机构平台，将技术、环境权益等纳入业务范围。2004 年北交所交易规模约 200 亿元，而 2015～2018 年该所实现了每年超 5 万亿元的业绩①。

1994 年，天津产权交易中心经天津市人民政府批准组建，是国务院国资委选定的央企产权、央企资产转让交易机构，是四大国家级产权交易市场之一。多年来，天津产权交易中心通过打造标的丰富、核心突出、规范高效的市场体系，对推动区域性股权、生态环境权益（排污权等）、技术产权等九大专业交易市场发展积累了较为成熟的经验。近年来，各类交易额、融资额超 10 万亿元，国有资产交易 1.5 万宗，成交额 2200 亿元，取得了良好经济效益和社会效益②。

1996 年，河北省产权转让中心经河北省省政府批准正式成立，2004 年更名为河北产权交易中心。此后，2006 年 9 月河北产权市场有限公司成立并延续至今。河北省产权市场（中心）不以自身经济效益为目标，

---

① 北京产权交易所. 北京产权交易所简介 ［EB/OL］. http：//www. cbex. com. cn/wm/，2019 - 08 - 02.

② 天津产权交易中心. 天津产权交易中心简介 ［EB/OL］. http：//www. tprtc. com/page/content/normal？id = 2936，2019 - 02 - 13.

是主要承担产权交易服务、执行监督管理责任的省级事业单位[①]，是推动省内国企产权优化流转工作的主力，也是促进省域内多层次产权交易互动、构建省域产权统一市场的重要力量[②]。

2002 年，北方产权交易共同市场由天津、北京、黑龙江、河北、河南、青岛、山西七省市产权交易机构发起建立[③]。经过近十多年的发展壮大，北方产权交易共同市场已经成长为与 22 个省市自治区相联系，涵盖 73 个成员机构的大型跨区域产权交易联盟，成员间可更好地进行资源共享、同步挂牌、项目交流等工作。

b. 京津冀三地产权交易规模情况分析

如图 2 - 21 所示，按北京产权交易所、天津产权交易中心和河北产权交易市场的数据，京津冀产权交易数量总体呈现逐渐上升趋势，年均水平

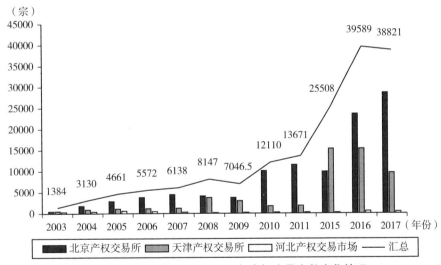

图 2 - 21　京津冀 2003 ~ 2017 年产权交易宗数变化情况

资料来源：据《中国产权交易年鉴》数据计算绘制。

注：2009 年数据缺失，用 2008 年和 2010 年数据的算术平均估算代替，2012 ~ 2014 年未统计交易宗数。

① 张伟. 河北省产权交易市场发展研究 [D]. 河北大学，2015.

② 河北产权交易市场. 河北产权交易市场简介 [EB/OL]. http：//www. hebaee. cn/hb - about - qywh. html，2019 - 03 - 27.

③ 刘向阳. 中国产权交易市场研究 [D]. 中共中央党校，2007：33.

为 13815 宗，从 2003 年的 1384 宗变化至 2017 年的 38821 宗，扩大近 28 倍；从增速看，2011 年后，京津冀产权交易数量增速明显提高。从各地情况看，2003 年三地水平相差较小。伴随时间的推移，三大交易机构的产权交易数量开始表现出明显差异。北京产权交易始终最为活跃，年均交易数量为 8878.5 宗，且在 2009～2010 年、2015～2016 年有两次明显跃升；天津产权交易中心次之，年均交易 4664.25 宗，且 2011 年后有明显的提升；河北产权交易市场交易数量最少，年均交易 362 宗，且较为平稳。

2000～2017 年，京津冀三大产权交易机构总体产权交易金额呈明显上升趋势，从最初的 163.58 亿元激增至 5174.38 亿元。如图 2-22 所示，2010～2012 年有小幅度提升，在 2014～2015 年则有明显跃升。北京产权交易所在产权成交金额方面具有绝对优势，18 年的年平均数值约为 11511.52 亿元；天津年平均值约 542.34 亿元，约为北京的 4.7%；河北则为 36.47 亿元，北京、天津相应数值分别约为河北的 315.68 和 14.87 倍。

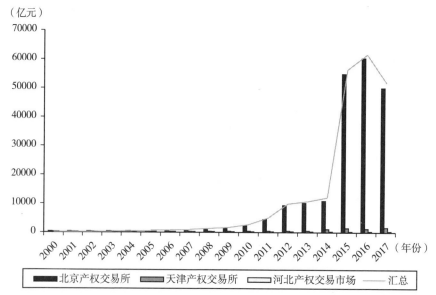

图 2-22　京津冀 2000～2017 年产权交易数额变化情况

资料来源：据《中国产权交易年鉴》数据计算绘制。

c. 京津冀产权市场一体化的合作措施

2014 年京津冀协同发展战略正式提出后，区域产权市场一体化进入加速阶段，区内主要产权交易中心、各层级国有资产机构等纷纷响应，针对各类产权形式的"联盟"不断构建。见表 2-4。

表 2-4 2014 年后京津冀部分产权市场联盟

发起时间	联盟名称	主要标的
2014 年 7 月	京津冀产权市场发展联盟	综合性产权
2015 年 1 月	京津冀农村产权交易市场联盟	农村相关产权
2016 年 3 月	京津冀知识产权发展联盟	技术知识产权
2018 年 5 月	津冀专业市场知识产权保护联盟	技术知识产权

资料来源：笔者根据新闻资料梳理。

2014 年 7 月，北京产权交易所、天津产权交易中心、河北产权交易中心联合发起"京津冀产权市场发展联盟"，京津冀产权信息联合披露平台也同时上线。联盟内部逐步推进会员互认和资源共享，提升各成员交易所的运行质量。此后，京津冀产权市场一体化的进程不断加快，各地区的各类产权交易机构纷纷通过合作共享的形式建立统一市场联盟。2015 年，北京农村产权交易所、天津农村产权交易所联合邱县农村产权交易中心等河北省县域服务机构，联合签署《京津冀农村产权市场战略合作框架协议》，共同发起成立了"京津冀农村产权交易市场联盟"。2016 年 3 月，京津冀知识产权发展联盟在北京成立。2018 年 5 月，"京津冀专业市场知识产权保护联盟"建立。可以看出，新时期京津冀地区产权市场一体化发展在知识产权保护方面做出了显著努力，三地技术交易额逐年变化情况见图 2-23。

此外，三地产权机构也不断进行合作交流，并有相关成果发布。如 2017 年 8 月北京市国资委产权管理处会同天津市及河北省国资委产权管理处在京举办了"京津冀三地产权工作联席会"；2019 年 7 月 1 日北京产权交易所、天津产权交易中心、河北产权市场共同发布《技术类无形资产交易规则（试行）》的公告。

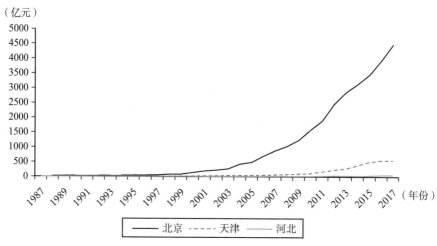

图 2 - 23 京津冀技术交易额变化分析

资料来源：笔者自绘。

2.2.2 经验与教训

2.2.2.1 阶段划分及特征的总结梳理

1978 年以前，我国尚未建立市场经济体制，京津冀区域经济社会格局的调整主要依靠行政手段和计划调整。从发展特征看，在高度计划经济时期，区域内部城乡、社会和地区行政单元处于高度分割状态，人口在城乡间、地区间和行业间的流动受到严格限制，生产资料和商品流动性弱、自发互动交流较少，区域系统运行僵化、机械化。这一时期尚未有真正意义上的区域"市场"形成，三地商品价格指数基本同步变化、相差极小，商品价格受统一控制，表现为跟随国内政治大环境被动接受的同升同降式调整，不受自发的市场供求机制调节。

1978 年后，我国进入改革开放时期，京津冀市场一体化表现出"前期缓慢变化、市场单一；后期提速优化、全面发展"的整体特征。可分为以下三个阶段：

第一阶段的时间范围大致为是 20 世纪 80 年代初至 90 年代末。规划思想处于萌芽阶段，各地区因地理临近和密切的历史联系，自发地进行了各类区域合作尝试。改革开放初期，因制度壁垒、行政分割等"历史遗留"问题以及地方保护主义影响下资源无序争夺等原因，三地快速发展的同时，差距迅速拉大，表现为商品市场价格水平迅速趋异，且变化无序；对"农民进城"的流动行为控制逐步放宽，三地内民间或地区自发进行人才交流，劳动力市场分割程度缓慢增加。此外，金融市场等因相关领域改革开放在这一时期相对滞后，因此三地间仍未表现出较大差异。

第二阶段的时间范围大致为是 20 世纪 90 年代末至 2010 年前后。社会各界开始从京津冀区域整体角度思考规划对策，如吴良镛等人推动的"大北京规划"研究等，同时中央相关机构（发改委等）开始介入推动京津冀区域经济合作。在国家层面的推动力量、整体协调的规划思维持续发力下，这一阶段该区域市场一体化水平（商品市场）缓慢提升。劳动力市场和人口流动方面，21 世纪的第一个十年内，农民工群体所受的不公对待成为尖锐社会矛盾，引发了对该群体"市民化"的热烈讨论，京津冀三地也纷纷开始响应，针对农民工入户城市以及享受平等公共服务权利等出台了一系列政策措施；以 2005 年《京津冀人才开发一体化合作协议书》为标志，京津冀地区人才合作进入政府大力推动的起步阶段；区域劳动力市场分割程度却不断扩大，表现为北京与河北薪资水平差距的逐年扩大。1998 年后，我国开始重视金融市场发展和国家金融安全问题，三地金融市场都有较大发展，但北京区域金融中心地位凸显，与天津、河北两地发展差距迅速扩大；从 FH 的变化看，北京金融中心地位逐步强化未造成区域金融整体效率显著损失，京津冀三地的金融一体化进程缓步发展。产权市场方面，此阶段各交易所的主要任务皆为解决国有资产流转和优化配置问题，如与区域生态补偿等各类产权的交易尚处于萌芽阶段，交易所间以京津冀为界限的合作还处于起步和探索时期。

第三阶段为 2010 年前后至今。在国家整体转型发展的历史趋势推动下，新时期京津冀市场一体化进程步入全面推进阶段，各类改革和发展措施从更高的层次看待京津冀发展问题，中央更加重视京津冀区域在国民经济空间格局中的地位，各层次、各部门、各领域全面推进京津冀一体化发展，如 2014 年"京津冀协同发展"系统、全面地对京津冀发展问题进行了阐述。2008 年后区域市场一体化整体水平有明显上升，至 2013 年达到峰值，2014 年至今则在历史较高水平范围内小幅度波动变化。统一协调的人才合作体制机制、合作协议等不断丰富，各地落户政策更加公平公正，京津冀人口流动性显著增强，劳动力市场一体化水平降低但速度趋缓。金融市场方面，三地金融发展仍旧表现为北京金融地位的进一步强化，而天津和河北的差距逐渐缩小，京津冀整体水平提高，金融市场一体化延续上期余温进一步优化。产权市场方面，区域内部产权交易机构开始拓展与区域协同发展相联系的各类产权的交易业务，同时以 2014 年"京津冀产权交易发展联盟"为标志，京津冀各层次、各领域的产权交易机构开始进行正式合作，共同助力京津冀协同发展和要素市场一体化建设。

70 年来京津冀市场一体化各时期特征如表 2 - 5 所示。

表 2 - 5 　　　　　　京津冀市场一体化 70 年各时期特征总结梳理

时间范围		规划阶段	发展阶段	特征总结
改革开放前		区划调整	计划控制	行政区划调整为主，政治因素主导；地区间、城乡间高度分割、要素自发流动阻滞；计划控制主导，真正意义上的区域"市场"未形成
改革开放后	20 世纪 80 年代初至 90 年代末	萌芽探索	极化起步	京津冀区域内部各地区间自主谋求合作；各地迅速发展、差距扩大，市场整体发展的同时区域市场分割水平提高；人口流动限制开始逐步放宽，人才交流合作仅限民间和地区自发形式，劳动力市场分割缓慢呈现；其他类别市场发展处于起步阶段
	20 世纪 90 年代末至 2010 年前后	发展规划	波动发展	从区域整体角度进行规划思考，中央相关机构（发改委等）开始介入推动；商品市场一体化水平缓慢提升；农民工问题成为热点，人才交流合作开始得到地区政府共同协商推动，劳动力市场分割进程加快；三地金融都有较大发展，北京区域金融中心地位凸显，京津冀三地的金融一体化进程缓步发展；产权市场方面，交易所间以京津冀为界限的合作发展还处于起步和探索阶段

时间范围		规划阶段	发展阶段	特征总结
改革 开放后	2010 年前后 至今	全面推进	稳定成熟	各界多措施并举推进京津冀协同发展；区域市场一体化整体水平有明显上升，并在较高水平范围内小幅度波动变化；北京金融中心地位强化，天津和河北差距缩小，金融市场一体化稳步发展；地区间统一协调的人才合作体制机制、协议等不断丰富，各地落户政策更加公平公正，京津冀人口流动性显著增强，劳动力市场一体化水平降低速度趋缓；以 2014 年 "京津冀产权交易发展联盟" 为标志，京津冀各层次、各领域的产权交易机构开始进行频繁合作

资料来源：笔者总结。

2.2.2.2 京津冀市场一体化发展启示

从严格意义上说，京津冀区域市场一体化的发展起步于改革开放以后，根植于我国商品经济复苏和市场经济逐步建立完善的历史进程中。京津冀市场一体化在理论和实践的交织作用下走过了 40 年的风雨历程，充分总结提炼这一过程中相关规律、经验和教训，可以为推动今后进一步优化发展提供宝贵经验和重要参考。

（1）区域市场一体化主要障碍在于行政区划体制形成的制度壁垒

多年来，我国 "行政区经济" 特征明显，各行政区域具有高度经济管理自主性，相关制度、政策等也各具特色①。改革开放以来，在激烈的发展 "竞赛" 中，地方保护主义引导下的地区制度壁垒被重重建起，行政区的地理界限自发演变成区域间经济社会交流的制度性障碍。地区间的贸易交流、要素流动无法在统一的制度环境下受统一的价格机制、供求机制等作用，区域市场一体化发展受到严重制约。地方政府在户籍制度、城乡发展、企业准入和相关服务等方面，基于自身利益考虑设计政策制度，干预和控制微观主体行为，造成了区域整体条块分割、地区市场相互分割的现象。京津冀市场一体化发展的情况基本与上述分析相符，改革开放初期至 90 年代末，区域市场整体经济增长水平迅速上升的同时，区域市场一

---

① 高景楠 . 京津冀区域市场一体化研究［D］. 天津财经大学，2009.

体化的程度却大幅度降低，北京与天津、河北间的发展差距扩大的速度在这一时期达到峰值，后在各方进行区域合作和协同发展的推动下，这一问题逐步得到改善。

（2）京津冀区域市场一体化的推动需要中央层次的协调主体

在我国，省域是相对自主的区域行政主体单元，具有高度的自治权利和发展自主性。当前，由省级单位组成区域是我国参与全球竞争的重要战略抓手。省域间的无序竞争需要中央层次权力主体进行协调解决。京津冀方面，北京为我国首都，天津是直辖市，相比之下河北发展基础较为薄弱，政治话语权较弱，同时缺乏发达的省内中心城市与京、津两地进行博弈。在改革开放后的第一个时期内，各地虽有过数次合作，但弱势地区较强势地区差距进一步扩大，京津冀市场一体化的推动机制效果甚微，指标数据上的表现持续下降。2000 年后，中央机构开始介入协调，从国家发展的角度重新定位了京津冀区域市场的作用和地位后，其市场一体化发展逐步改善。如在 2004 年的"廊坊会议"上，北京方面不同意"京津冀经济一体化"的论述，强调"合作"而非"一体"，同时在京津冀范围上北京、河北也产生了分歧。这充分证明在地方政府强势的自我保护意识下省级单位自发合作的低效性，中央的统筹协调具有非常重要的作用。此后，从滨海新区被列入国家"十一五"规划，到习近平总书记提出京津冀协同发展战略，再到雄安新区的设立发展，中央在京津冀发展和市场一体化的进程中起到了至关重要的作用，京津冀三地政府从无序合作、低效竞争，逐步转变为目标一致、相互协同的发展格局模式，区域市场一体化也随之更为全面、稳定地得到推进。

（3）区域市场一体化是区域协同发展系统工程的重要组成部分

区域经济是国民经济中重要的中观维度，具有相对独立完整的社会经济体系，同时各具特色。区域市场是区域经济社会发展运行的重要中介，一体化的区域市场内价格机制、供求机制和信息机制等高效发挥着作用，引导着微观市场主体和政府进行合理的经济活动。从京津冀一体化发展脉络和各时期特征看，区域市场一体化的相关措施往往内嵌于区域系统的发展战略或规划内，是重要的组成部分。如京津冀区域内的产业体系优化、交通基础设施的建设、户籍制度优化、区域公共服务均等化和创新共同体的构建等工作，不仅能够帮助提升区域整体产出能力、优化区域经济格局、强化区域发展动力、解决资源分布不平等问题，也能提升人口、要素等的流动效率，加速实现统一区域市场的建设；又如排污权、碳排放权等生态环境权益是区域生态补偿机制的重要组成部分，也是产权市场的重要业务范畴之一。

2.3 趋势与展望

在京津冀协同发展战略的总体部署和推动下，京津冀区域市场一体化将向着更加成熟高效的方向发展。本节立足上文对 70 年来京津冀市场一体化发展的梳理与分析结论，结合当前京津冀协同发展战略的相关内容和方向，从区域市场体系整体、商品市场以及要素市场中的劳动力市场、金融市场和产权市场五个方面对京津冀区域市场一体化的未来发展趋势进行了展望分析。

2.3.1 市场整体：协同发展、系统优化

京津冀协同发展战略的相关推动措施综合性强、动力稳定持久，此历史机遇下的区域市场一体化的发展必然更为全面系统，优化速度更快。以下将从协同发展战略提出的四项重点工作角度，分别分析其对市场一体化的影响作用。

区域现代化产业体系的构建对统一要素市场构建具有积极作用。产业梯度转移过程中，各地要素禀赋差异（即要素价格差异）决定着最终地区专业化分工格局①。生产要素跨区域流动性的能效提升，使区内产业集聚和分工合作更易实现"最佳配置"。企业微观主体迁移重构区域要素市场分布格局和特征，并进而通过就业、交易等行为作用促进人才、产权及

---

① 范剑勇.市场一体化、地区专业化与产业集聚趋势——兼谈对地区差距的影响［J］.中国社会科学，2004（6）：39－51＋204－205.

技术等多种要素的市场一体化发展。微观主体的空间迁移将在新、旧两地间形成新的"社会连接"，形成破除地区市场壁垒的自发动力。

以现代交通体系为代表的区域基础设施系统建设，将优化提升区域人口、物资等的流动效率，改善因地理空间障碍带来的市场壁垒问题[①]。基础设施分布特征和连通能力是重构区域经济格局、实现协同发展的潜力表现之一。这种均衡性和联通性越强，越易在商品、要素和人口的流通能力和潜力增强的基础上，避免和清除负外部性带来的影响。未来京津冀区域内基础设施网络系统将为区内商品要素高效流动、产业分工体系优化稳定以及人才流动交流等多方面提供有力支撑。

公共服务的区域均等化有利于加快弱势地区生活和营商环境优化进程，促进产业转移和一体化建设，也是加快人口疏解和落户迁移的重要举措之一。区域生态空间优化过程中需要对碳排放权、排污权等生态权益进行跨度区间交易，构成京津冀三地有效的生态补偿机制建设的重要环节，这预示着以生态权益市场的建设为契机，区域内各层次、各领域产权交易机构将加快互联互动，促进区域产权市场一体化发展。

2.3.2 商品市场：缓步攀升、稳健优化

商品的市场交换是社会价值生产运动循环的最后阶段，区域内要素、商品能够自由流动时，区域商品价格会趋同。因此，商品市场一体化的水平可以反映区域总体市场一体化情况。未来，京津冀将进入全面推进"京津冀协同发展战略"的加速阶段，各领域、各层次的体制机制设计优势不断凸显，在 2010 年后的十年内的初期积累将转化为强大动力，伴随产业转移承接、创新驱动下区域整体产业升级等过程，新的区域经济格局逐渐形成，以及交通、公共服务和生态体现的不断完善，将不断破除地域间制度和物理壁垒，使得商品市场一体化水平不断攀升。同时，各类要素市场一体化的不断发展完善，会增强统一商品市场的抗风险、抗波动能力，商品市场和要素市场联动更加灵活，在应对各类冲击时的整体应对能力不断优化。

[①] 张衔春，刘泉，陈守强，王伟凯，栾晓帆. 城市区域经济一体化水平测度：基于深莞惠次区域的实证研究 [J]. 城市发展研究，2019，26（7）：18－28.

2.3.3　劳动市场：流动合理、共享资源

人口流动方面，首先是京津冀区域整体外来人口流入将加快。京津冀将形成世界级城市群体系，同时以雄安新区等为契机，河北也将迅速崛起，从而吸引大量区外人口流入，三地间人口流动、互动的规模和频率将不断优化提升①。其次，京津人口将向河北等区域内人口密度较低地区进行有序转移疏导，如北京非首都功能疏解过程中低端制造业、商贸批发行业从业者向北京周边迁移等。再次，人口向承接功能转移目标地区迁移，并将在集中迁移之后提升当地经济吸引力，从而形成新的区域次级"中心地"，带动人口二次集聚。最后，北京、天津周边及河北中小城市户籍制度将差异化开放。不同规模城市的差异化户籍制度的有序放开成为趋势，有利于京津冀人口迁移的效率提升，同时也可以保护为地区做出贡献的非本地户籍常住人口的尊严和基本权益。

劳动力市场方面，可预测河北工资水平将以较快速度提升，天津、北京两市薪资水平也将缓慢上升；伴随产业转移、服务均等等工作的落实推进，三地薪资差距将不断缩小，最终趋于稳定。2017 年发布的《京津冀人才一体化发展规划（2017—2030 年）》提出："到 2030 年，京津冀三地人才资源市场统一规范，人才一体化发展模式成熟定型，基本建成世界高端人才聚集区。"区域劳动力人才市场将向着统一大市场发展，企业和人才的匹配将更加高效。此外，非首都功能疏解过程中的被动人口转移将提升承接地区薪资水平，如北京籍转向河北的人口具有特殊性，转移后的薪资往往是提升而非下降。

2.3.4　金融市场：分工协同、整体强化

京津冀各自合理的分工定位进一步明确完善，可能形成以"北京金融管理、天津创新运营、河北服务支撑"为特征的区域金融空间新格局。首都核心功能和总部经济优势，使得北京始终是金融环境改善、金

---

① 王春蕊. 京津冀协同发展战略下人口流动的影响及对策研究［J］. 经济研究参考，2016（64）：46 – 49.

融基础设施建设和创新金融体制机制改革的主要推动者①。天津将成为区内金融创新运营和改革的先行示范区，能够在相关制度、产品和服务模式等领域内推动金融创新，丰富强化各类运营平台的服务内容和能力，营造先行先试、金融创新的优质环境等。河北方面，一是雄安新区将吸引大量金融资源，逐步成为区内金融体系的重要节点；二是河北金融发展较为滞后，未来必将依托自身资源和劳动力优势，与京津密切联系，推动数据、银行和各类机构的分支中心设立，成为京津冀金融服务支撑腹地。

金融市场更趋成熟完善，一体化市场不断强化发展。首先，开放创新引领下京津冀区域金融市场发展将更加繁荣。未来国内外资本市场将更加开放，通过打造良好的营商环境等，更多资金将流入京津冀区域。通过创新和金融业双向开放，企业融资服务水平将不断提高，融资难度将降低，融资机构和工具将极大丰富，融资渠道将更加多元。其次，京津冀区域内金融格局均衡完善，三地共享繁荣。基于协调推进、协商合意，区域新的金融分工体系将更加合理公平。最后，区域协调体制机制、多维度网络化区域金融体系发展将更加完善，使得金融市场一体化程度和抗风险能力进一步优化。未来，区域性金融服务平台、金融监管协作机制、信用信息数据库和评级市场将不断完善，以更好地发挥整合市场、破除地区间壁垒和消除风险隐患等重要作用。

2.3.5 产权市场：转型发展、完善成熟

未来产权市场改革将渐渐融入金融体制改革的系统工程中，产权机构资本结构将更趋合理，与区域市场体系的融合联动程度将不断加强。京津冀区域内，以北京产权交易所、天津产权交易中心和河北产权交易中心为三大支撑，结合各层次、各领域内的其他产权交易平台，通过统一协调的体制机制和一体化平台建设，形成区域一体多维的产权交易市场体系，依托协同发展战略推动下的已有制度基础，实现与区内产业发展、基础设施

---

① 王爱俭，李向前. 京津冀金融发展报告［M］. 北京：社会科学文献出版社，2016.

和科技创新等相关领域互动互联，充分发挥其资源优化配置、服务支撑作用。同时，以天津要素市场建设为开端，未来京津冀知识产权、农村产权、能源产权、生态环境产权和金融产权等多类要素市场将得到迅速发展，不断丰富区域产权市场的广度和深度。

京津冀产业发展协同创新研究

本章讨论 70 年来京津冀产业发展协同创新。3.1 节从产业集聚理论的视角提出产业协同发展创新的理论框架；3.2 节回顾和总结京津冀产业协同发展历程；3.3 节提出趋势和展望。

3.1 理论基础

产业协同发展创新的核心是在京津冀协同背景下创新性地发挥产业集聚的效用。下面通过梳理产业集聚文献来讨论产业协同发展的理论框架。

3.1.1 产业集聚理论的产业维度

按照产业维度，可以把集聚理论分为地方化经济理论（localization economics theory）和城市化经济理论（urbanization economics theory）。地方化理论强调一个产业的产出或生产力来自相同产业的集聚，而城市化理论认为一个产业的产出或生产力来自不同产业的集聚。

3.1.1.1 地方化理论

马歇尔（Marshall，1920）是最早观察和分析产业空间集聚问题的经济学家。在其著作《经济学原理》中，他提出产业集聚对提高企业生产力有三方面的优势。第一，企业的空间集聚可能是为了靠近中间投入供应商和产品消费者，从而降低包括运输成本在内的生产成本。文献称之为"投入共享"（input sharing）。例如美国底特律的汽车制造业。汽车制造需要大量的钢铁，而五大湖区有丰富的钢铁资源。第二，企业集聚形成厚的劳动力市场（thick labor market），有利于企业和劳动者之间的匹配以及抵御来自企业外部的负面经济冲击。文献称之为"供需两旺劳动力市场"（labor market pooling）。例如，在产业集群中，当某家企业遭受负面经济冲击时，该企业员工可以更容易跳槽到其他使用相似劳动力的企业。当某家企业需要扩大规模时，该企业更容易雇用到匹配的工人。第三，在产业集群中，企业可以更快更容易地学习其他企业的知识和技术，从而进一步创造新的知识和技术。文献称之为"知识溢出"（knowledge spillover）。马歇尔指出，"贸易的奥秘已不再是秘密了，它如同以往一样在空气中传播"（the mysteries of the trade become no mystery，but are，as it were，in the air）。经济增长理论认为知识溢出（knowledge spillover）是推动经济增长最重要的驱动力。大量文献证明，知识溢出对于个人和企业生产力以及城市和国家的繁荣都有重要作用。

3.1.1.2 城市化理论

相对于地方化理论，美国经济学家雅克布斯（Jacobs，1969）认为，不同产业的集聚和多样性更有利于知识的传播和创新，进而有利于企业生产力的提高。因此，她推论认为，集聚不同产业的大城市更有利于企业生产力的提高。长期以来，经济学家一直提供不同的证据来验证地方化理论和城市化理论。中村（Nakamura，1985）利用日本数据分析了地方化和城市化对于企业生产力的影响。城市化用城市人口来代表，而地方化用产业的就业人数来代表。该文发现，相对于城市化而言，地方化对更多的产业生产力有影响。该文认为，如果产业规模翻倍，产业生产力将提高4.5%。

亨德森（Henderson，2003）利用美国企业微观面板数据估计企业生产方程，他区分了传统机械制造产业和高科技产业，发现相同产业的企业数量对高科技企业生产力有显著影响，而对机械制造业企业生产力没有影响。该文并没有发现证据支持城市化理论，也就是说，企业生产力与其他不同产业的企业数量可能没有关系。经济学家还用产业专业化指标（specialization）来检验地方化理论。专业化指标通常衡量一个产业占城市就业的比例。这种相对规模的测量和前面提到的产业绝对规模的测量有很大区别。马歇尔（Marshall）理论暗示的是产业绝对规模对产业生产力的影响。例如更大的就业规模可以带来更大的劳动力蓄水池（labor pooling）。规模更大的产业存在于大城市中，但该产业占城市就业人数的比例可能较小。同时，更大的城市可能会带来一些负面的影响，例如对于投入品的竞争，导致绝对规模更大的产业表现出更低的生产力。如果使用专业化指标，则发现相对规模更大的产业有更高的生产力。

除了对地方化和城市化理论的一般性检验，不少研究调查了产业集聚的微观机制。通常的做法是构建指标来衡量上游和下游企业的集聚。格莱泽和科尔（Glaeser and Kerr，2009）使用 1977 ~ 1999 年美国制造业普查数据，发现马歇尔集聚经济能够加快新企业的诞生。匹配的产业结构为新企业提供所需要的投入，消费新企业的产品，以及提供适合的劳动力和生产技术。乔弗里—蒙塞尼等（Jofre - Monseny et al.，2011）利用西班牙企业微观数据，发现马歇尔集聚经济对新企业诞生和选址有显著影响。加尼等（Ghani et al.，2014）使用印度 2005 ~ 2006 年的制造业和 2001 ~ 2002 年的服务业调查数据分析企业家精神的空间分布差异。他们发现，马歇尔集聚经济存在于制造业产业中。更适合的产出与投入市场有利于新企业的诞生。他们也发现基础设施质量和劳动力教育水平是最重要的新企业进入的决定要素。同时，劳动法和发达的家庭银行都有利于创造新企业。郭琪等（2014）利用 2001 ~ 2007 年地级及以上城市的面板数据，发现地方化经济和城市化经济以及小企业的大量存在，有利于新企业的诞生。

迟易茨（Chinitz，1961）强调产业结构中的企业规模对新企业创造的影响。迟易茨对比了匹兹堡和纽约两个美国城市。纽约到处可见不断涌现的新企业，是企业家创业的天堂。而匹兹堡似乎具备了一切可以阻止新企业产生的条件。迟易茨认为，相比于独特的地理位置和资源禀赋，不同的城市产业结构是造成这两个城市新企业发展差异的主要原因。纽约具备多样化的产业结构，城市里聚集着大量小规模的从事各种产业的企业；相比而言，匹兹堡则是以大企业为主导的单一化的产业结构。从本质上讲，产业结构影响生产成本，而生产成本的变动进而影响企业的位置选择。大企业占支配地位的相对单一的产业结构将会提高新企业的生产成本。从中间产品和服务看，大企业可以通过内部调配资源来满足自己对于产品和服务的需求（如会计师事务所、财务公司等），而不需要依靠其他本地中小企业提供产品和服务，也不能有效地给其他本地中小企业提供产品和服务。最终结果是由于缺乏必要的要素投入和产品市场，新企业将很难产生。尽管迟易茨理论的解释是清楚的，但是只有少数文献对该理论进行实证检验。

3.1.2 产业集聚理论的时间维度

产业集聚理论按时间维度可以分为静态外部性理论（static externalities theory）和动态外部性理论（dynamic externalities theory）。静态外部性理论强调产业集聚只影响当前的产业表现（包括产出、全要素生产率等）；动态外部性理论指出产业集聚影响未来的产业表现进而影响产业发展。而前面提到的地方化和城市化理论与静态和动态外部性理论相互存在交集。

经典的动态外部性理论主要有三种，包括马歇尔—阿罗—罗默（Marshall - Arrow - Romer，MAR）理论、波特（Porter，1990）理论和雅克布斯（Jacobs，1969）理论。这些理论都认为，企业可以通过向其他企业学习或知识溢出提高自身的生产力，并带来产业增长；然而，它们对哪些类型的工业结构在促进知识溢出方面可能更有效持不同的意见。MAR 理论和波特的理论都认为，知识溢出很可能发生在同一产业内的企业之间；因此，与地理分散的产业相比，区域性聚集的产业增长更快。

MAR 理论和波特理论的显著区别是：MAR 理论认为一个产业的地方垄断有利于产业增长，因为它可以更好地保护新思想，保证利润，并阻碍邻近企业的复制。波特理论指出企业需要通过持续的创新获得成功，因此，强大的竞争对手的存在有利于促进创新和采用新思想。简而言之，竞争有助于提高增长率。特别是，产业的地理集聚放大了竞争的影响。与波特理论一样，雅克布斯（Jacobs，1969）也坚持认为地方竞争促进工业增长。然而，雅克布斯不同于马歇尔等和波特的观点，她强调企业的成功更多地取决于从其他行业的企业学习，而不是从本产业的企业学习——多元化的工业环境对增长至关重要。其核心思想是通过对不同的前人工作的改进来创造新的工作。

关于动态外部性的现有证据大多来自发达国家。格莱泽等（Glaeser et al.，1992）研究了 1956～1987 年间美国大型工业的增长情况，发现了支持雅克布斯理论的证据。根据 1970～1987 年的数据，亨德森等（Henderson et al.，1995）比较了成熟和高科技产业，并表明这两个产业都从市场外部性中获益；然而，与成熟产业相比，高科技产业从雅克布斯的外部性中获益。库姆斯（Combes，2000）研究了 1984～1993 年法国的工业增长，报告了专业化对工业和服务业增长的负面影响，以及服务业多样性的积极影响。在中国经济背景下，高（Gao，2004）利用 1985～1993 年的省级数据，证实了地方竞争有助于省级产业增长。何和潘（He and Pan，2010）将重点放在 2000～2005 年，并确定专业化和多样性都能促进城市工业的增长。同样，鲁等（Lu et al.，2013）利用 1998～2005 年期间的数据得出结论，专业化而非多样性促进了城市产业的增长。

3.1.3 产业集聚理论的地理维度

一个很重要的问题是，产业集聚发挥效用的地理范围是多少？假设知识溢出来自同行业的企业，那么距离更近的企业是不是会产生更大的知识溢出效应？这个地理维度可以按照 5 公里、10 公里的距离来划分，也可以按照城市内和跨城市的地理范围划分。

城市内产业结构是指一个城市内的产业结构。大部分关于集聚经济的研究都考虑城市内产业结构的影响。已有国外文献证明，知识溢出（knowledge spillover）的影响范围是非常小的，并且随着地理距离的增加而衰减。例如，罗森塔尔和斯特兰奇（Rosenthal and Strange，2008）表明，与 5 英里半径以外的工人相比，5 英里范围内的工人产生的工资溢价更大。即使北京有很高的人力资本和知识积累，但由于知识溢出的空间递减特性，也许这些资源很难影响周边城市。目前尚无文献研究马歇尔理论的"投入共享"和"供需两旺劳动力市场"的影响范围。同时，也没有文献研究"知识溢出"对企业创新的影响受是否受地理范围的影响。

跨城市产业结构是指几个相近城市所组成的产业结构。一个产业的发展可能不仅受所在城市产业结构的影响，也受相邻城市产业结构的影响。

目前，地方政府提出了一系列重要的区域协同发展的地理概念，包括城市群、经济带等。其中关键的想法是计划通过城市之间的产业配合达到共同发展的目的。但是，一个关键问题是，地区之间的产业能不能相互影响，影响有多大。

图 3 - 1 概括了京津冀产业发展协同创新的理论框架。其实质内容建立在产业集聚理论基础上，包括两大部分：第一部分考虑城市内产业的集聚，包括某个产业集聚在城市，以及不同产业集聚在城市，特别是集聚在大城市；第二部分考虑跨城市产业的集聚，主要是增强跨城市产业之间的相关性。不同城市之间产业在投入产出方面有较强的相关性，更可能推动产业发展。也就是说，京津冀产业协同发展包含两方面内容：城市内的产业集聚以及跨城市的产业集聚。

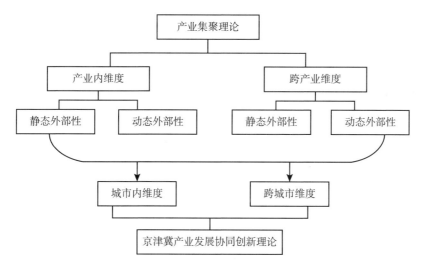

图 3 - 1　京津冀产业发展协同创新理论框架

3.2　产业协同发展历程

本节回顾和总结了京津冀产业协同发展 70 年的历程。第一部分讨论京津冀产业协同发展的成就。我们把京津冀产业协同发展分为萌芽期、探索期和加速期。第二部分分析京津冀产业协同发展的经验和教训。

3.2.1　京津冀产业协同发展的成就

3.2.1.1　产业协同发展萌芽期（1949～1978 年）

新中国成立初期，百废待兴。京津冀地区的经济发展主要围绕北京和天津两座大城市。随着"一化三改"政策的颁布和实施，北京和天津已经发展成为北方两座核心城市。这段时期的主要特色是各地区各自发展，协作概念尚未形成。1958 年，天津作为河北省的省会，将一批钢铁、制药、纺织、胶片等行业的工厂迁到河北的其他地区，一定程度上为河北产业发展打下了基础（孙久文，2019）。1967 年，天津恢复为直辖市，石家庄在第二年成为河北省的省会城市。1970 年左右，北京市为了构建独立的工业体系，投资建设了燕山石化、石景山钢铁厂等一批大型项目，这同时也进一步导致了京津冀三地区的产业结构严重雷同（孙久文，2019）。

我们收集了 1952～2017 年北京、天津以及河北三次产业的产值，并计算出三次产业占 GDP 比重。从图 3－2～图 3－4 中可以看出，北京、天津以及河北第一产业整体上呈现出比重逐年下降的趋势，北京的第二产业也在较大幅度地逐年减少，天津的第二产业在 1990 年之前水平较稳定，1990～2000 年有下降的趋势，2000～2008 年有所回升，2008 年之后到 2016

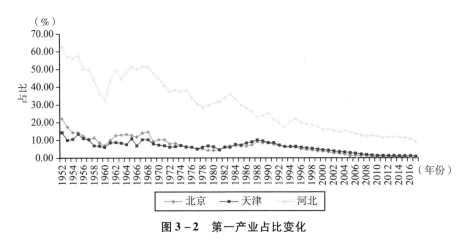

图 3－2　第一产业占比变化

资料来源：国家统计局。

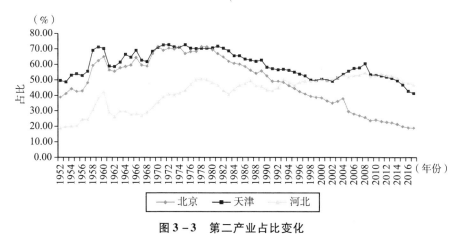

图 3 - 3　第二产业占比变化

资料来源：国家统计局。

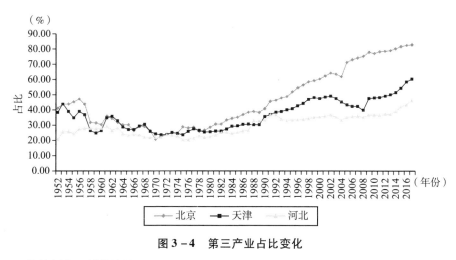

图 3 - 4　第三产业占比变化

资料来源：国家统计局。

年呈现出下降趋势。河北的第二产业有增长的趋势，但并不稳定。北京的第三产业有明显的波动，20 世纪 70 年代以来，第三产业所占比重显著增加，尤其是 20 世纪 90 年代之后，开始呈现出"三、二、一"的产业结构形式。天津与河北的第三产业所占比重则在以较小幅度增加。

　　自 20 世纪 90 年代以来，北京、天津以及河北的产业结构有了明显的划分。北京由于其特殊的地理、政治以及经济等因素，科技行业以及服务业比较发达，北京呈现出以第三产业为主导的特性，天津和河北作为老工业基地，则以第二产业主导，但相比之下，河北第一产业居多，天津第三产业较河北更发达。

3.2.1.2　产业协同发展探索期（1978～2012年）

自改革开放以来到党的十八大召开前，京津冀三地政府对产业协同发展进行了新的探索。1981年10月，第一次华北地区经济技术协作会议召开，会议的主旨思想是"横向联合"和"物资调剂"。1982年7月，北京市人大常委会通过《北京城市建设总体规划方案》，明确北京作为政治和文化中心，同时不再强调经济中心，而是发展适合北京特点的经济（董光器，2006）。1985年，天津市环渤海研究会成立，研究提出推动环渤海地区和天津发展的新思路和对策。1986年，环渤海经济区成立。1988年，环京经济协作区成立，这是一个区域协作组织，以北京为中心，包括北京、唐山、秦皇岛、保定、张家口、承德、廊坊等10个城市（刘永斌，1993）。

2000年，河北省人民政府印发《关于深入实施"两环开放带动"战略的意见》，该意见指出，在不断深化对省情认识的基础上，省委、省政府确定"两环（环渤海、环京津）开放带动"战略，并把它作为全省三大主体战略之一。2002年，北京与天津港口实现直通。2004年12月，京津冀三省市达成了"廊坊共识"，明确了多项举措，包括：京津冀地区经济发展必须突破合作体制、机制和观念的障碍，建立京津冀发展和改革部门定期协商制度，建立京津冀省市长高层定期联席会议制度，联合设立协调机构（杨开忠，2015）。

2005年12月，国家发改委批复《首钢实施搬迁、结构调整和环境治理方案》，决定将首钢搬迁到河北省曹妃甸，并计划把曹妃甸建设成为京津冀地区的能源枢纽和重工业基地。2009年5月，京津冀交通部门签订了《京津冀交通一体化合作备忘录》，提出要早日落实交通一体化，为地区之间产业协作打造基础设施基础。

我们测量了京津冀三地的产业集聚水平。数据来自《中国统计年鉴》《中国工业经济统计年鉴》，以及京津冀各年的统计年鉴。分别选取了

1990 年、1994 年、2000 年、2005 年、2010 年以及 2016 年 6 个年份的制造业两位数行业进行测算。从区位熵（location quotient）数值来看，如果区位熵的数值大于 1，则可以认为特定地区的该行业具有相对集中的特征，该行业是特定地区经济发展的支柱。区位熵计算公式为：

$$Y_{ic} = \frac{E_{ic}/E_c}{E_i/E}$$

其中，E_{ic} 为某个地区 c 的产业 i 的就业人数，E_c 为某个地区 c 的就业人数，E_i 为某个产业 i 在全国的就业人数，E 为全国的就业人数。

（1）北京市

表 3-1 显示了北京 1990～2016 年的产业集聚历程。同时由于不同年份产业的匹配问题，某些产业的区位熵值没有在表格中显示。1990 年，北京集聚水平较高的产业包括石油加工、炼焦及核燃料加工业（区位熵 6.53）和通信设备、计算机及其他电子设备制造业（5.77）；产业集聚水平较低的产业包括烟草制品业（0.52）和纺织业（1.50）。1994 年，北京的优势产业是石油加工、炼焦及核燃料加工业（7.27）和通信设备、计算机及其他电子设备制造业（4.52）。这些产业的集聚水平较高。相对来说，产业集聚水平比较低的产业包括化学纤维制造业（1.45）以及烟草制品业（0.37）。

表 3-1　　　　　　　　　　　北京制造业区位熵

制造业细分产业	1990 年	1994 年	2000 年	2005 年	2010 年	2016 年
食品制造业	2.03	2.44	4.63	2.93	1.91	1.40
饮料制造业	2.24	1.98	3.62	2.41	1.63	0.98
烟草制品业	0.52	0.37	0.40	0.35	0.28	0.27
纺织业	1.50	1.32	1.23	0.52	0.30	0.05
造纸及纸制品业	1.94	1.14	1.25	0.73	0.49	0.26
石油加工、炼焦及核燃料加工业	6.53	7.27	7.49	2.74	1.34	0.72
化学原料及化学制品制造业	2.58	2.07	1.73	1.11	0.66	0.40
医药制造业	2.58	2.41	3.52	2.56	2.33	2.02
化学纤维制造业	2.67	1.45	0.81	0.18	0.17	0.08

续表

制造业细分产业	1990 年	1994 年	2000 年	2005 年	2010 年	2016 年
金属制品业	2.66	2.22	2.56	1.63	1.03	0.06
非金属矿物制品业	1.70	2.69	2.41	1.39	0.90	0.48
黑色金属冶炼及压延加工业	4.52	3.48	4.59	1.94	0.47	0.09
交通运输设备制造业	3.91	4.18	3.67	2.61	1.66	2.51
电气机械及器材制造业	3.08	2.39	2.55	1.10	0.79	0.48
通信设备、计算机及其他电子设备制造业	5.77	4.52	4.92	2.26	1.21	0.76
仪器仪表及文化、办公用机械制造业	4.79	4.02	5.11	3.02	2.18	1.86

资料来源：《中国统计年鉴》《中国工业经济统计年鉴》，以及京津冀各年的统计年鉴。

2000 年，北京的优势产业包括石油加工、炼焦及核燃料加工业（7.49），仪器仪表及文化、办公用机械制造业（5.11），通信设备、计算机及其他电子设备制造业（4.92）。区位熵小于 1 的产业包括化学纤维制造业（0.81）以及烟草制品业（0.40）。2005 年，产业集聚指标大于 1 的产业包括仪器仪表及文化、办公用机械制造业（3.02），食品制造业（2.93），石油加工、炼焦及核燃料加工业（2.74）。产业集聚水平相对较低的产业包括纺织业（0.52）、烟草制品业（0.35）、化学纤维制造业（0.18）。2010 年，区位熵总体有所下降，但医药制造业依旧保持比较高的集聚水平。

可以看出，随着时间的推移，北京的产业集聚格局发生了很大变化。20 世纪 90 年代集聚水平比较高的产业集聚水平逐渐下降，如石油加工、炼焦及核燃料加工业，黑色金属冶炼及压延加工业、印刷业和记录媒介的复制，通信设备、计算机及其他电子设备制造业。相对而言，产业集聚水平有所提高的产业包括医药制造业，仪器仪表及文化、办公用机械制造业，以及食品制造业。其中，黑色金属冶炼及压延加工业区位熵的骤降，主要原因是首钢搬迁，2005 年 2 月，国务院批准在河北省唐山市曹妃甸建设一个具有国际先进水平的钢铁联合企业，作为首钢搬迁的载体及京津冀都市圈乃至全国的重化工基地和能源枢纽港。

（2）天津市

表 3 - 2 讨论了天津 1990 ~ 2016 年的产业集聚历程。同时由于不同年份产业的匹配问题，某些产业的区位熵值没有在表格中显示。天津在 1990 年的优势产业包括化学纤维制造业（6.23）和通信设备、计算机及其他电子设备制造业（5.62）。集聚水平相对较低的产业包括饮料制造业（1.26）、烟草制品业（1.95）、非金属矿物制品业（1.48）。1994 年，集聚水平较高的产业包括仪器仪表及文化、办公用机械制造业（6.01），交通运输设备制造业（5.16）、金属制品业（4.78）；产业集聚水平相对较低的产业包括烟草制品业（1.69）、饮料制造业（1.33）、非金属矿物制品业（1.33）。

表 3 - 2　　　　　　　　　　天津制造业区位熵

制造业细分产业	1990 年	1994 年	2000 年	2005 年	2010 年	2016 年
食品制造业	2.37	3.58	4.34	2.81	1.90	2.34
饮料制造业	1.26	1.33	2.11	1.98	1.26	0.68
烟草制品业	1.95	1.69	1.14	0.70	0.45	0.36
纺织业	3.19	2.79	2.47	1.44	0.42	0.24
造纸及纸制品业	3.22	2.80	2.39	2.05	1.46	1.22
石油加工、炼焦及核燃料加工业	2.19	4.56	4.32	3.00	1.85	2.05
化学原料及化学制品制造业	3.69	3.42	3.68	2.87	1.53	1.01
医药制造业	3.38	2.71	4.45	4.45	2.68	2.10
化学纤维制造业	6.23	2.29	2.31	0.90	0.33	0.05
金属制品业	5.07	4.78	6.67	4.20	2.72	2.17
非金属矿物制品业	1.48	1.33	1.19	0.98	0.67	0.53
黑色金属冶炼及压延加工业	2.59	2.62	3.30	4.30	3.16	3.14
交通运输设备制造业	3.15	5.16	5.14	3.85	2.92	5.98
电气机械及器材制造业	4.41	3.60	3.15	2.05	1.24	0.80
通信设备、计算机及其他电子设备制造业	5.62	4.73	6.49	3.79	2.27	1.28
仪器仪表及文化、办公用机械制造业	4.99	6.01	6.69	2.50	1.63	0.92

资料来源：《中国统计年鉴》《中国工业经济统计年鉴》，以及京津冀各年的统计年鉴。

2000 年，天津的优势产业包括仪器仪表及文化、办公用机械制造业（6.69），通信设备、计算机及其他电子设备制造业（6.49），金属制品业（6.67）；产业集聚水平相对较低的产业包括非金属矿物制品业（1.19）以及烟草制品业（1.14）。2005 年，天津的医药制造业（4.45）和黑色金属冶炼及压延加工业（4.30）的集聚水平依旧很高，同时，随着产业结构的调整，部分产业的集聚水平开始下降，包括烟草制品业（0.70）、化学纤维制造业（0.90）、非金属矿物制品业（0.98）。

2010 年，尽管黑色金属冶炼及压延加工业和金属制品业的集聚水平依然很高，但在持续下降；同时，纺织业的集聚水平下降到 0.42。可以看出，天津的金属制品业、黑色金属冶炼以及交通运输设备制造业一直处于集聚水平较高的状态，而随着时间推移，曾经集聚水平较高的化学纤维制造业逐渐分散。

（3）河北省

表 3-3 报告了河北省 1990~2016 年产业集聚的发展历程。1990 年，集聚水平较高的产业包括黑色金属冶炼及压延加工业（1.52）、非金属矿物制品业（1.17）、医药制造业（1.13）。这些产业的区位熵都大于 1。集聚水平较低的产业包括通信设备、计算机及其他电子设备制造业（0.41），以及烟草制品业（0.59）和电气机械及器材制造业（0.65）。1994 年的产业集聚分布和 1990 年相差不大。

表 3-3　　　　　　　　　　河北制造业区位熵

制造业细分产业	1990 年	1994 年	2000 年	2005 年	2010 年	2016 年
食品制造业	0.74	0.93	1.28	1.22	0.81	0.84
饮料制造业	0.78	0.96	1.09	0.90	0.59	0.46
烟草制品业	0.59	0.58	0.64	0.67	0.62	0.04
纺织业	1.11	1.01	1.15	0.86	0.64	0.74
造纸及纸制品业	1.00	1.36	1.42	1.03	0.63	0.61
石油加工、炼焦及核燃料加工业	0.76	0.97	0.93	1.09	1.33	1.08
化学原料及化学制品制造业	1.05	1.09	1.14	1.00	0.74	0.68

续表

制造业细分产业	1990 年	1994 年	2000 年	2005 年	2010 年	2016 年
医药制造业	1.13	1.15	1.38	1.24	2.03	0.68
化学纤维制造业	0.73	0.79	0.93	0.61	8.01	0.96
金属制品业	1.03	1.15	1.17	0.92	0.81	0.96
非金属矿物制品业	1.17	1.44	1.43	1.29	0.93	0.74
黑色金属冶炼及压延加工业	1.52	2.27	2.11	2.90	3.12	3.09
交通运输设备制造业	0.73	0.77	0.69	0.62	0.61	1.39
电气机械及器材制造业	0.65	0.60	0.64	0.35	0.39	0.49
通信设备、计算机及其他电子设备制造业	0.41	0.41	0.19	0.10	0.17	0.17
仪器仪表及文化、办公用机械制造业	0.52	0.50	0.34	0.24	0.23	0.27

资料来源：《中国统计年鉴》《中国工业经济统计年鉴》，以及京津冀各年的统计年鉴。

2000 年，黑色金属冶炼及压延加工业继续保持比较高的集聚水平。同时食品制造业的集聚水平有所提高。2005 年，黑色金属冶炼及压延加工业（2.90）、非金属矿物制品业（1.29）、医药制造业（1.24）集聚水平较高，形成具有比较优势的产业；集聚水平相对较低的产业包括电气机械及器材制造业（0.35）、仪器仪表及文化、办公用机械制造业（0.24），通信设备、计算机以及其他电子设备制造业（0.10）。2010 年和 2016 年，黑色金属冶炼及压延加工业和石油加工、炼焦及核燃料加工业继续保持较高的集聚水平。但 2016 年，医药制造业的集聚水平有所下降。可以看出，河北省的黑色金属冶炼及压延加工业一直保持较高的集聚水平，高于全国的平均水平。随着时间推移，石油加工、炼焦及核燃料加工业逐渐形成产业集聚的局面。

3.2.1.3 产业协同发展加速期（2012 年至今）

党的十八大以来，京津冀产业协同发展进入加速期。2013 年 3 月 23 日，京津两市达成《落实〈北京市天津市关于加强经济与社会发展合作协议〉工作分工方案》，指出要积极争取国家政策支持，加强重点领域合作，开展产业转移和对接合作。协议签署之后，一大批新型的工业园区先后集中落地，推动了产业一体化进程。2013 年 6 月 8 日，中央召开"环渤海省份经济工作座谈会"，会上李克强指出要加快区域合作步伐，构建区域合作发展的协调机制。2014 年 2 月 26 日，习近平总书记在北京考察并发表重要讲话，提出京津冀协同发展战略。2015 年 4 月底，中共中央政治局审议通过《京津冀协同发展规划纲要》，明确了以"一核、双城、三轴、四区、多节点"为骨架，推动有序疏解北京非首都功能。"三轴"指的是京津、京保石、京唐秦三个产业发展带和城镇聚集轴，这是支撑京津冀协同发展的主体框架。

2017 年 12 月 20 日，京津冀三省市协同办联合发布《关于加强京津冀产业转移承接重点平台建设的意见》，初步明确了"2 + 4 + 46"平台，包括北京城市副中心和河北雄安新区两个集中承载地、四大战略合作功能区及 46 个专业化、特色化承接平台。四大战略合作功能区包括曹妃甸协同发展示范区、北京新机场临空经济区、张承生态功能区、天津滨海新区。46 个承接平台包括协同创新平台 15 个、现代制造业平台 20 个、服务业平台 8 个、农业合作平台 3 个。

2018 年 12 月，中央发布《河北雄安新区总体规划（2018—2035年)》，指出要"瞄准世界科技前沿，面向国家重大战略需求，通过承接符合新区定位的北京非首都功能疏解，积极吸纳和集聚创新要素资源，高起点布局高端高新产业，推进军民深度融合发展，加快改造传统产业，建设实体经济、科技创新、现代金融、人力资源协同发展的现代产业体系"。

从产业集聚进程看，2016 年，北京在医药制造业（区位熵为 2.02）、仪器仪表及文化、办公用机械制造业（1.86）、食品制造业（1.40）集聚水平较高，具有比较优势；纺织业（0.05）、皮革、毛皮、羽毛（绒）及其制品业（0.04）、木材加工及木、竹、藤、棕、草制品业（0.08）、化学纤维制造业（0.08）、黑色金属冶炼及压延加工业（0.09）产业集中水平相对较低。2016 年，天津的交通运输设备制造业得到进一步集聚，黑色金属冶炼及压延加工业维持不变的集聚水平。相对来说，化学纤维制造业（0.05）和纺织业（0.24）产业集中水平相对较低。

下面我们讨论京津冀三地产业结构在投入产出方面的相关性。我们选取了 2010 年和 2016 年的数据进行测算,计算出了京津冀三个地区产业相关性指标,针对三个地区各自集聚水平高的产业,去分析另外两个地区是否具有大量的上游企业和下游企业。

计算指标 1:是否存在大量的上游企业:

$$U_{is} = \sum_{j=1}^{n} X_{js} input_{ij}$$

其中,U_{is} 代表产业 i 的上游企业在地区 s 的集聚程度,指标越大,代表集聚更多的上游企业;X_{js} 代表地区 s 的产业 j 的就业人数占全国该产业就业人数的比例;$input_{ij}$ 代表产业 i 的投入中多大比例是来自产业 j,取值范围为 0 到 1,该数据来自 2012 年的《投入产出表》。

计算指标 2:是否存在大量的下游企业:

$$Z_{is} = \sum_{j} X_{js} output_{ij}$$

其中,Z_{is} 代表产业 i 的下游企业在地区 s 的集聚程度。指标越大,代表集聚更多的下游企业;X_{js} 代表地区 s 的产业 j 的就业人数占全国该产业就业人数的比例;$output_{ij}$ 代表产业 i 的产出中有多大比例销售给产业 j,取值范围为 0 到 1,该数据来自 2012 年的《投入产出表》。

(1)北京市

①上游企业

表 3 - 4 和表 3 - 5 分别给出了产业相关性在 2010 年和 2016 年的数据。我们首先讨论天津和河北是不是存在大量北京产业的上下游企业。2010 年,河北省和天津市均存在大量北京市仪器仪表及文化、办公用机械制造业和交通运输设备制造业的上游企业,为其保证了产品投入,而集聚了较少的北京市食品和烟草业以及石油加工、炼焦及核燃料加工业的上游企业。在 2016 年,河北省存在相对较多的金属制品业、交通运输设备制造业以及金属冶炼及压延加工业的上游企业,天津市存在较多的交通运输设备制造业和金属制品业的上游企业,为北京的这些产业保证了产品投入。石油加工、炼焦及核燃料加工业及食品和烟草业的上游企业较少集聚在河北省;食品和烟草业的上游企业较少集聚在天津市。

表 3 – 4　　　　　　　　　2010 年产业相关性指标　　　　　单位：%

制造业细分产业	上游企业			下游企业		
	北京	天津	河北	北京	天津	河北
食品和烟草	0.65	0.50	1.27	0.75	0.64	1.48
纺织业	0.29	0.35	2.16	0.70	1.05	2.15
纺织服装、鞋、帽制造业	0.51	0.65	2.12	0.23	0.36	0.34
造纸及纸制品业	0.43	0.87	3.13	0.32	0.50	1.13
石油加工、炼焦及核燃料加工业	0.20	0.21	0.78	0.33	0.47	2.00
化学产品	0.63	0.89	4.06	1.39	1.84	5.76
非金属矿物制品业	0.54	0.58	2.52	0.46	0.37	1.51
金属冶炼及压延加工业	0.48	1.38	6.52	2.04	3.48	9.51
金属制品业	0.66	1.74	7.03	0.58	0.74	1.30
通用设备制造业	0.79	1.47	4.70	0.86	1.03	2.02
专用设备制造业	0.92	1.50	4.51	0.43	0.44	0.75
交通运输设备制造业	1.09	1.65	3.87	0.80	0.98	1.15
通信设备、计算机及其他电子设备制造业	1.03	1.43	1.70	1.59	1.64	1.09
仪器仪表及文化、办公用机械制造业	8.20	13.21	44.37	0.47	0.29	0.27

　　资料来源：《中国统计年鉴》《中国工业经济统计年鉴》，以及京津冀各年的统计年鉴、2012年《投入产出表》。

表 3 – 5　　　　　　　　　2016 年产业相关性指标　　　　　单位：%

制造业细分产业	上游企业			下游企业		
	北京	天津	河北	北京	天津	河北
食品和烟草业	0.50	0.63	1.17	0.59	0.82	1.49
纺织业	0.11	0.26	2.11	0.43	1.06	3.39
纺织服装鞋帽皮革羽绒及其制品	0.25	0.52	2.41	0.14	0.29	0.66
木材加工品和家具	0.33	0.61	1.56	0.30	0.49	0.94
造纸印刷和文教体育用品	0.34	0.84	2.35	0.32	0.54	1.08
石油加工、炼焦及核燃料加工业	0.13	0.24	0.61	0.22	0.50	1.48

续表

制造业细分产业	上游企业			下游企业		
	北京	天津	河北	北京	天津	河北
化学产品	0.41	0.76	2.37	1.37	2.31	4.94
非金属矿物制品业	0.35	0.56	1.97	0.37	0.41	1.33
金属冶炼及压延加工业	0.20	1.28	4.56	1.67	3.49	8.21
金属制品业	0.32	1.50	5.08	0.52	0.82	1.54
通用设备制造业	0.53	1.30	3.50	0.77	1.10	1.96
专用设备制造业	0.65	1.32	3.50	0.34	0.41	0.83
交通设备	1.13	1.65	3.33	0.97	1.10	1.45
通信设备、计算机及其他电子设备制造业	0.74	1.04	1.39	1.36	1.25	1.22
仪器仪表及文化、办公用机械制造业	0.86	0.95	1.98	0.46	0.23	0.33
工艺品及其他制造业	0.36	0.81	2.60	0.05	0.10	0.09
废弃资源和废旧材料回收加工业	0.09	0.31	0.71	0.07	0.32	0.77

资料来源:《中国统计年鉴》《中国工业经济统计年鉴》,以及京津冀各年的统计年鉴、2012年《投入产出表》。

②下游企业

2010 年,河北省和天津市集聚较少的北京市仪器仪表、办公用机械制造业的下游企业,无法很好地承接北京的产品输出。2016 年,河北省对于北京的纺织业、化学产品以及金属冶炼及压延加工业存在较多的下游企业;天津市存在较多的以下这些产业的下游企业:通信设备、计算机及其他电子设备制造业,化学产品,金属冶炼及压延加工业。河北省和天津市都集聚较少的北京市仪器仪表、办公用机械制造业以及专用设备制造业的下游企业,无法很好地承接北京的产品输出。

(2)天津市

①上游企业

2010 年,河北省对于天津市的金属冶炼及压延加工业、金属制品业、通用设备制造业等存在较多的上游企业;北京市对于交通运输设备制造业存在较多的上游企业,而集聚了较少的纺织业和石油加工、炼焦及核燃料加工业的上游企业。2016年，河北省对于天津市的金属冶炼及压延加工业、金属制品业、交通运输设备制造业存在较多的上游企业；北京市对于交通运输设备制造业存在较多的上游企业，而集聚了较少的金属冶炼及压延加工业和石油加工、炼焦及核燃料加工业的上游企业。

②下游企业

2010年，河北省对于天津市的金属冶炼及压延加工业、化学产品、通用设备制造业存在较多的下游企业；北京市对于天津的金属冶炼及压延加工业存在较多的下游企业，而对于石油加工、炼焦及核燃料加工业和造纸及纸制品业、纺织业下游企业不足，无法很好地承接其产品输出。2016年，河北省和北京市均对天津市的金属冶炼及压延加工业、化学产品以及通信设备、计算机及其他电子设备制造业存在较多的下游企业。

（3）河北省

①上游企业

2010年，北京市对于河北省的交通运输设备制造业和通信设备、计算机及其他电子设备制造业集聚较多的上游企业，天津市对于河北省的金属制品业和交通运输设备制造业集聚较多的上游企业，有较少的纺织业和石油加工、炼焦及核燃料加工业的上游企业。2016年，北京市对于河北省的纺织业，石油加工、炼焦及核燃料加工业，金属冶炼及压延加工业集聚较少的上游企业。天津市对于河北省的纺织业，石油加工、炼焦及核燃料加工业集聚较少的上游企业，有较多的金属冶炼及压延加工业和金属制品业的上游企业。

②下游企业

2010年，北京市和天津市均对于河北省的化学产品和金属冶炼及压延加工业有较多的下游企业，起到了很好的产品承接作用。2016年，北京市对于河北省的金属冶炼及压延加工业和化学产品存在较多的下游企业，而对于纺织业，石油加工、炼焦及核燃料加工业有较少的下游企业。天津市对于河北省的金属冶炼及压延加工业和化学产品存在较多的下游企业，而集聚较少的包括工艺品制造业等产业的下游企业。

3.2.2 京津冀产业协同发展的经验和教训

3.2.2.1 承接和疏散非首都功能，需要兼顾地区比较优势

京津冀三地的产业结构在过去几十年发生了巨大的变化。北京和天津作为新中国成立后重点发展的大城市，最初聚集了多种产业，从轻工业到重工业，从高科技产业到传统制造业。虽然大城市可以通过规模经济发展多样性产业，但不符合当地比较优势的产业则限制了城市和产业的发展。2014 年 2 月 26 日，习近平总书记在北京考察并发表重要讲话，提出京津冀协同发展战略。同年，国务院成立京津冀协同发展领导小组。京津冀产业协同发展的核心是疏散非首都功能，部分产业由天津和河北来承接。但产业转移也要结合当地发展的比较优势。地区的比较优势包括地理位置、人力资本、自然资源等。如果产业疏散到没有比较优势的地区，也不利于产业发展。

3.2.2.2 产业集聚是推动产业发展的重要因素

京津冀产业协同发展过程中，要处理好疏散非首都功能与加强产业集聚的关系。过去的发展思路是通过在欠发达地区补贴产业来推动经济发展，以实现区域间的发展平衡。但经济发展和区域发展的客观规律告诉我们：经济增长需要通过产业集聚来实现。产业集聚可以提高劳动生产率和全要素生产率，进而推动经济发展。上海交通大学陆铭教授提出，要在集聚中走向平衡。在各地区都面临经济增长任务的背景下，避免把需要高度集聚的产业分散转移到不同地区。同时在产业转移过程中，应该逐步减少政府补贴和行政干预，让企业作为地区选择的主体，实现按经济规律自我选择后的集聚。

3.2.2.3 大城市是推动经济发展和培育新型产业的重要载体

发达国家的经济发展和大量实证研究表明，大城市是推动经济发展和培育新型产业的重要载体。大城市可以产生多方面的外部性：一种是技术外部性（technical externalities）。大城市通过产业和人口的集聚，可以促进知识溢出和传播，进而提高个人的劳动生产率和企业的全要素生产率。另一种是货币外部性（pecuniary externalities）。大城市集聚更多人口，带

来更多的消费，进而可以养活更多的企业，创造更多的就业，带来企业的进一步集聚。当然，大城市也会产生污染和拥堵等"大城市病"，应该进一步进行城市公共服务的供给侧改革，减缓"大城市病"，加强大城市的承载能力，充分发挥大城市的集聚效应。京津冀产业协同发展，需要处理好疏散非首都功能与发展大城市的关系。

3.3 趋势与展望

2019 年 8 月，在中央财经委员会第五次会议中，习近平总书记明确提出区域协同发展的新思路和要求，强调要按照客观经济规律调整完善区域政策体系，发挥各地区比较优势，促进各类要素合理流动和高效集聚，增强创新发展动力，加快构建高质量发展的动力系统，增强中心城市和城市群等经济发展优势区域的经济和人口承载能力。结合会议精神、京津冀过去的发展经验以及产业协同发展理论，下面我们讨论京津冀产业协同发展的趋势和展望。

3.3.1 京津集聚多样化产业和新兴产业，发挥城市化效应

北京与天津是京津冀地区的两座核心特大城市，大城市的优势是可以集聚多样化的产业和人口，孕育新兴产业，对周边城市有辐射作用。北京作为国家首都，以悠久的历史文化和优质的教育资源为支撑，其核心功能包括政治、文化、科技创新和国际交流等。围绕北京的核心功能定位和比较优势，应大力发展包括生物制造和电子信息产业等在内的高科技产业、高端金融服务业、文化产业等多样化产业。天津作为重要的直辖市，在进一步提升金属制造和交通设备制造业集聚水平的基础上，利用人口的规模经济和临港优势，形成多样化的产业集群。

3.3.2 河北各城市集聚特色优势产业，发挥地方化效应

河北各城市应结合自身在地理位置、人力资本以及历史经济基础等方

面的优势，集聚特色优势产业。2016 年 5 月 27 日习近平总书记主持召开中共中央政治局会议时明确提出，"雄安新区是党中央批准的首都功能拓展区"。雄安新区已经进入全面建设阶段，将承接北京非首都功能，并作为京津冀协同发展的重要纽带。石家庄作为河北省省会，与其他河北城市相比有较好的教育和行政资源，可以形成有特色的高端产业集群。廊坊利用其靠近京津的地理优势，可以承接京津的商务、休闲等特色产业。唐山曹妃甸港、秦皇岛港、沧州黄骅港是京津冀城市群除天津港之外的其他三大港口。这三座城市应利用临港的地理优势，整合原有港口资源，错位发展港口经济，发挥港口聚集与流转资源功能，打造临港产业群。张家口和承德具有优质的生态环境，这两座城市应把重心放在保护生态环境与资源，同时形成以生态研究、生态开发和生态旅游为特色的产业集群。

3.3.3 跨城市产业结构相互支持和优势互补更加顺畅

京津冀产业协同发展需要以北京和天津为核心城市，通过京津与河北省各城市的优势互补和协同发展，带动整个地区的发展。但要结合城市的比较优势，不宜盲目补贴和投资非优势产业。京津冀各城市之间产业的相互支持更多体现在要素和商品在区域内的自由流动。大量的实证结果表明，产业集聚可以提高产业生产力，进而推动产业发展。同时，产业聚集效应的地理范围比较小。产业需要集聚在城市内的某个区域才能发挥作用。产业集聚的核心是人才资本技术等要素的自由流动，进而带动企业的迁移，形成集聚的局面。应减少地方政府对特定产业的补贴，让企业家和企业自主选择最合适的地区生产。

第4章

京津冀国土空间协同创新研究

国土空间既是一国及其国民依附生存的自然根基，也是该国通过配置各种资源实现发展目标的主要场所，还是区域经济、政治、文化、社会、生态等要素相互作用的载体，深刻影响着区域的发展。区域协同创新发展的最终目标是要实现区域不同维度的空间协同和创新发展，以创新为引领，系统消除区域差异、城际差异和城乡差异。党的十八大报告首次将优化国土空间开发格局提到国家战略高度，确定优化国土空间开发格局为我国新时代生态文明建设的首要任务，体现了国土空间协同创新发展对区域协同发展的重要支撑作用。

京津冀地区作为国家首都所在地，其特殊的城市职能和使命，决定了其国土空间协同创新的发展具有优先服务首都职能的独特性。同时，它也具有作为都市圈的普通属性，如城乡统筹、交通协同、生态协同、规划协同等特性以及城镇空间、农业空间、生态空间等子系统的协同创新。

本章从国土空间协同创新发展的内涵与理论出发，系统梳理京津冀地区国土空间协同创新发展的70年历程，总结新中国成立以来京津冀地区在国土空间协同创新发展过程中的经验与教训，并在全面把握新时代背景下京津冀地区国土空间发展趋势的基础上，提出面向未来的区域协同创新发展的若干政策建议，为未来京津冀地区国土空间协同创新发展和国内其他都市圈的国土空间协同创新发展提供决策参考。

4.1 京津冀国土空间协同创新的理论探索

关注京津冀发展的区域科学、城乡规划学等领域的学者一直以来始终高度关注京津冀协同发展问题，并产生了大量的学术和理论成果，如吴良镛、孙久文、肖金成、杨开忠、魏后凯、郝寿义、安虎森、李国平、祝尔娟等。其中一些经典的著作成果已经成为影响国家制定京津冀区域协同发展相关政策的重要决策参考，如吴良镛院士的《京津冀地区城乡空间发展规划研究》（2002、2006、2013），祝尔娟的《京津冀都市圈理论与实践的新进展》（2010），孙久文、闫昊生、李恒森的《京畿合作——京津冀协同发展》（2018）等。

对于京津冀区域国土空间协同创新的理论研究，在不同历史背景下不同学科的学者提出了多种区域协同发展的相关理论与学术观点，在推动京津冀协同创新发展过程中起到了重要的理论作用，如环渤海经济区理论、大北京规划理论、京津冀都市圈理论、首都功能重构理论等。

4.1.1 国土空间相关概念

4.1.1.1 国土空间

国土是指一个国家主权管辖下的全部疆域，包括领土、领海和领空以及根据《国际海洋公约》规定的专属经济区海域。国土空间则是从空间尺度出发，具有立体概念，包括地上层、地表层和地下层，指的是"国家主权与主权权利管辖下的地域空间，是国民生存的场所和环境，包括陆地、陆上水域、内水、领海、领空等"。

从提供产品的类别来划分，国土空间可以分为城镇空间、农业空间、生态空间和其他空间四类：城镇空间是指以提供工业品和服务产品为主体功能的空间，包括城镇建设空间和工矿建设空间；农业空间是指以提供农产品为主体功能的空间，包括农业生产空间和农村生活空间，农业生产空间主要是耕地，也包括园地和其他农用地等，生活空间为农村居民点和农村其他建设空间（包括农村公共设施和公共服务用地）；生态空间是指以提供生态产品或生态服务为主体功能的空间；其他空间是指纵横于上述三类空间中的交通、能源、通信等基础设施，水利设施以及军事、宗教等特殊用地的空间。

国土空间是一个复杂的地理空间，包括土地资源、水资源、矿产资源、生态环境等不同主题。这主要是"地理"意义上的概括。显然，国土空间不是一个纯粹的自然地理概念。从"政治"意义上来看，国土空间是对特定"区域"在国家尺度上的称谓，显示出对政治和行政规定性的强调。国土空间具有政治学行政界限限定、具有国家主权概念，包含了国家主权意义上的领海和领空；从社会的角度来看，国土空间是人类赖以生存和发展的家园，是人类生产生活和社会经济活动以及生态文明建设的重要空间载体。[①] 因此，国土空间体现了以地理环境为基础、以人为主体的矛盾统一体，具有自然和社会的双重属性。

4.1.1.2 国土空间开发

国土空间开发的理论研究伴随我国国土空间开发的实践，成果比较丰富。王惠琴（2018）认为国土空间开发是"要充分考虑不同土地空间的主体功能，统筹安排农业、工业和服务业的协调发展，在对自然资源合理开发利用的同时，充分保护生态环境，实现人口、资源与环境的均衡"[②]。周宏春（2017）从功能、区域、城乡和产业四个层面来论述国土空间开发格局，认为国土空间开发，要树立协调发展理念，根据资源环境综合承载能力和经济社会发展战略，统筹陆海、区域、城乡发展，统筹安排生产、生活、生态空间；要按照人口资源环境相均衡、经济社会生态效益相统一的原则，推进国土整治，控制开发强度，优化空间结构；要树立共享发展理念，促进城乡要素平等交换和公共资源均衡配置，以城带乡，实现城乡基础设施、产业发展、就业保障、环境保护一体化建设、协调发

---

① 邓伟，张继飞，时振钦，等. 山区国土空间解析及其优化概念模型与理论框架 [J]. 山地学报，2017, 35（2）：121 – 128.

② 王惠琴. 国土空间开发格局分析 [J]. 合作经济与科技，2018（8）：10 – 11.

展①。国土空间开发格局的形成是资源和其他经济要素在空间上配置的结果。理想的国土空间开发格局应能促进要素充分流动和优化配置、空间中人的发展机会和福利水平相对公平、生态环境可持续发展，形成经济、社会、环境发展与人的发展相协调的空间格局。祁苑玲和周晓琴（2019）提出积极开发与均衡发展相协调、分类保护与综合整治相促进、资源节约与环境友好相统一的理念和方法，健全国土空间用途管制制度，优化空间组织和结构布局，提高发展质量和资源利用效率，形成可持续发展的美丽国土空间，形成空间开发的可持续发展②。

4.1.1.3 国土空间保护

国土空间保护是与国土空间开发紧密联系的概念。由于历史原因，我国形成了"多龙治水"的国土空间开发格局，造成政出多门、管理碎片化和空间规划相互"打架"等问题，山水林田湖草生命共同体被人为割裂，既损害了自然资源开发利用效率，又使自然生态空间受到严重破坏。目前国土空间保护面临着国土空间被过度占用、国土空间开发强度大、国土空间结构不合理和国土空间利用效率低的问题。

面对这些问题，国土空间保护要致力于实现国土空间要素综合管理和综合利用，经济、社会和文化可持续发展，维护国家和区域生态安全这三个基本目标。要控制国土空间开发强度。坚持生态、农业、城镇共同优化，要科学划定生态空间，构建生态保护空间格局，维护生态系统服务功能，保障国家和区域生态安全③。

国土空间保护的重点在于划定和管理生态保护红线、永久基本农田、城镇开发边界三条控制线。三条控制线旨在处理好生态、生产、生活的空间格局，实现自然生态空间山清水秀、生产空间集约高效、生活空间宜居适度④。

---

① 周宏春. 国土空间开发格局 [J]. 绿色中国 A 版，2017（6）：45－47.
② 祁苑玲，周晓琴. 对云南国土空间开发的思考 [J]. 创造，2019（3）：59－63.
③ 何常清. 国土空间开发适宜性评价的若干思考 [J]. 江苏城市规划，2019（4）：44－45.
④ 彭俊杰，陈燕燕，李承蔚. 国土空间规划中三条控制线的划定与管理 [J]. 城市建筑，2019，16（9）：45－46.

4.1.1.4 国土空间规划

国土空间规划是国家空间发展的指南、可持续发展的空间蓝图，是各类开发保护建设活动的基本依据。建立国土空间规划体系并监督实施，将主体功能区规划、土地利用规划、城乡规划等空间规划融合为统一的国土空间规划，实现"多规合一"，强化国土空间规划对各专项规划的指导约束作用，是党中央、国务院做出的重大部署。

国土空间规划是对未来发展的一种谋划、预判和前瞻，它要向人们展示未来发展的愿景、目标和使命，战略性是其内生的要求。目前的国土空间占有和开发利用过度导致自然资源无法持续更新、生态系统受损，国土空间开发利用效率低，国土空间要素安排不合理。对此，应形成统一的空间规划体系，严格落实并扩展用途管制制度，搭建统一的国土空间基信息平台，开展国土空间规划立法，实现国土空间全域保护①。

国土空间规划不是简单的城市规划、土地利用规划或主体功能区规划的延伸，也不是简单的"多规合一"的产物，而是"区域整体"的谋划，是一种全新的规划类型。国土空间规划需要融合主体功能区规划、土地利用规划、城乡规划、海洋主体功能区规划等空间规划，覆盖全域全类型国土空间用途管制的规划。建立国土空间规划的"国家—省—市—县—镇"五级和"总体—专项—详细"三类规划体系，明确了各级国土空间规划的编制重点，强化了国土空间规划对各专项规划的指导约束作用。国土空间规划要树立整体观与大局观，打破原有规划主体多元、部门利益导向的体制机制约束，纵向上需与各层级政府的事权和权责相对应，强化国土空间规划上下传导机制；横向上需与同级部门事权和权责相对应，强调各部门专项规划之间的相互衔接与协调。

4.1.2 环渤海经济区理论

环渤海经济区由山东半岛、辽东半岛和华北平原三大区域板块组成，

---

① 严士寅，陆钦网．创新自然资源监管体制促进国土空间全域保护 [J]．商品与质量，2018（47）：288．

因与渤海海域形成环抱态势而得名。1986 年国家计委为了避免地方政府自主权扩大后出现各自为政和重复建设的局面，在全国范围内划定了七大经济区域，环渤海区域就是其中之一，早期经济区包括北京、天津、河北、辽宁、山东五大省市，后期加入了山西和内蒙古两省区的部分城市，区域涵盖面积占全国国土面积 13% 左右。1986 年经济区各城市联合成立"环渤海地区经济联合市长联席会"，计划在区内各个城市轮流组织召开会议，截至 2013 年已经召开了 16 次会议（见表 4-1）。

表 4-1　　　　　　　　　环渤海地区经济联合市长联席会举办情况

顺序	召开时间	会议地点	新吸纳成员市（地区）
1	1986 年 5 月 26 日	天津	丹东、大连、营口、盘锦、锦州、秦皇岛、唐山、天津、沧州地区、惠民地区、东营、潍坊、烟台、青岛
2	1987 年 7 月 20 日	青岛	沧州
3	1988 年 10 月 20 日	大连	无
4	1992 年 9 月 24 日	秦皇岛	葫芦岛
5	1993 年 10 月 13 日	东营	济南、威海德州市
6	1994 年 11 月 23 日	烟台	淄博、太原、承德、朝阳、阜新
7	1995 年 8 月 27 日	太原	邢台
8	1997 年 11 月 6 日	天津	石家庄、廊坊、通辽
9	2000 年 6 月 5 日	承德	
10	2002 年 10 月 17 日	济南	呼伦贝尔、满洲里、安阳（特邀）
11	2004 年 9 月 1 日	丹东	呼和浩特
12	2006 年 4 月 17 日	天津	沈阳、聊城
13	2008 年 9 月 20 日	石家庄	保定、邯郸、德州、包头、濮阳（观察员市）
14	2010 年 09 月 22 日	沈阳	长治市、鄂尔多斯市、赤峰市
15	2011 年 05 月 27 日	天津	
16	2013 年 7 月 18~19 日	呼和浩特市	

资料来源：根据公开资料整理。

1992 年，党的十四大报告中提出要加快环渤海地区的开发、开放，将这一地区列为全国开放开发的重点区域之一，国家有关部门也正式确立了"环渤海经济圈"的概念，并对其进行了单独的区域规划。

学术界围绕环渤海经济区的相关研究不断开展。最早是在 20 世纪 80 年代中期中科院地理所副所长李文艳提出大渤海地区的概念。不久，美国东西方研究中心提出东北亚区域概念，后来学术界陆续就环渤海经济圈发表了不少文章。肖金成（2007）指出，环渤海地区具有良好的经济发展基础和良好的发展区域经济一体化机遇，也存在着影响区域经济一体化的挑战，所以要明确环渤海地区经济发展的整体功能定位，以达到其内部存在不同地区分工与合作的目的[①]。姚腾霄（2009）在分析环渤海经济圈区域经济一体化现状的基础上，指出环渤海区域经济一体化已经有了较大的进展。环渤海经济区在基础设施、电子信息产业、旅游产业等产业合作方面已经取得了较大的进展，不过还要充分发挥市场的作用，创造一个平等有序的竞争环境，进一步推动环渤海区域经济一体化的进程[②]。

但是，由于"环渤海"概念涵盖区域范围较大，区域内各城市难以形成紧密有效的经济联系，在概念提出之后的 30 多年时间里，环渤海经济圈的发展陷入了"大小规划常常有，会议论坛不断开，专家官员常关注，实质进展难迈开"的怪圈。进入 21 世纪之后，随着"首都经济圈""环首都经济圈""京津冀都市圈"等概念的兴起，"环渤海"概念开始淡出人们的视野。

4.1.3 大北京规划理论

大北京规划理论源于对大伦敦和大巴黎规划实践的借鉴。2001 年，清华大学吴良镛教授率团队完成了《京津冀北（大北京地区）城乡空间发展规划研究》，首次提出"大北京"概念，在全球视野中审视京津冀地区（又称"大北京地区"）的走势，建议规划"大北京地区"，综合考虑

---

① 肖金成. 环渤海地区经济合作面临的机遇与挑战［J］. 开放导报，2007（1），45 – 48.

② 姚腾霄. 环渤海区域经济一体化的现状与特点［J］. 科技前沿，2009（17）：28 – 29.

大北京地区的功能调整，提出建设世界城市的构想，同时指出加强区域统筹管理、建立区域协调与合作机制的可实施方向。提出要在大北京地区范围内，综合考虑首都的功能要求，建设世界城市，带动整个地区的繁荣。实施双核心多中心的都市圈战略。以京津双核心为主轴，以唐保为两翼，根据需要与可能，疏解大城市功能，调整产业布局，发展中等城市，增加城市密度，构建大北京地区组合城市。

2006 年，京津冀地区城乡空间发展规划研究二期报告在一期报告的基础上继续提出以京、津两大城市为核心的京津走廊为枢轴，以环渤海湾的"大滨海地区"为新兴发展带，以山前城镇密集地区为山前传统发展带，以环京津燕山和太行山区为生态文化带，共同构筑京津冀地区的空间发展格局。

2013 年，京津冀地区城乡空间发展规划研究三期报告站在京津冀区域合作的高度，进一步提出了京津冀地区转型发展的共同路径和"合作计划"，并将大北京改为"京津冀北地区"，随后逐渐拓展到京津冀全域范围，与后文的京津冀都市圈范围重合。

总体来说，大北京规划侧重城市地区（city region）的研究，提出北京的城乡规划从"就城市论城市"，转向"世界城市地区"的观念，通过建设"世界城市"，促进整个京津冀地区的繁荣与健康发展。

4.1.4 京津冀都市圈理论

京津冀都市圈理论包括了"京津冀城镇群""环首都经济圈""首都经济圈"等相关概念与理论。

首先京津冀都市圈包括"2＋8"范围，即北京、天津两个直辖市和河北省的石家庄、秦皇岛、唐山、廊坊、保定、沧州、张家口、承德 8 地市。由于京津冀都市圈之间行政壁垒高筑、政府间合作层次低，三地之间的竞争大于合作，难以一体化发展。2004 年 11 月，国家发改委启动《京津冀都市圈区域规划》编制工作，但由于难以协调两市一省的发展诉求，规划直到 2010 年 8 月才草草上报国务院，但一直未获国务院批复。

在国家发改委推进编制《京津冀都市圈区域规划》举步维艰的同时，2006 年开始，建设部组织编制了《京津冀城镇群协调发展规划（2008—2020 年）》，并于 2008 年 3 月 3 日发布实施。京津冀城镇群的空间范围涵括北京、天津和河北完整行政辖区，总面积 21.36 万平方公里。

环首都经济圈的概念由河北省提出，是指环绕北京的涿州市、涞水县、涿鹿县、怀来县、赤城县、丰宁满族自治县、滦平县、三河市、大厂回族自治县、香河县、广阳区、安次区、固安县等 13 县市，总面积 2.7 万平方公里，人口 485 万人。河北提出建设环首都经济圈的总体战略构想是打造"1 圈 4 区 6 基地"。"1 圈"即以新兴产业为主导的环首都经济圈；"4 区"即在环首都经济圈建设高层次人才创业园区、科技成果孵化园区、新兴产业示范园区、现代物流园区；"6 基地"即在环首都经济圈内建设养老、健身、休闲度假、观光旅游、有机蔬菜、宜居生活基地。

环首都经济圈也被称为"环北京贫困带"，这是因为在自然资源、政策限制等多种因素叠加下，首都周边部分地区存在"连片贫困"现象。一方面，这一地区自然条件恶劣，当地财力有限，对地方经济发展的扶持力度不够；另一方面，由于负有为首都保护水源和生态的特殊使命，国家对这一地区实行限制开发政策，因此"政策致贫"因素也不可忽视。

首都经济圈（又称首都圈）包括北京、天津以及河北全省范围，其中北京、天津、保定、廊坊为中部核心功能区，京津保地区将率先联动发展。国家发改委在 2011 年开始启动《首都经济圈发展规划》编制工作，但由于各方利益的博弈，进展一直较慢。原计划在 2014 年 6 月份出台的规划，后来更名为《京津冀协同发展规划纲要》，并于 2015 年 4 月 30 日由中央政治局会议审议通过。

京津冀地区的整体定位是"以首都为核心的世界级城市群、区域整体协同发展改革引领区、全国创新驱动经济增长新引擎、生态修复环境改善示范区"。京津冀协同发展这一战略的核心是有序疏解北京非首都功能，调整经济结构和空间结构，走出一条内涵集约发展的新路子，探索出一种人口经济密集地区优化开发的模式，形成新的增长极。

4.1.5　首都功能重构理论

一个世界级多中心网络型的城市群，需要有若干个比肩雄安新区的区域副中心来支撑。北京的其他首都非核心功能以及非首都功能，还需要第二个、第三个"雄安"作为空间载体进行落地。这个载体可能是既有的城市的发展壮大，也有可能是平地造新城。在规模上这些新的载体也不一定是大型城市，可以是一些规模并不大的中小城市，但是在功能上，能确实承担首都部分功能或者疏解北京的非首都功能，并为区域的一体化做出实质的贡献。

对此愿景，学术界已经做了多方的探讨。2013 年，清华大学吴良镛院士主持的《京津冀地区城乡空间发展规划研究三期报告》提出，京津冀要共同构建多中心的"城镇网络"，共同实现首都政治文化功能的多中心发展。在京津冀区域形成三个层次的功能区域：第一层次为北京六环以内、半径 15~30 公里的首都政治文化功能核心区；第二层次为六环至涿密高速一线地区、半径 30~70 公里的首都政治文化功能拓展区；第三层次为涿密高速以外地区、半径 50~300 公里的首都政治文化功能支撑区，并提出要在北戴河、承德、张家口、白洋淀、蓟县等地设计国家修养、游憩地。

2014 年，中央财经大学王瑶琪教授主持的"京津冀城市群研究"指出，应借鉴加拿大首都渥太华的经验，将首都功能在京津冀城市群范围内进行优化整合，河北省和天津市根据自身的实际承担部分首都职能，使整个京津冀区域成为承载首都职能的国家首都地区，是首都功能区域重构的一个重要尝试。北京大学杨开忠教授提出在北京南北中轴线和京保线交界的沧州市，规划建设规模适中的国家行政文化新城，作为京津冀城市群的一大文化中心。

2019 年，温锋华通过对国家首都功能进行界定与分解，以圈层结构将一个国家的首都功能分为首都核心功能、首都非核心功能和非首都功能三个层次，围绕京津冀协同发展的目标，提出北京市的首都功能需要在区域层面进行重构，形成京津冀区域目标同向的协同发展格局，并指出雄安新区是首都功能空间优化重组的关键一步（见图4-1）。

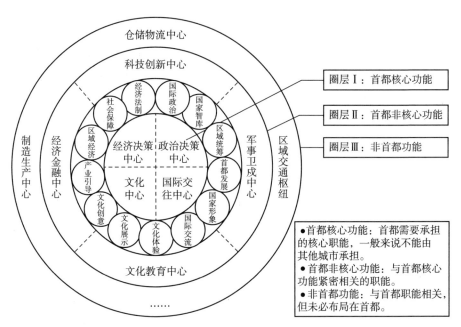

图4-1 京津冀区域首都功能空间重构

资料来源：温锋华，冯羽：首都型特大城市的首都职能区域重构路径研究 [J]. 北京规划建设，2019（4）：76-80.

4.2 京津冀国土空间协同创新的发展历程

京津冀的协同发展历程最早可以追溯到新中国成立初期，前后经过萌芽、探索、停滞、重启、低潮、转型和新的探索几个发展阶段。尤其是20世纪80年代以来，京津冀的空间整合从20世纪80年代初期华北地区经济技术协作会、京津唐地区规划、1982年《北京城市建设总体规划方案》中提出"首都圈"概念，到1986年提出环渤海经济圈区域合作、1999年吴良镛先生提出"大北京"规划概念、2004年提出"廊坊共识"、

2010 年北京提出"世界城市"建设，再到 2010 年《京津冀都市圈区域规划》以及 2015 年出台的以疏解首都非核心功能为重点的《京津冀协同发展规划纲要》，从政策制定、规划编制到学术研究，各界一直没有停止过探索。由于时代背景和区域经济社会发展阶段存在差异，每一个阶段的目标和重心都不一样。

4.2.1 国土空间协同创新的内容与阶段划分

4.2.1.1 区域国土空间协同子系统

在全球化和信息化背景下，区域资源整合、区域一体化发展已成为全球城市和区域竞合发展的大趋势。以协同创新理论为基础并参考相关研究，本书将协同创新系统细分为城乡协同、基础设施协同、生态协同和规划协同四大子系统（见表 4 - 2）。在各系统的协同发展过程中，要以复杂系统思维为指导，突出整体性谋划，统筹考虑区域发展格局，打破行政区界限，推进跨区域整合资源。

表 4 - 2 区域国土空间协同系统

子系统	主要内容和标准
城乡协同	城镇化水平均衡、城乡居民收入均衡化、区域内城市定位互补
基础设施协同	大型基础设施布局合理，设施管理政策无缝衔接、城际交通换乘便捷
生态协同	生态环境区域共治，共建共护生态红线，生态政策协同统一
规划协同	顶层设计科学可行，规划部门无缝合作、空间统一

资料来源：周春山，邓鸿鹄，史晨怡. 粤港澳大湾区协同发展特征及机制［J］. 规划师，2018，34（4）：5 - 12. 有调整。

在工业文明的时代，"发展才是硬道理"，区域内部各城市单元、各子系统围绕区域发展这个根本要求，不断加大增量开发，做大城市规模。在这样的增量开发的导向下，竞争是区域之间和区域内部各要素之间关系的主流，区域国土空间协同的核心是强化区域的创新功能、产业功能、城镇功能和交通枢纽功能，发挥生产要素的集聚效应，实现区域协同发展，形成更强的区域竞争力。

在生态文明背景下，区域国土空间协同系统的内涵和重心发生了显著的变化。如对城镇空间层面的协同，更多的是强调利用先进科技，优化功能，突出对存量空间的挖掘利用，同时对生态空间和农业空间的协同被提升到历史新高度。为推进生态空间和农业空间的区域协同，作为顶层设计的区域协同规划的规划协同作用更加突出。

4.2.1.2 区域国土空间协同的内容

2014 年国家发展改革委、国土资源部、环境保护部、住房城乡建设部联合发布《关于开展市县"多规合一"试点工作的通知》，明确提出空间规划要"划定城市开发边界、永久基本农田红线和生态保护红线，形成合理的城镇、农业、生态空间布局"，国土空间可以分为城镇空间、生态空间和农业空间三大空间。2019 年 5 月，《中共中央　国务院关于建立国土空间规划体系并监督实施的若干意见》提出要"在资源环境承载能力和国土空间开发适宜性评价的基础上，科学有序统筹布局生态、农业、城镇等功能空间，划定生态保护红线、永久基本农田、城镇开发边界等空间管控边界以及各类海域保护线，强化底线约束，为可持续发展预留空间"。因此，在区域国土空间协同发展上，核心是要研究区域内三类空间的协同发展（见表 4 - 3）。

表 4 - 3　　　　　　区域国土空间协同创新的内容体系

空间类型	协同原则	协同机制
城镇空间	共享	区域产业分工、人口自由流动，创新驱动
生态空间	共治	政府直接干预与政府引导下的生态产业化
农业空间	共建	需求侧与供给侧协同的市场机制与政府调控机制

资料来源：笔者整理。

在工业文明的背景下，京津冀区域协调关注的核心是以发展为导向的城镇空间的协同，对生态空间和农业空间的协同基本忽视。在生态文明建设的背景下，除了需要持续关注城镇空间的协同发展外，更加需要重视后面两类空间的协同创新发展。

4.2.1.3　国土空间协同运作原理

系统运作服从协同效应、伺服原理和自组织原理，子系统内部的快变量在伺服效应下服从序变量，自组织程度不断提升，形成功能有序、具有高层次结构的系统。同时，城乡、基础设施、规划协同子系统之间的合作通过协同效应不断深入整合，最终相互依赖、相互促进，实现区域协同创新（见表 4 - 4）。

表 4 - 4　　　　　　　　　　　　区域协同系统的运作原理

运作原理	主要内容和标准
协同效应	各子系统通过相互非线性作用产生的整体效应
伺服效应	快变量服从慢变量，慢变量逐渐演变成序变量，序变量影响子系统
自组织原理	子系统内要素在没有外部指令的条件下，按照特定规律自发促进子系统向高层次结构发展

资料来源：周春山，邓鸿鹄，史晨怡. 粤港澳大湾区协同发展特征及机制［J］. 规划师，2018，34（4）：5 - 12. 有调整。

4.2.1.4　区域协同演化阶段及特征

区域国土空间协同发展程度可以用协同度表示。协同度越高，区域的冲突与矛盾就越小，区域协同合作就越成熟。增长极理论与极化—扩散理论是城市发展的两个重要的基础理论。城市在发展的早期，都是特定区域的增长极，通过周边要素的集聚，形成极化效应，然后随着交通、市场、行政等作用的发挥，逐渐发生扩散效应。区域内部城镇空间扩展阶段与大都市的空间拓展具有很高的关联性，同时因不同地区或不同时代而有所差异，从区域一体化的概念出发，可以将区域协同的发展阶段划分为几个阶段（图 4 - 2），每个阶段的协同度、驱动力、子系统自组织程度及主要特征都是不同的（见表 4 - 5）。

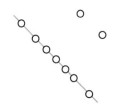
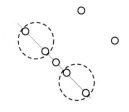

（a）区域国土空间孤立发展阶段　　（b）区域国土空间协同起步阶段

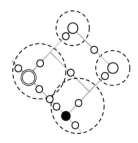
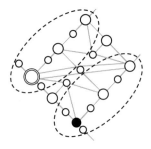

（c）区域国土空间圈层发展阶段　　（d）区域国土空间一体化阶段

◎ 大城市　○ 中等城市　● 专业型城市　○ 小城镇　—— 联系廊道　⸨⸩ 城市腹地

图 4 - 2　区域内部国土空间协同演变过程

资料来源：王瑶琪，李永壮，王志锋，温锋华. 打造国家首都地区促进区域协调发展 [J]. 前线，2014（9）：101 - 104.

表 4 - 5　　　　　　　　　　区域国土空间协同演化阶段及特征

演化阶段	空间关系	协同度	驱动力	子系统自组织程度				主要特征
				城乡协同	基础设施协同	生态协同	规划协同	
孤立发展阶段	孤立	低	发展基础主导	-	-	-	-	区域之间内在联系弱，各自独立发展
起步阶段	扩散	中	市场主导	+	+	-	-	增长极通过扩散作用影响带动周边发展，城乡矛盾出现，城乡协同、产业协同为主
发展阶段	共生	中高	政府主导	+ +	+ +	+	+	区域差距缩小，协同效应出现，交通、能源等基础设施协同、政策与规划衔接
一体化阶段	融合	高	创新主导	+ +	+ +	+ +	+ +	区域内部相互依赖共存，创新驱动区域发展，生态协同、创新协同为主

（1）区域国土空间孤立发展阶段

在城市发展早期，分散的城市间规模等级差别较小，大多数城市沿区域交通干线分布，也有少数城市分布于远离交通沿线的地区孤立发展。因此，核心城市的吸引范围非常有限，城市间的功能联系仅限于狭窄的交通沿线的城市之间，远离交通沿线的城市间以及这些城市与交通沿线的主要城市间仅有微弱的功能联系。城市间专业化生产联系差，各城市周围被不同的农业地带所环绕。这一阶段又可分为两个时期：

①均衡发展时期：这是以经济活动分散孤立、小地域范围内的封闭式循环为特征的空间结构。

②极核发展时期：这是形成单一中心、核心—边缘式[①]发展为特征的空间结构时期，城市和边缘区竞争加剧，但城镇之间共生作用尚弱，城市经济结构比较简单。

在这一时期，具有较好区位条件和基础设施发达、交通便利而且创新能力强或者受到政策扶持的城市迅速发展成为某一区域经济的"增长极"[②]，直接承接国际化、全球化的要素转移。

（2）区域国土空间协同起步阶段

在起步发展阶段，交通干线重要中心城市侧向联系的渗透性干线交通的发展，对城市群地域结构质的转变至关重要。起初的侧向联系首先从重

---

① 核心—边缘理论认为，从经济发展的角度看，国家都是由核心区和边缘区组成。核心区是指城市或城市集聚区，其工业发达、资本集中、技术水平高、人口具有一定的规模、经济增长速度快；边缘区则为较核心区落后的区域。区域经济的发展必然伴随着经济空间结构的改变，故经济增长的空间动态可分为四个阶段：前工业化阶段、工业化初级阶段、工业化成熟阶段、空间相对均衡阶段。

② 增长极理论从物理的"磁极"概念引申而来，认为受力场的经济空间中存在着若干个中心或极，产生各种类似"磁极"作用的离心力和向心力，每一个中心的吸引力和排斥力都产生相互交汇的一定范围的"场"。这个增长极可以是部门，也可以是区域。该理论的主要观点是：在经济增长中，某些主导部门或有创新能力的企业或行业在一些地区或大城市的集聚形成一种资本与技术高度集中、具有规模经济效益、自身增长迅速并能对邻近地区产生强大辐射作用的增长极，通过增长极的优先发展，可以带动相同地区的共同繁荣。极化效应体现为：资金、技术、人才等生产要素向极点集聚；扩散效应体现为：生产要素向外围转移。在发展的初级阶段，集聚效应是主要的，当增长极发展到一定程度后，极化效应削弱，扩散效应则增强。增长极理论主张通过政府的作用以集中投资，加快若干条件较好的区域或产业的发展，进而带动周边地区和其他产业的发展。

要城市中心开始，并与远离交通干线的边远城市相连接，这极大地优化了
两个中心城市和边远城市间的功能地域结构。

随着渗透干线的延伸以及在渗透干线上较大规模城市的建立，各城市
市场区域进一步扩大，城市以内城为中心继续向外扩展，而原有的联系密
切的城市开始形成城市组团。在这一阶段，容易形成以多核心为特征的空
间结构，基本部门体系以垂直发展为主，前、后向联系纵深发展，共生作
用加强，企业由极核中心向外围扩散十分显著，形成次级核城市向较低等
级城镇逐步发展的城镇体系。

（3）区域国土空间圈层发展阶段

在这一阶段，区域内城市间相互联系通常需要相对长的时间，这取决
于与渗透干线间有着密切联系的支线网络的发展。那些位于渗透干线上的
主要城市继续接受较高级城市的辐射功能，自身又对次级城市扩散其部分
功能，开始扮演地区中心的角色。不久，来自边远城市的交通支线得以建
立，除了通过渗透干线间的联系外，它们之间的直接联系开始得到发展。
然后，更小的城市便通过起初的干线开始发展，不久它们也开始连接起
来。这种相互联系的过程继续沿着干线和支线，与日益增加的专业化生产
相对应。通过空间经济联系以及集聚与扩散作用，各城市试图改进其在交
通网络中的地位。这就出现了以大城市为核心的不同等级城市相互依存的
都市圈。

（4）区域国土空间一体化发展阶段

都市圈综合交通走廊的发展以及城市等级系统的出现是区域国土空间
一体化发展阶段的重要特征。区域一体化的交通走廊的发展可以追溯到都
市圈内城市间的联系，这种联系已经不能满足都市圈整体发展的要求，需
要在更大的空间背景下发展都市圈整体与外部的社会经济联系，这种联系
在很大程度上是都市圈功能空间竞争的结果。城市群内各城市间的共生互
控效应逐步加强，城市职能分工日趋明确，产业结构与产品结构梯度转移
的波及效应逐渐明显，不同等级城市间纵向联系的行政隶属关系逐步弱
化，同一等级城市间的横向联系进一步强化，区域内各城市间的地域结构
功能组织方式日益优化，一体化的国土空间地域结构开始形成。

区别区域协同发展处于孤立发展和起步阶段的主要标志是区域城市之间的联系程度。萌芽阶段各城市相对独立，独立发展，各自为政，很少有联系。联系程度表现为群内人口、产业、交通以及政府之间的联系。在起步阶段，各城市之间有了一定的联系，中心城市开始向次中心城市和边远城市渗透。区别区域协同处于起步阶段和发展阶段的标志是区域内各城市的发展程度。在城市之间有了一定联系的基础上，一些次中心城市借助中心城市向外扩散的契机，得到相对快速发展。区别区域协同处于发展阶段与一体化阶段的标志是区域整体发展程度。区域协同发展实现一体化的突出表现是区域已经形成一个完整的城市等级体系，成为全国经济的稳定增长点，区域内的行政职能淡化，可以有效地协同解决区域资源和环境问题。

4.2.2 京津冀国土空间协同发展进程

区域协同创新的四个演化阶段，在不同的区域发展阶段转换过程中，由于历史和行政等特殊的因素影响，可能还存在一些停滞、退步、反复的现象。京津冀作为我国一个典型的都市圈和城镇群，自新中国成立以来，其协同发展在基本遵循上述阶段规律的同时，受特定的地域特色和历史背景的影响，协同发展的阶段特征更加复杂，总体上可以分为以下三个时期：

4.2.2.1 改革开放前（1949~1978 年）

改革开放前，我国经历了新中国成立初期的工业化、"大跃进""文革"等几个不同的发展阶段，基本完成了让我国从一穷二白的基础上"站起来"的发展目标。在区域国土空间协同发展上，由于中央政策方向的不断调整，也表现出完全不同的特征，大致还可以进一步细分为如下三个子阶段：

（1）协同创新的萌芽（1949~1957 年）

北京是新中国的首都，是全国政治中心，从 1950 年起到 1958 年止，北京的行政区域不断扩展。1958 年 3 月国务院批准将河北省的通县、顺义、大兴、良乡、房山 5 个县和通州市划归北京市管辖。10 月，又将河北省的怀柔、密云、平谷、延庆 4 个县划归北京市，至此，北京基本形成现在的市域范围。这一时期，北京呈现消费城市特征。1949 年，北京工业总产值不到 1 亿元，基本没有现代机器制造工业与化学工业；第三产业比重达到 40%。1953 年《改建与扩建北京市规划草案的要点》提出北京要成为中国的政治、经济和文化中心以及强大的工业基地和科学技术中心。

在"一五"计划时期优先发展重工业的战略方针指导下，北京先后建立并发展了冶金、机械、电子、汽车、化工等骨干行业，实现了从"消费城市"向"生产城市"的转变。天津的"一五"计划将自身定位为沿海工商业大城市与老工业基地。这一时期，天津延续了北方经济中心的地位。天津的产业结构与北京相异，无论是在地区生产总值的绝对水平上还是人均水平上，均高于同期的北京，到 1953 年，由于城市发展定位的改变，才逐渐被北京反超。此阶段河北省的定位为服务京津，在发挥农业支撑作用的同时，促进内陆工业发展，全省的产业发展较为缓慢。

因此，在这一时期，京津冀三地之间的国土空间协同关系仅在于自上而下行政体制上的协同，河北被定位于"核心—边缘"体系下的"边缘"位置，为北京和天津提供国土空间、能源、生产资料和市场的支撑，对其后来持续落后于京津地区的发展产生了重要的影响。

（2）协同创新的摸索（1958～1965 年）

"二五"期间，在合理配置资源和生产力的思想指导及中央高度集权的统一管理下，区域之间开始开展了区域经济发展研究。1958 年成立了东北、华北、华东、华中、华南、西南、西北七大经济协作区，是在特定的历史条件下，为加强党政军的领导、调动地方积极性而建立的一种经济管理形式，各协作区都成立了协作区委员会及经济计划办公厅。

在这一阶段，受行政区划调整及北京建设经济中心定位的影响，天津的城市定位比较模糊。1958 年，天津降格为河北省辖，城市定位强调"继续以工业为中心"。天津市作为河北省省会期间，从带动全省工业发展的目标出发，将一批钢铁、制药、纺织、胶片等行业的工厂迁出，为河北省的工业发展打下了一定的基础，但同时也造成了天津市与河北省的产业同构。河北省内部的城镇格局在清末的城镇格局基础上，也出现了类似的"双城"较劲发展局面，新中国成立初期保定和唐山成为河北省南北两座重要的城市，之后石家庄取代保定成为省会，逐渐演变成石家庄和唐山两市的"双簧"时代。

这一阶段对京津冀三地的功能角色进行了定位摸索。由于人、财、物严重不足，这一时期京津冀地区的城市建设与发展主要是围绕工业建设进行，但是由于"大跃进"的影响，京津冀地区的发展与国内其他地区一样，受到严重影响，区域发展水平不进反退，直接导致"三五"计划的延迟。

（3）协同创新的停滞（1966～1977 年）

从 1966 年开始，中国进入"文化大革命"的动荡十年，区域协同领域的工作被"文革"的动荡所淹没，"二五"时期成立的各类协作区在"文化大革命"时期处于瘫痪状态，整个区域的协同创新工作进入历史的停滞期。

由于区域协调机制的缺失，又缺乏市场无形的手的作用，京津冀区域国土空间发展领域的产业雷同、链条断裂、各自为政现象严重。如北京从建立独立的工业体系出发，投资建设了燕山石化等大型化工企业，扩建了石景山钢铁厂等大型项目，导致北京市、天津市及河北省产业雷同程度急剧上升，最严重时产业结构的相似系数超过 90%。

"文革"期间，河北的发展思路可归纳为"提高两线、狠抓两片、建设山区、开发沿海"，即重点开发京广和京山铁路沿线、黑龙港与坝上、太行山、燕山以及沿海地区（薛维君，2006）。其第二产业比重快速上升，由 1952 年的 18.79% 上升到 1978 年的 50.46%。但由于河北对全国农业生产的重要性，尤其是作为京津两地"菜篮子"的重要地位，其第一产业比重下降缓慢，始终维持在较高水平，至 1978 年仍高达 28.52%。

4.2.2.2　协同创新的探索期（1979～2011 年）

改革开放之后，围绕让中华民族"富起来"的目标，京津冀地区坚持"一个中心两个基本点"，加快经济建设步伐，实现了区域经济发展的巨大成就，但同时区域国土空间之间的矛盾也开始凸显出来，国土空间的协同发展成为这个时期重要区域使命。此阶段又可以进一步划分为如下三个阶段：

（1）协同创新的重启（1979～1989 年）

1978 年，改革开放打破了计划经济对区域协同创新发展的禁锢，在社会主义市场经济体制下，京津冀的协同创新发展进入了重启阶段。1981 年，华北地区率先成立了华北经济技术协作区，这是改革开放之后，在社会主义市场经济体制下最早的区域经济合作组织，协作区由北京、天津、河北、山西和内蒙古五省区市组成，意味着京津冀协同发展进入了重启期。

同年中共中央书记处第 97 次会议做出关于加强国土整治工作的决定，国务院批转原国家建委关于开展国土整治的报告。根据党中央、国务院的精神，1982 年国家计委下达《京津唐地区国土规划纲要研究课题》和《关于开展京津唐地区国土规划纲要前期工作的通知》，正式启动京津唐地区国土规划纲要课题研究工作。京津唐地区的范围包括现今的北京、天津、唐山、秦皇岛和廊坊市。这一工作包括京津唐地区国土开发整治的综合研究和专题研究，历时近 3 年，摸清了京津唐地区国土开发整治的情况，提出了京津唐地区发展战略定位、方向、工业和城镇建设的总体布局以及沿海港口、京津高速公路、高速铁路客运专线等基础设施建设框架。

1982 年发布的《北京城市建设总体规划方案》中首次提出了首都圈的概念，并将首都圈分为内圈和外圈，内圈包括北京、天津两市和河北省的唐山、廊坊和秦皇岛三市，外圈包括承德、张家口、保定和沧州，拟以北京为主导，推动京津冀地区国土空间的协同开发。

1986 年时任天津市市长的李瑞环提出环渤海区域合作的概念，并发起成立了环渤海地区经济联合市长联席会，这被认为是京津冀地区最正式的区域合作机制。同时，河北也提出环京津战略，依托环京津的区位优势，带动河北实现快速发展。

1988 年北京市与河北保定、廊坊、唐山、秦皇岛、张家口、承德六市组成环京经济协作区，建立市长、专员联席会议制度。该协作区以推进行业联合为突破口，以商品交易为主要内容，相继创办了农副产品交易市场、工业品批发交易市场，组建了信息网络、科技网络、供销社联合会等行业协作组织，建立起地区企业间的广泛联系，卓有成效地推进了区域经济合作。

（2）协同创新的低潮（1990～2002 年）

进入 20 世纪 90 年代，社会主义市场经济体制的确立，尤其是 1993 年中央分税制的改革，使得各省、市、县等地方行政区成为经济发展的主体。城市经营和城市竞争成为城市发展决策的主流，在土地财政的驱动下，各地区之间的关系更多地表现为区域竞争的关系，这种区域经济的竞争促进了地方经济的发展，也使地方保护主义逐渐抬头。加上在经济体制改革的大旗下，各地发展地方经济，为地方创收的热情被调动起来，对自成一体的地方国民经济体系的建设冲淡了区域合作的意识，在快速城镇化背景下，京津冀地区各行业的快速发展和高利润也使企业走向"大而全"的多样化发展路子，企业对产业链上下游的企业联动合作的热情也不高，京津冀区域协同发展进入低潮期。

（3）协同创新的转型（2003～2012 年）

党的十六大之后，在科学发展观的指导下，京津冀协同创新进入了以城乡统筹为核心抓手的转型期。2004 年 2 月国家发改委召集京津冀三省份发改部门在廊坊召开京津冀区域经济发展战略研讨会，达成了"廊坊共识"，这意味着京津冀协同创新发展从学术界的理论探讨和争鸣走向了政府主导下的实际行动。

首先，在国家层面，2004 年 11 月国家发改委正式启动京津冀都市圈区域规划的编制工作，规划内容涉及各个方面，其中，京津冀都市圈区域创新体系专项规划，开我国区域创新体系规划的先河。

其次，在京津冀三地层面，2005 年天津滨海新区开发开始加速，天津市在推进与环渤海地区各省市的区域合作中，出台了若干具体的政策。2008 年，京津城际列车的开通，使京津的同城化进入新的实施阶段，也为京津区域合作向新的领域推进创造了条件。2009 年《国务院关于同意支持中关村科技园区建设国家自主创新示范区的批复》出台，并在"十二五"规划中明确提出"打造首都经济圈"。

2009 年 5 月，京津冀交通部门签订了《京津冀交通一体化合作备忘录》，2010 年 5 月京津冀的规划部门共同签订了《关于建立京津冀两市一省城乡规划协调机制框架协议》，另外，京津冀旅游部门共同参与编制的《环渤海区域旅游发展总体规划》《京杭大运河国家旅游线路总体规划》《泛金海湖京津冀金三角旅游规划》等一系列专项规划，极大地推动了京津冀区域的协调合作。

与计划经济时期自上而下的"协调"不同，也不同于改革开放初期三地争夺区域协同发展主导权的"协作"和 20 世纪 90 年代之后三地"各自为政"的"竞争"，三地政府在党的十六大以后的一系列操作，给市场发出了区域需要自下而上联动发展的强烈信号，推动了京津冀区域协同创新发展的转型。

2011 年，国家发改委开始启动《首都经济圈发展规划》的编制工作，标志着在国家层面对京津冀区域的发展有了新的判断，并拟通过顶层设计，给予科学设计。但是由于京津冀三地政府基于自身发展的诉求，彼此之间的博弈与合作仍存在较大的分歧，此规划一直未获得批复。

4.2.2.3 协同创新的新探索（2012 年至今）

党的十八大以后，实现京津冀地区的协同发展逐渐上升为重大国家战略。围绕京津冀协同发展，习近平总书记做出了一系列的重要讲话和指示，突出强调京津冀地区的健康发展要加强顶层设计。2013 年 5 月，习近平总书记在天津调研时提出，要谱写新时期社会主义现代化的京津"双城记"，从而实质上明确了首都经济圈的"双引擎"定位。2013 年 8 月，习近平总书记在北戴河主持研究河北发展问题时，要求河北推动京津冀协同发展，这在实质上明确了首都圈规划范围包括河北。2013 年 9 月，国务院批复国家发改委《关于编制环渤海地区发展规划纲要及首都经济圈发展规划有关问题的请示》，明确首都经济圈发展规划范围为京津冀三省市全域，规划期为 2014～2020 年，展望到 2030 年，重点是按照区域一体化发展方向，统筹解决制约三省市特别是首都可持续发展的突出问题。

2014 年 2 月 26 日，习近平总书记在北京主持召开座谈会并发表重要讲话，明确了实现京津冀协同发展是重大国家战略，提出了京津冀协同发展的基本要求，明确北京是全国政治中心、文化中心、国际交往中心和科技创新中心，要坚持和强化首都核心功能，调整疏解非首都核心功能。

2014 年 8 月，国务院成立了京津冀协同发展领导小组，随后将一直未批复的《首都经济圈发展规划》调整为《京津冀协同发展规划》，2015年 4 月 30 日，中央政治局会议审议通过《京津冀协同发展规划纲要》，明确了有序疏解北京非首都功能是京津冀协同发展战略的核心。

2015 年，国土资源部、国家发改委联合发布《京津冀协同发展土地利用总体规划（2015—2020 年)》，对京津冀地区的国土空间开发进行了专门的部署，突出京津冀地区国土空间资源的"减量优化""存量挖掘""增量控制"和"适度发展"并举。2016 年，北京启动通州北京城市副中心的建设。2017 年 4 月 1 日，中共中央、国务院决定设立雄安新区，这是推进京津冀协同发展的一项重大部署，将深刻影响京津冀地区国土空间协同创新发展的格局。

进入新时代，京津冀协同发展的使命和抓手均发生了根本的变化，三地之间从之前追求规模和数量下的"财权相争""事权相争""功能相争"，转向追求高质量发展的"功能协同"和"义务相撑"，京津冀三地均跳出"一亩三分地"的传统思维，将北京的非首都功能向津冀两地尤其是河北转移，通过建设北京副中心、雄安新区，疏散北京非首都功能，彻底解决北京大城市病问题。

4.2.3 京津冀国土空间协同发展演变特征

纵观京津冀区域协同发展的历程，不同历史背景下的不同发展阶段对国土空间协同的重点领域差异显著，我们可以从城镇空间协同、生态空间协同和农业空间协同等角度总结京津冀国土空间协同发展的演变特征。

4.2.3.1 城镇空间协同：从城镇化下的各自为政到城市群下的空间共享

无论是在新中国成立之初的萌芽摸索期，还是改革开放之后的重启期，在工业化和城镇化战略的驱动下，在追求城市和区域发展规模和数量的导向下，京津冀地区协同发展的核心是城镇空间的协调与合作。城镇空间是以城镇居民生产、生活为主体功能的国土空间类型，包括城镇建设空间和独立工矿建设空间，以及部分乡级政府驻地的开发建设空间等，可以进一步细分为生产空间、生活空间和设施空间等。新中国成立 70 年以来，京津冀区域在城镇空间的协同上呈现出以下几个特点：

（1）在协同理念上，从各自为政到空间共享

在传统城镇化发展战略思想指导下，京津冀三地追求城镇化率的快速提升和规模经济的增长，三地之间竞争多过合作，在城市竞争的大背景下，区域之间的协调更多的是"表面的和谐"。北京与天津之间在天津港使用上的矛盾、汽车产业的雷同，天津与河北在港口竞争、曹妃甸新区与天津滨海新区的竞争，京津冀三地在石化、钢铁和物流产业领域的竞争等，无不反映在市场经济体制下，政府有形的手并没有发挥很好的调控作用。

进入新时代，尤其是京津冀在重度雾霾袭击的重大生态环境压力下，以"创新、协调、绿色、开放、共享"五大发展理念为指导，京津冀协同发展开始以"建设世界级城市群参与国际竞争"为目标，推动空间要素一体化，实现国土空间的真正共享。

（2）在协同主体上，从政府为主体到政府主导、企业为主体

在早期计划经济体制下，政府既是裁判员，又是运动员，在区域协同发展过程中，政府既是区域政策的制定者，又是政策的执行者。因此，区域之间的协同，完全是政府为主体，企业只是被动地作为合作项目的执行人，对区域协同发展并无主体作用。

社会主义市场经济体制建立后，在具体项目的落地上，企业有了寻求合作和联营的内在动力，开始成为区域协同发展的主体。从这个时候开始，政府与企业在推动区域协同创新发展上有了较好的分工，政府集中以政策制定、规划编制等形式，做好区域协同发展的顶层设计与市场引导，企业作为运动员，根据产业梯度发展和产业上下游关联的链条关系，自主地对接市场，成为区域经济协同发展的主体。

（3）在协同对象上，从设施空间协调到生产空间的协同

三地政府间的协同工作转向以建立区域协调工作机制的形式，通过召开区域发展联席工作会议，协调发展过程中的物资政策以及招商引资的矛

盾为主。

进入 21 世纪后，京津冀地区由于缺乏内部分工所带来的产业结构同质化竞争的弊病逐渐凸显出来，加上北京获得 2008 年奥运会举办权之后对于生态环境的要求，迫使京津冀再次强化区域合作，重点是将北京的生产功能如何往外转移，涉及的关键问题从早前的物资和企业之间的合作，转向港口、机场、城际轻轨等区域基础设施、区域生态环境治理、产业结构调整等纵深领域，开始了以京津机场联运（2000 年）、京唐港口共建（2000 年）、京津港口直通（2002 年）、京津科技协同（2003 年）、首钢搬迁唐山曹妃甸（2005 年）等重大事件为代表的产业转移，推动了京津冀地区生产空间的协同创新和发展。

（4）在协同路径上，从物资调配到规划协同

在京津冀协同的具体领域上，早期计划经济背景下的协调以解决区域内各省市的物资短缺问题为主，北京在周边市县建立了各类生活资料生产加工基地和各类生产资料基地。

改革开放以来，随着社会主义市场经济体制的确立，政府在区域发展中的角色从经营者转为服务者，对协同创新发展的角色也从城市之间物资的调配和生产链条的管控转向通过编制区域规划，引领市场主体加快区域协同发展。20 世纪 80 年代之后，国家发改委及相关部委、京津冀三地政府分别编制出台了一系列的规划，并加强了规划协同工作，有效地引领了区域协同创新发展。

4.2.3.2　生态空间协同：从政府独唱到多元主体下的共建共治共享

根据国土空间规划体系的界定，生态空间指具有自然属性、以提供生态服务或生态产品为主体功能的国土空间，包括山、水、林、田、湖、草、海等要素，是维持区域生态环境功能和生态产品再生产的空间载体。保护建设区域生态空间，是区域生态产品供给与区域治理的重要方式与内容，关系着区域内的民生福祉与区域健康发展。

作为严重缺水的华北地区，京津冀成为我国生态超负和环境污染最严重的区域之一。新中国成立以来，京津冀地区各地协同开展了持续的生态空间治理工作的探索。根据国家《林业发展"十三五"规划》，"十三五"

时期，我国将构建"一圈三区五带"的林业发展新格局。其中"一圈"为京津冀生态协同圈，打造京津保核心区并辐射到太行山、燕山和渤海湾的大都市型生态协同发展区。京津冀生态协同圈的打造，既是京津冀各级政府区域生态空间协同工作多年探索的经验体现，也是未来区域生态空间治理的一个行动纲领。

（1）在协同理念上，从发展优先到两山理论

新中国是建立在一穷二白的基础上的，早期为了打破西方国家对新中国的封锁，建设支撑新中国发展的工业体系和城镇体系，在"发展才是硬道理"的理念指导下，京津冀地区与全国其他工业化地区一样，走的是低成本的"先污染后治理"道路。在顺利完成工业化的初期积累、推动京津冀地区城镇化发展的同时，也给京津冀地区的生态环境带来了严重的破坏。由于京津冀三地产业发展水平存在差异，在生态环境的治理上，三地存在显著的不同步问题。由于缺乏有效的协调机制，区域环境治理水平一直较低。

国家林业局的数据显示，截至 2017 年，京津冀地区人均森林面积仅 0.7 亩，为全国平均水平的 30%，人均湿地面积仅 0.18 亩，为全国平均水平的 44%。造成这种现象的原因，在于长期以来我们没有把京津冀三地作为一个完整的生态系统进行生态空间科学布局，板块之间由于发展优先战略的影响，对生态空间的协调止于口号，并未采取实际行动。

进入新时代，中央政府对区域生态环境治理的导向是坚持生态优先的理念，"绿水青山就是金山银山"，坚定走绿色发展道路的理念，铁腕整治现有的污染，不欠"新账"，多还"老账"，走一条中国特色的发展道路。从直接影响人的健康的大气、水、土壤入手，淘汰落后产能。《京津冀协同发展规划纲要》明确指出，京津冀一体化进程中要坚持生态优先为前提，建设绿色、可持续的人居环境。

（2）在协同主体上，从治理碎片化到协同共治

跨域生态空间协同治理的理论可以总结为区域府际合作、市场调节和协同治理三大模式。改革开放以来，由于协同创新机制的缺位，京津冀区域生态协同治理的困境之一在于没有处理好各级政府之间、政府与市场之

间、政府与公众之间的关系，造成府际合作不牢固、市场机制不完善与公众参与不积极等治理问题，导致区域生态环境治理的"碎片化"。

生态空间治理协同问题的日趋复杂及区域生态环境的整体性使得局域生态环境问题逐渐超出行政区政府的治理意愿和能力，无法通过单边行动去有效应对复杂的区域生态治理问题，区域内各级政府需要寻求双边或多边的合作或联合治理，构筑区域生态空间治理的"共同行动"（见图 4－3）。

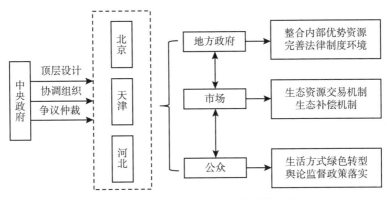

图 4－3　区域生态空间多元共治的路径

资料来源：王喆，周凌一．京津冀生态环境协同治理研究——基于体制机制视角探讨［J］．经济与管理研究，2015，36（7）：68－75．

现阶段，京津冀区域生态空间的协同治理仍然在探索的过程中，要彻底解决京津冀区域生态空间的协同问题，须更好地发挥各级政府尤其是中央政府的主导性作用，运用多边共治理念来解决组织结构、政策执行、意识层面等的"碎片化"问题，建立和完善有利于发挥市场在生态空间治理过程中的决定性作用的体制机制，营造有利于社会组织和公众参与共治的渠道，实现治理主体的多元化和治理手段的多样化。

（3）在协同路径上，从单一的生态补偿到多管齐下

经过多年的探索，京津冀区域生态空间的协同治理逐渐开始综合运用竞争、价格、供求等要素之间互为因果、相互制约的关系，以区际生态补偿、产权市场和征税等多元化的手段来推动区域协同治理。

在区际生态补偿方面，为了弥补河北上游地区为保障北京和天津的发展而遭受的损失，遵循经济发展与生态保护协调发展、受益者负担的原则，以区际生态补偿金、异地开发、公共财政支付等多种补偿形式，促进京津冀地区的可持续发展。

在京津冀区域生态空间协调过程中，河北省同京津两地有较大经济发展阶段的差距，使得其面临着经济快速增长与生态环境保护的矛盾，为解决京津冀生态环境协同发展问题，京津冀地区较早建立了中央对地方（河北）的纵向生态补偿机制和合理的省际横向生态补偿机制。根据"谁受益、谁付费"的生态环境补偿原则，各级各地政府共同参与、共同治理，建立了生态环境资源受益补偿制度，如天津引滦流域水环境生态补偿机制。

在产权市场方面，基于交易初始配额分配机制、碳排放交易的价格机制及其产生的社会经济效应等，开展"排污权交易"。面对京津冀处于不同碳排放发展阶段的现实，在总量控制的前提下，试点并推广建立复合式区域性碳交易市场体系是解决碳排放和大气污染的有效途径。在征税方面，随着京津冀地区的空气污染与雾霾日趋严峻，运用财政税收手段来实施财政补贴、制定差异化税收政策、设立大气污染防治专项基金等措施为学者们所倡导。

4.2.3.3 农业空间协同：从城乡二元到坚守生态底线的美丽乡村共同缔造

中国是农业大国，农业空间的发展水平直接体现了整个国家的发展水平。新中国成立之后，国家一直致力于提高农业和农村的发展质量，改善农民的就业与社会保障水平。国土空间规划体系下的农业空间，是指以农业生产和农村居民生活为主体功能，承担农产品生产和农村生活功能的国土空间，主要包括永久基本农田、一般农田等农业生产用地以及村庄等农村生活用地。京津冀地缘相邻，资源禀赋不同，三地农业分工协作，优势互补潜力大，有利于形成特色鲜明、优势互补、市场一体、城乡协同的区域发展格局。从新中国成立后计划经济体制下京冀农产品基地和生产加工基地的区域协作，到改革开放之后首都菜篮子工程的协作，以及近年来都市观光农业的协同建设，京津冀三地在农业空间的协同创新发展方面不断探索。

（1）坚守永久基本农田，确保区域生态底线

中国是农业大国，更是人口大国，14 亿人粮食安全的战略需求必须无条件得到坚守。然而，快速推进的城镇化建设以及为满足世界级城市群建设所需要的区域综合交通用地，与坚守永久基本农田是现实的矛盾。在一些管理的盲区，尤其是乡村地区，违法违规占用永久基本农田现象时有发生。此外，城市建设与永久基本农田保护无法做到完全兼顾，城市的建设势必会挤占部分农田甚至部分永久基本农田，导致两者的内生矛盾进一步凸显。此外，京津冀综合交通体系建设同样增加了永久基本农田调整的压力。最后，随着都市型现代农业的快速发展，设施农业的用地需求也随之增长，也对永久基本农田的保护造成了一定的冲击。

第二次全国土地调查结果显示，截至 2009 年底，北京有耕地 340.8 万亩，距离 2020 年末北京市耕地保有量指标 322 万亩，仅有约 18.7 万亩的占用空间。1996～2009 年的 13 年中，北京平均每年减少耕地 13.5 万亩。截至 2012 年末，天津市耕地面积已降至 658.95 万亩，比 2020 年的耕地保有量目标仅多出 3 万亩左右。

作为《京津冀协同发展规划纲要》组成部分之一，《京津冀协同发展土地利用总体规划（2015—2020 年）》在耕地保护等方面提出了具体的措施：北京顺义东部等 13 片集中分布的优质耕地优先划入永久基本农田实行严格保护，推进构建"一带十三区"区域永久基本农田保护格局；加快划定城市周边永久基本农田，更好发挥永久基本农田对城市蔓延的约束作用；推进地下水超采区耕地整治，强化污染耕地修复，加强地裂缝区耕地整治。落实"划足、划优、划实"的任务要求，京津冀共划定永久基本农田 8300 多万亩。其中，北京市划定永久基本农田 151.6 万亩，天津全市划定永久基本农田 427 万亩，河北省划定 7770.30 万亩。

（2）坚持城乡统筹，探索社会主义新农村建设

京津冀地区最早的乡村建设可追溯至 20 世纪初的乡村改造运动，通过教育搞好乡村建设的理念，乡村建设提倡以学校为中心，将商店、医院

等围绕学校周边布局。新中国成立之后，开始全面推进新农村建设工作。

不管是在新中国成立初期还是在"大跃进"和"人民公社化"运动时期，或是十年"文化大革命"期间开展的"农业学大寨"运动，京津冀各地均围绕乡村发展展开了多轮的村庄建设、建设基本农田、兴修农业和水利工程等，为京津冀村庄发展打下了基础。但是长期以来"重城市轻农村"的城乡二元发展模式，使乡村游离于城市发展体系之外，城市发展对乡村缺乏有力的支持和有效的反哺，使得京津冀地区的城乡差距不断拉大。

党的十一届三中全会以来，尤其是鼓励农民自主建房的政策出台之后，京津冀地区的乡村建设飞速加快，但由于城乡二元结构和城市本位思想的影响，加上村庄的建设管理水平较低，在乡村建设中对农业空间的保护未得到重视，出现了无序建房、占用耕地等现象。2003 年，党中央提出了城乡统筹策略；2005 年底，党中央提出了按照"生产发展、生活宽裕、乡风文明、村容整洁、管理民主"的要求建设社会主义新农村和美丽乡村建设战略，强调村庄建设要注重村庄的自然生态环境，重点发展绿色环保产业，同时强调对村庄历史文化的挖掘和有效保护，实现村庄的可持续发展。

（3）坚持多元主体参与，共同缔造美丽乡村

在京津冀地区 21.8 万平方公里的土地上，既有发展水平居世界前列、规模巨大的巨型中心城市，也有资源短缺、发展滞后的广大农村；既是政治经济文化机构和富有创新活力的科技资源聚集地，又存在着不少发展水平落后、活力欠缺的贫困带。这一地区居住着超过 1 亿的常住人口，还有将近 2000 万的流动人口，其中有 40% 以上的人生活在农村地区。

基于以上特征事实，在建设世界级城市群的发展定位和区域协同发展的大趋势下，要打破京津冀区域内城乡发展的二元格局，推进区域城乡一体化，就要协调京津冀三地多元主体参与新农村建设，努力共同缔造美丽乡村，实现京津冀地区统一、协调发展。

4.3　京津冀国土空间协同创新趋势与展望

进入新时代，国际国内发展环境发生了急剧变化，随着中美贸易摩擦的持续升温，西方国家对我国设置了各种技术和贸易壁垒，我国经济社会发展进入了新常态，区域空间协同发展也面临新挑战。在国家建立国土空间规划体系的背景下，京津冀区域的国土空间协同发展将承担新的历史使命并呈现新的时代特征。中央政府及京津冀各级政府要切实把握新时代的发展背景和历史机遇，在深入剖析并理解京津冀区域国土空间协同发展内在机制的基础上，积极落实《京津冀协同发展规划纲要》对京津冀的整体定位和相关要求，因地制宜，共同推动京津冀地区的协同创新发展，实现"1＋1＋1＞3"的协同效应。

4.3.1　京津冀国土空间协同发展面临的问题与趋势

京津冀地区是一个高度城镇化地区，虽然国家已经出台顶层设计，但是由于复杂的政治体制和历史文化因素，其国土空间协同发展仍然存在不少的问题，突出表现在人—地关系的矛盾上。

4.3.1.1　传统城镇化下的人口增长模式难以为继

在追求规模经济的城镇化发展阶段，城镇化的核心问题是农民进城问题，是规模经济问题，京津冀区域内城镇之间的发展由于政治、经济和文化等体制机制因素的影响，城镇等级规模呈现明显的哑铃型，京津两地的国土开发规模和人口规模越滚越大（见图 4－4），河北各城镇的规模虽然也有所增长，但是相比北京和天津的增长速度，仍然落后太多，导致京津冀三地城镇体系的网络化的发育较之粤港澳、长三角区域要慢得多。

京津冀现有 13 个地级及以上市，2 个省管县级市，其中包括 4 个人口在 1000 万以上的超大城市，5 个人口为 500 万～1000 万的特大城市，5 个人口为 300 万～500 万的 I 型大城市、1 个人口为 100 万～300 万的 II 型大城市、1 个人口为 50 万～100 万的中等城市（见图 4－5）。城镇等级

体系与传统的金字塔型的城市规模结构相比，京津冀的区域二级中心城市
数量明显偏少，100 万～500 万人口规模大城市 3 座，仅为长三角地区
1/4；在综合枢纽职能、城市商贸服务职能、区域创新能力方面差距显著。

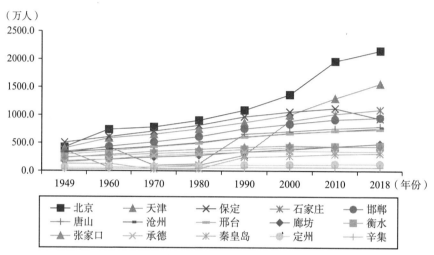

图 4-4 京津冀各市常住人口规模变化情况

资料来源：国家统计局。

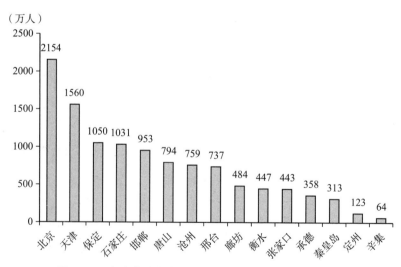

图 4-5 京津冀城市常住人口规模分布情况（2018 年）

资料来源：国家统计局。

京津冀区域内，中心城市的城区规模小、公共服务水平不高、聚集效能差；区域内 20 万 ~ 50 万人口规模 I 型小城市仅为长三角的 1/3，尤其是河北省"县小县多"的行政区划格局严重阻碍了重大资源和设施的集中配置（王凯，2019）。

4.3.1.2 传统城镇化下的土地增长模式难以为继

土地是城镇化的载体，土地城镇化过程是城市空间扩张和土地利用效率提高的过程。空间实体（space entity）指具有确定的位置和形态特征并具有地理意义的地理空间物体。城市实体是指城市内各种城市设施（如房屋、建筑、道路、管道等）和以非农用地和非农经济活动为主体的城市型景观，这些城市设施和城市型景观的分布范围和空间结构就是城市实体空间。

在传统城镇化模式驱动下，京津冀区域的城镇发展模式比较粗放。在土地资源利用上，大多数城市都偏重用地规模的外延扩张，出现了"土地城镇化"速度快于人口城镇化的现象。土地资源低效利用问题在一些城市普遍存在。

通过对京津冀实体空间的考察，我们可以发现，在传统城镇化模式下，对京津冀各地实体空间扩张贡献最大的主体区域是各类产业园区和开发区（独立工矿区），实体空间城镇化率显著升高的区域均有工业园区、经济技术开发区落户，在 2005 年到 2015 年期间，这些经济技术开发区扩区扩建，道路交通建设显著，配套基础设施逐步完善，产业体系逐渐形成，这些区县实体空间城镇化率的提高主要依托经济技术开发区的发展。

传统城镇化模式积累的问题和矛盾日益突出，城镇化的转型刻不容缓。城镇化要改变片面追求经济增长的定势，转向追求高质量的新型城镇化，实现城市优先发展向城乡互补协调发展转型、高能耗的城镇化向低能耗的城镇化转型、数量增长型城镇向质量提高型城镇转型、高环境冲击型城镇向低环境冲击型城镇转型、放任式机动化城镇向集约式机动化城镇转型、少数人先富的城镇化向社会和谐的城镇化转型。

4.3.1.3 建设引领生态文明时代的世界级城市群

从 1950 年以来全球城市人口数据变化看，越是能级高的都市圈人口增长越快，如500万人以上的都市圈，而越是能级低的城市人口增长越慢，甚至净流出。从改革开放以来人口的年均增速看，我国"严格控制大城市、鼓励发展中小城市"的城市发展战略收效甚微（任泽平，2019）。

京津冀协同发展的根本目的是解决北京"大城市病"问题，破解北京城市功能难以承载众多人口聚集的问题。多中心城镇网络能够改变以往在政策上支持和放任特大城市、高行政级别城市快速聚集发展的传统模式，兼顾效率与公平，实现大、中、小城市和农村地区的共同繁荣，促进包容性发展，这是京津冀城市群建设的必然选择。

按照《京津冀协同发展规划纲要》提出的"一核、双城、三轴、四区、多节点"的空间格局，应进一步明确各级各类城镇发展的重点和方向，尽快形成核心城市—中心城市—次中心城市—节点城市—中小城市和小城镇—美丽乡村的现代城镇体系。结合空间布局调整，统筹调控大城市特别是超大城市人口总量，引导人口有序流动，稳步推进农业转移人口市民化，坚持走"以人为本"的新型城镇化和城乡协同发展的新路子。在新型城镇化战略的推动下，京津冀城镇体系未来将逐步突破行政藩篱，作为一个统一的城市群，其内部会形成大中小城市多中心的空间分布格局。

4.3.2　京津冀国土空间协同发展的展望

4.3.2.1　深刻理解生态文明时代世界级城市群的历史使命

《京津冀协同发展规划纲要》对京津冀区域的整体定位是"以首都为核心的世界级城市群、区域整体协同发展改革引领区、全国创新驱动经济增长新引擎、生态修复环境改善示范区"，要"成为具有较强国际竞争力和影响力的重要区域，在引领和支撑全国经济社会发展中发挥更大作用"。

（1）中国高质量发展与协同创新引领区

中国经济发展进入新常态，需要有走在时代前列的城市与区域站出来，积极探索中国特色的高质量发展道路。京津冀地区作为中国三大都市圈之一，在全国发展道路模式的探索上既有历史和文化基础，又有体制的优势，还有时代的使命。在新时代背景下，京津冀要在构建推动经济高质量发展的体制机制上率先实现突破，在国家顶层设计的指引下，尽快将发展模式从追求规模速度转型到追求质量效益，打破区域要素壁垒，加快产业转型升级，打造立足区域、服务全国、辐射全球的优势产业集聚区，推动能源生产和消费革命，扩大区域生态空间，成为全国高质量发展的示范区。

京津冀要谋求的高质量发展，是对自身的超越对标的是国际一流都市圈。推动高质量发展，要打赢区域协同的攻坚战。高质量发展体现着新发展理念，区域发展不协同算不上高质量发展。目前京津冀区域内部发展不平衡的问题仍然明显，需要以推进北京非首都功能疏散为抓手，大力推进京津冀的产业功能、基础设施、基本公共服务、城市安全、生态环境治理和管理体制协同发展，才能实现区域的均衡发展。

用好改革开放的关键一招，是打造高质量发展示范区的必由之路。以更大力度全面深化改革、扩大对外开放，在构建推动经济高质量发展的体制机制上走得更快、更稳！

（2）新时代中国配置全球资源的核心区

随着我国特色社会主义进入新时代，我国配置全球资源的能力持续增强。在全球化背景下，全球资源配置能力对我国"走出去"战略的实施至关重要。所谓全球资源配置能力，是指在全球范围内吸纳、凝聚、配置和激活区域发展所需战略资源的能力。国际优势产业具有对产业链和价值链的全球市场控制力，其资源配置能力越强，吸引跨国公司、国际组织或专业服务机构等对象的空间集聚和集群的能力就越强。它们依托自身领域的话语权，通过研发设计、生产、销售服务等价值链的各个环节，实现对资本、人才、信息等要素资源的全球配置，成为全球资源配置中心。可以说，全球资源配置能力是国际化发展的核心能力。

京津冀地区核心城市北京是中国政治中心和经济决策中心，具有为数众多的国际组织、跨国公司总部、雄厚的资本实力和高能级的开放创新平台，天津和河北则拥有广阔的生产加工空间。因此，协同发展的京津冀地区具有全面构筑现代产业体系、打造中国面向全球资源配合和展示中国软实力的核心区的良好基础。

未来，在区域协同发展的基础上，京津冀地区要突出资源链接能力优势，依托国际科技合作平台，积极链接全球创新资源，推动以跨国公司为主体的海外技术并购、跨国技术转移，鼓励企业在海外设立研发中心，全面融入全球创新链，助力京津冀地区成为中国"引进来"和"走出去"进行全球资源配置的核心区。

（3）新时代中国自主知识产权协同的枢纽

在经济全球化的背景下，城市群作为全球经济发展的重要增长极，是全球经济网络的重要枢纽。在中国传统发展模式下，京津冀地区参与国际产业分工的往往是低附加值的加工贸易型企业，这些企业跟国内其他地区的企业一样，从一开始就是被动地参与经济全球化过程，未能站在全球化的视角，建立起自主知识产权的研发和品牌设计体系，导致中国企业一直以来在高附加值的研发、高端装备制造、服务贸易等领域不断被西方社会的挤压，同时还需要花费巨额资金向西方购买核心技术。近期中美贸易战的持续升温，再次给我们带来重大警示："落后就要挨打"，不管是在"热战"的战争年代，还是在"冷战"的对抗时期，抑或在"全球化"的多边社会时期。要避免挨打，我们就需要不惜代价构建自主知识产权的核心技术体系去参与世界产业分工。

未来，京津冀地区要以建设世界级产业集群为目标，全方位深化京津冀区域内的产业分工合作，强化中心城市的科技创新与生产性服务功能，优化重点产业布局，提升周边城市制造业的高端化，推动产业链深度融合，有效推动区域产业转型升级，加快构建现代化产业体系参与全球产业分工。

4.3.2.2　加快非首都功能疏解，优化国土空间功能体系

《北京城市总体规划（2016 年—2035 年）》提出，要明确城市战略定位，坚持和强化首都全国政治中心、文化中心、国际交往中心、科技创新中心的首都核心功能。非首都功能指与四个中心不相符的城市功能，疏解北京非首都功能是北京城市规划建设的"牛鼻子"，需要放眼长远、从长计议，稳扎稳打推进。

《京津冀协同发展规划纲要》确定了"功能互补、区域联动、轴向集聚、节点支撑"的布局思路，明确了京津冀地区要以"一核、双城、三

轴、四区、多节点"为骨架，推动有序疏解北京非首都功能，构建以重要城市为支点，以战略性功能区平台为载体，以交通干线、生态廊道为纽带的网络型空间格局。

雄安新区的规划建设，是促进京津冀国土空间功能体系重构的重要突破口和转折点，它将北京、天津、石家庄、保定等城市相互连接与融合，在其内部将充分发挥京津冀各地的比较优势，形成目标同向、优势互补、互利共赢的发展格局。雄安新区的规划建设将吸引北京和天津的各种产业，为北京和天津腾出更多的创新空间，同时也为河北省带来全新的发展机遇，为缩小三省市之间的经济发展差异、优化区域国土空间功能体系提供了新的历史机遇。

4.3.2.3 以交通建设为抓手，打造高度协同的区域基础设施体系

区域交通建设是区域协同发展的核心任务之一，建设区域一体化的交通设施，加强北京、天津与河北省的高等级公路和轨道交通衔接，是京津冀协同发展的重要抓手。加快京津冀城际铁路的规划建设，形成现代化轨道交通网络，提升河北各城市的通达能力。目前河北各地级城市建设主要分布在京广、京九、京沪和京哈等铁路干线上，石家庄与衡水、沧州、张家口、天津，以及保定与沧州等城市间尚未建设直达铁路连通，高速铁路也仅限于京广、京沪和京哈等线，导致河北城市间的经济联系松散。

立足于京津冀协同发展战略，以区域交通建设为抓手，加大交通、能源、生态基础设施建设的支持力度，使京津冀区域加快形成现代化轨道交通网络，尤其是提升河北城市间的通达性，将有助于提升京津冀区域的发展韧性，增强其可持续发展能力。

4.3.2.4 高标准建设雄安新区，打造新时代社会主义样板城市

建设雄安新区是党中央深入推进京津冀协同发展做出的重大部署和重大历史战略选择，是千年大计、国家大事。通过雄安新区的建设，可以创造一个新时代高质量发展的标杆，打造一个新时代社会主义现代化城市样板。

站在京津冀国土空间协同创新发展的视角，作为社会主义样板城市，雄安新区的"样板"需要围绕以下几个方面进行强化：

（1）发展理念创新样板

雄安新区要成为贯彻落实"创新、协调、绿色、开放、共享"新发展理念的创新发展示范区，为全国改革开放大局做出积极贡献，成为社会主义现代化城市样板先行区。

中国现代城市从无到有、从小到大，走过小中大城市等不同阶段，产生了一批超大城市。传统发展模式所采用的"摊大饼"模式已经走到了尽头，同时"摊大饼"带来了功能过度聚集、通勤条件恶化、环境质量下降等一系列"城市病"，中心城市与周围区域发展的反差日益加大，导致周边地区发展的不充分。

为缓解"城市病"，党中央在全世界的实践经验基础上，选择了一条共同的道路，即打破行政边界，在更大的区域范围内建设雄安新区，实现北京的首都功能与非首都功能在区域尺度上的分工，对区域生产力、人口和公共服务供给进行空间再布局。这种发展模式是解决党的十九大提出的"人民日益增长的美好生活需要和不平衡不充分的发展之间的矛盾"的重要抓手，也是贯彻落实"创新、协调、绿色、开放、共享"新发展理念的重要抓手。

（2）新型城镇化发展样板

高起点规划、高标准建设雄安新区，打造智慧城市，为新时代中国城镇化高质量发展树立样板和标杆。智慧城市是以互联网、云计算、物联网、3S（RS、GPS、GIS）、5G等新一代移动信息技术为支撑的城市发展智慧化，是未来城市的高级形态。智慧城市具有智慧感知、反应、调控能力，能够实现城市的可持续发展。

雄安新区作为新型城市，尤其是在智慧城市的示范上，要充分发挥当前的技术创新优势，建立健全大数据辅助科学决策和社会治理的科学机制，推进政府管理和社会治理模式创新；构建企业全生命周期服务体系，打造国际一流的营商环境；构建数据驱动的家园服务体系，打造奋斗者的理想家园。

（3）城乡协同发展样板

雄安新区还需要探索未来城乡发展的新模式。新中国成立以来，中国城镇化进程取得了举世瞩目的成就，但在取得巨大成就的同时，也付出了巨大的生态和社会领域代价，生产、生活、生态三者之间的矛盾与各类冲突一直伴随中国城镇化的全过程。

在生态文明时代，生产与生活的矛盾仍将存在，两者协同发展提升与工业文明时代最大的不同在于需要顾及生态承载能力，雄安新区在形成城乡统筹发展过程中的生态保护和生态修补的理念上，要成为全国的样板。雄安新区既要有高质量的发展、高品质的生活环境，又要面对现有生态本底条件并不乐观的现实，成为新时代处理好生产、生活和生态空间关系的示范样板。

第 5 章

京津冀区域治理协同创新研究

在经济全球化的大背景下，区域协同化发展成为增强区域整体竞争力的一种必然选择。京津冀位于环渤海地区的中心位置，包括首都城市北京、直辖市天津和河北省全域，是我国北方具有国家重大战略意义的经济区域和亚太地区最具发展潜力的区域之一。20世纪70年代末期以来，京津冀区域的跨域治理探索启动，但由于三省市之间政治地位、经济发展水平上的差异，京津冀的跨域治理进程启动较早但却进展缓慢。2011年，国家"十二五"规划纲要首次提出了"推进京津冀一体化发展，打造首都经济圈"的战略构想，京津冀的发展迎来历史性的发展机遇，明晰京津冀作为首都型城市群的特殊定位逐渐成为各方共识。随着2015年《京津冀协同发展规划纲要》颁布、2017年设立雄安新区等一系列京津冀跨域发展重大事件的推进，京津冀跨域治理的体制机制逐步向纵深突破。

5.1　理　论　基　础

20世纪中后期以来，受全球化下的城市变迁、飞速发展的社会经济、日新月异的信息科技、日益提高的生活质量、复杂多变的公共政策等多重因素的影响，跨区域公共问题凸显，政府（尤其是大都市区政府）在面对多元化的公共议题时力不从心。因此，地方政府必须结合社会各界的力量，以提升公共服务的质量和能力。这种公共管理领域质的变化，不仅改变了传统中央与地方之间的关系，也影响了地方公共部门彼此之间的水平关系，同时更凸显出前所未有的地方与社区、企业以及非营利组织之间的合作伙伴关系。区域治理理论正是在这一背景之下逐渐形成和发展的。该理论首先兴起于美国，后逐渐扩展到西方发达国家。20 世纪后期以来，随着我国长三角、珠三角、京津冀等城市群的形成，区域治理理论的相关研究亦在我国开始兴起和发展。

5.1.1 区域治理的含义

"治理"（governance）的传统含义是指在特定的范围内行使权威，在现代公共事务管理中则以"多元性"为本质特征。从国外区域治理经验来看，区域治理不同于区域公共管理，它以深厚的公民参与传统、发达的非政府组织体系以及公私合作与协商治理的文化为基础。

区域治理（urban and regional governance）又称跨域治理（governance across boundaries），是治理理论在跨区域公共事务管理中的具体运用，具体指政府、非政府组织、私人部门、公民及其他利益相关者为实现最大化跨区域公共利益，通过谈判、协商、伙伴关系等方式对区域公共事务进行集体行动的过程。区域治理具有四个基本特点：一是多元主体形成的组织间网络或网络化治理；二是强调发挥非政府组织与公民参与的重要性；三是注重多元弹性的"协调"方式来解决区域问题；四是区域治理公共事务的制度安排具有多样性。

5.1.2 国外区域治理的主要理论

纵观近 100 年来西方国家大都市区规划的时空演变历程，各国的规划制定过程、内容体系、运行机制等各不相同，很难找出共同的比较标准。然而，从其行为背后的理论依据来看，可以看到西方区域治理理论大致走过了一条巨人政府理论—多中心体制理论—组际网络理论（也称新区域主义理论）的发展路径，并日益朝多元化的方向发展（见图 5 - 1）。需要指出的是，图 5 - 1 表示的仅是理论发展和演进的时间顺序及其趋势，而并非替代顺序。现实中，这三种理论及其相应的治理模式仍在不同的时空中同时存在。

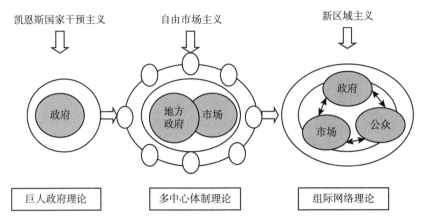

图 5 - 1　西方区域发展与治理组织制度设计的演化

资料来源：张京翔，殷洁，何建颐，等. 全球化世纪的城市密集地区发展与规划 ［M］. 北京：中国建筑工业出版社，2008：71.

5.1.2.1　巨人政府理论

区域治理的概念最早起源于美国在 1910 年设置的大都市区（metro-politan district），国外对区域治理的研究亦由此开始。早期的研究者大都主张在大都市区域建立统一的政府机构，因此被称为"巨人政府理论"，也称"单中心治理理论""区域合并主义"或"大都市区政府理论"，这一理论在 20 世纪 40 年代到 80 年代中期一直在美国等西方国家占据主导地位。

（1）理论主张

巨人政府理论的经济学基础是以凯恩斯国家干预主义为主要依据的宏观经济学，行政学基础是以韦伯的科层制为主要组织模式的行政组织理论。该理论认为，都市区域治理的主要障碍是制度性边界与都市区域发展规模的不相适应，地方政府间管辖权的割裂导致了在区域问题上缺乏统一行动、责任混乱、财政不均、种族与社会隔离等问题的凸显。英国学者夏普（L. J. Sharpe）提出了都市区不同层次政府间分工的原则：外部性或财政等量原则、规模经济原则、再分配原则、中心商业区或服务供给原则。

巨人政府理论本质上是借助行政区划的调整实现区域资源的再分配，以促使资源不足的地方政府获得发展，进而实现均衡地方财政、提供跨区域服务、促进经济发展等综合目标。安德森（William Anderson）将该理论的主要观点概括为：①每个主要的都市化地区都应该统合在一个地方政府单位之内；②每个都市化地区的选民应该只选举那些负责制定政策的主要官员，而且数量要精简；③在合并后的单一地方政府中，应该废除分权制；④政府的行政职能应该与政治分离，行政工作应该由特殊训练的公务员负责；⑤行政应该按照科层体制组成严密的组织结构，权力逐渐集中，最后集中于一个行政首长。

（2）治理模式

受国家干预主义和集权思想的影响，国外大都市区的治理模式普遍进行了改革，各种大都市区域规划蓬勃发展，成为区域治理的主要形式。具体采取的主要方式有：①市县合并；②兼并；③联盟制。

巨人政府理论强调建立一元化的体制以设计区域治理组织模式。所谓一元化体制，指在都市区具有唯一的决策中心，有一个统一的大都市机构。具体而言，又可分为两种形式：一种是单一层级政府，即中心都市与县政府合并成为大都市政府；另一种为双层级都市或联邦政府形式，即成立双层政府体制，将大都市区的主要权力集中于市政府，赋予市政府更多的管辖权，使其履行相当于大都市政府的部分职能，但该市辖区内的其他政府单位与其自治权仍得以保留。市政府承担大都市区内全市范围内的公共服务，如管理交通、修筑公路等，而其他各项服务则留给各个自治市和特区等地方政府负责，例如地方分区规划、警察巡逻、公共教育等，市政府对这些服务订立最低服务标准，若地方政府无法达到标准，市政府有权管辖。巨人政府理论时期的典型代表如英国大伦敦政府，以及日本的东京、法国的巴黎、加拿大的多伦多等。

5.1.2.2 多中心体制理论

持多中心体制理论的学者被称为多中心学派，又称为印第安纳学派。该学派建立在对传统巨人政府理论反思与发展的基础之上，认为该理论主导下的都市区改革能否成功取决于中心都市与郊区两者经济状况的改善，若中心都市经济成长不力，会导致郊区自治市珍惜自治权而不愿合并。20世纪 80 年代末期，多中心体制理论开始占主导地位。

（1）理论主张

多中心体制理论是政治经济学应用于研究大都市区政府的主要成果，具体以公共选择理论为基础。公共选择理论认为，政府的行为体现了政府所代表的公共利益与其自身利益之间的博弈，政府可能受自我利益驱动而背离公共利益的目标。因此，竞争而非合作是提升区域治理效能与政府回应度的最佳制度安排。多中心体制理论认为，单一的官僚制机构容易出现沟通不畅、缺乏效率等问题，主张将都市区域视为一个公共市场，容许公民在竞争性的公共服务提供者之间做出选择。在这里，各种政府单位被视为"生产者"，公民被视为"消费者"，公共服务产业的提供者除政府机构外，还包括私人企业、非政府组织等多种组织形式。

多中心体制理论假定，在都市区域内存在多个不同的地方政府，且在管辖权上彼此重叠，可能透过相互竞争以最有效率和回应性的方式满足公民的需求。换言之，应该给公民或消费者提供更多都市区治理体制的选择权。蒂伯特（Tiebout）进一步提出了"用脚投票"的经典理论，认为都市区域内，多个地方政府的存在有利于给公民提供更多选择其居住地区的机会。具体而言，该理论认为多中心体制主要具有以下优势：①将多中心的、分散的大都市视为一个理想的市场有利于确保资源配置的效率。②多重地区的管辖权有助于民主参与的最大化。在较小管辖区的公民——消费者更接近当选官员和政策制定的过程。③多中心体制有助于结合大型政府和地方小型政府的优点，实现公共服务的分类提供。

（2）治理模式

多中心体制理论主张从多中心体制出发设计都市区域治理组织模式。所谓多中心体制，是指大都市地区存在相互独立的多个决策中心，包括正式的全功能性政府单位（如市、县、区等）和大量重叠的特殊区域政府（如学区和其他特别区）。在西方国家，尤其是美国，多中心体制是大都市区最常见的公共组织体制形式。这些体制的选择靠地方政府间的协议、公私伙伴关系、区域联合会及职能转移等方式来实现。

5.1.2.3 新区域主义理论

20世纪90年代，多中心体制理论面临忽视历史、缺乏广泛的跨域问题讨论平台、忽视了不平等和公众利益等诸多挑战，区域主义开始复兴。这时期的区域主义继承了前期自由主义者对地方政府割裂化的批评，同时认为传统的区域发展策略、区域规划、区域政策与区域治理等面临着巨大的转型，主张从区域协调与合作发展的视角来研究区域治理，逐渐形成了新区域主义理论，见图 5 - 2。

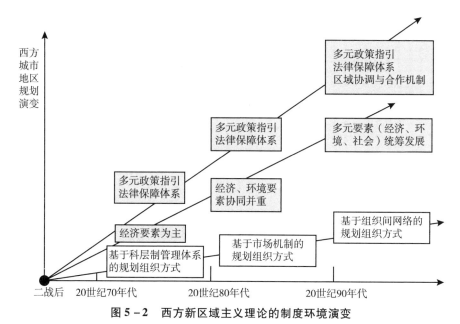

图 5 - 2　西方新区域主义理论的制度环境演变

资料来源：张京翔，殷洁，何建颐，等．全球化世纪的城市密集地区发展与规划 [M].
北京：中国建筑工业出版社，2008：98.

（1）理论主张

新区域主义建立在地方政府间必须相互依赖地方的资源和协同才能实现各自目标的共识的基础上，其理论渊源植根于政治理论、组织理论、公共政策等多元学科之中。在分化和发展过程中，新区域主义形成了政策网络理论、新制度主义和协作理论三大基础理论，如图 5 - 3 所示。

政策网络理论主要用于分析不同参与者之间的权力结构链接关系，指"一群因资源依赖而相互联结的群聚或复合体；又因资源依赖结构的断裂

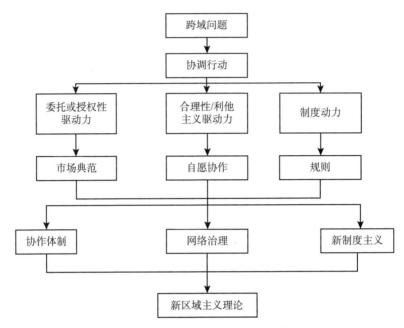

图 5 - 3 新区域主义的理论系络

资料来源：李长晏．区域发展与跨域治理理论与实务［M］．台北：元照出版公司，2012：81．

而区别于其他群聚或复合体"[1]。由正式政治制度创设并分配给各类公共组织的权力资源，决定了它们之间的权力关系；与此同时，各类组织也能在既定的规则内运用各种策略进行资源交换以实现组织目标。资源交换过程构成组织之间复杂的权力依赖关系，进而直接影响政策网络的类型与整合程度，并最终决定政策产出状况。在这样一个网络体系中，政府无法再对资源进行任意支配，而是必须通过新的技术与方法来引领资源分配。区域政策网络不仅涉及不同城市的政府之间、不同议题的政策社群之间，而且涉及政府、私人部门和非政府组织等多元主体间的依赖关系，因此，必须在各方能够接受的游戏规则中，依靠参与者所提供的资源，进行彼此交换以达成共同的目标。

新制度主义认为制度的本质是建立起多元行动者之间达成持续性的协

① David Marsh and R. A. W. Rhodes. Policy Networks in British Government ［M］. New York：Oxford University Press，1992：13.

调与相互利益满足的规则。新制度主义关注正式规则、非正式规则、个人偏好、路径依赖等变量构成的制度体系。美国公共管理领域的著名学者、诺贝尔经济学奖的获得者奥斯特罗姆基于对公共池塘资源理论的研究，提出了制度分析和发展框架，如图 5－4 所示。这一框架关注自利的理性行为者在各种主客观因素的影响下如何做出符合自己利益的选择，并通过与其他参与者的互动进行政策输出，被视为新制度主义在区域治理领域的代表性分析框架。目前，一些学者用其对跨流域水资源、森林资源制度等进行了应用和研究。

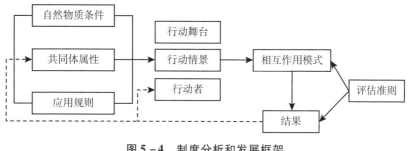

图 5－4　制度分析和发展框架

资料来源：保罗·A. 萨巴蒂尔. 政策过程理论［M］. 北京：生活·读书·新知三联书店，2003：56.

区域治理中的新制度主义主要体现在两个方面：一是制度要呈现行动者之间权力分享的内涵。换言之，要在中央与地方、地方与地方以及公、私、非政府组织间体现出伙伴关系。二是强调权力被赋予，管理制度建立的目标是增强联合行动的能力。这意味着中央政府要赋予地方政府更多的权力，以增强地方政府的能力。

协作理论认为透过网络的协作决策是克服集体行动问题的理想方法。这种理论假设任何集体行动问题都存在着不确定性和争议，多元利益相关者因必然存在的利益冲突而共同致力于寻求可行的解决方案。在这种模式下，规划者聚集所有的潜在利益相关者汇集成协作网络，透过对话和协商过程，取得目标和具体行动的共识。在这种规划结果下的政策更有力、更民主，因为它们反映了利益相关者的偏好。协作型区域治理过程的行动者亦涉及公共部门、私营部门、非政府组织，以及少数情况下的公民个人所组成的利益相关者网络。这一管理模式的关键特征是缺乏中央主管部门，各个利益团体之间需要自行搭建真实对话与协商一致的平台。

（2）治理模式

新区域主义认为，区域化治理的核心问题是都市区政府间协调机制的建设，这种协调机制主要面向空间、功能和部门三个不同的维度展开。现实中，西方各国针对不同的政策议题或政策类型形成了不同的治理机制。以下归纳出了西方区域合作组织模式的几种类型。

①区域合作组织模式

根据地方政府间合作的强度，可以将地方政府间的合作组织模式划分为介于完全竞争与合作之间的若干种类型。美国学者克里斯滕森（Karen Christensen）提出"府际竞合光谱"理论，认为府际互动如同钟摆，其行为是一系列摆动于合作与冲突之间的连续光谱，呈现不同的行为表现，如图 5-5 所示。沃克（D. B. Walker）则通过实证研究将美国地方府际合作的实践划分为 25 种类型，具体包括：推动共同志愿服务、非正式协议、正式府际协议、府际服务契约、服务外包、多数社区伙伴关系、跨部门合作、非营利公共法人的共同运作、共同实施境外管辖权、区域议会、联邦诱导型跨域团体、区域服务特区、府际功能转移、兼并、法人化、单一财产税基分享制度、政府平衡基金、服务统合、共同推动区域改革、单一目标导向的特区政府、区域特殊管理局、城市区域管理局、地方政府合并、联盟型城市政府、城市政府等。

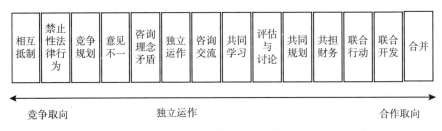

图 5-5　府际竞合光谱

资料来源：K. S. Christensen. Cities and Complexity：Making Intergovernmental Decisions ［M］. London：SAGE, 1999：32-43.

②都市区域成长对应模式

西方都市区的地方政府面临的压力主要来自两个方面：一是都市区发展面临的实体设施建设问题；二是都市区治理体制未能有效回应环境所产生的区域公共问题带来的压力。都市区地方政府通常综合运用集权和分权两种方式来应对这一困境和压力。汉弥尔顿（D. K. Hamilton）等学者总结了都市区域成长对应的政府形式及其相应的治理模式，如表 5 - 1 所示。

表 5 - 1 区域治理的结构及治理模式

	政府结构	治理模式
集权方式	（1）兼并及合并 （2）市县合并 （3）二阶层化的都市政府	（1）都市县 （2）业务功能整合 （3）区域治理过程 （4）区域内税的分享 （5）多目的的都市区域 （6）区域性协调机构 （7）联邦或州的辅助机构和政策鼓励区域发展
分权方式	（1）郊区的发展 （2）法人化 （3）各种不同形式的一般形态的地方政府	（1）单一的特区政府 （2）地方间的合作协议 （3）民营化 （4）联邦或州的补助鼓励分散治理 （5）无权威性的区域会议 （6）中心城市内的区政府

资料来源：Hamilton，D. K.．Governing Metropolitan Areas：Response to Growth and Change ［M］. New York：Garland Publishing，Inc.，1999：36.

③大都市区治理的难易度

各种不同的都市区治理与结构模式，会因政府间重组的难易程度而存在显著的差别。米切尔—韦弗、米勒和迪尔等（Mitchell - Weaver，Miller and Dell et al.，2000）研究总结了不同治理模式的困难程度并按难易程度进行了分类，如表 5 - 2 所示。

表 5 – 2   大都市区治理的难易度

难易程度	大都市区治理的难易度
容易	（1）非正式合作 （2）政府间服务合同 （3）联合协议 （4）境外管辖权 （5）政府间联盟 （6）中央鼓励成立的单目标区域机构 （7）州规划或发展区 （8）私人协议
中等难度	（1）地方特区 （2）职能转化 （3）合并 （4）政府间联盟 （5）大都市区内的多目标区域 （6）改革的城市县
最为困难	（1）城市与县的合并 （2）两层次政府的重建 （3）三层次政府的改革

资料来源：Clyde Mitchell – Weaver, David Miller and Ronald Deal Jr. . Multilevel Governance and Metropolitan Regionalism in the USA ［J］. Urban Studies, Vol. 37, No. 5 – 6, 2000：851 – 876.

④区域合作主义模式

根据区域合作的侧重点不同，米勒（David Miller）将国外区域治理模式整合为协调型的区域主义、行政型的区域主义、财政型的区域主义和结构型的区域主义四种模式，每种模式涵盖不同做法的治理机制，如图 5 – 6 所示。协调型区域主义的主要目的是整合区域内的各种计划，使得不同层级政府的战略规划与区域整体规划保持一致。这种模式主要采取特别区、咨询商议、监管掌控、设立管理机构等方式进行联系协调。行政型区域主义是美国区域协作中最主要的形式，主要目的是强化区域内各级政府的行政职能与效率。其主要思路分为两种：一种是将乡、镇、县的功能转移到特区或市政府；另一种是各级地方自治团体，通过协议的方式建立各种类型的行政协议。实践中通常采用特区制、大市制、地方协议三种形式。财政型区域主义的主要目的是在现有的地方政府架构之上，设置一种区域性的补助金制度，用以处理区域内各种公共议题的经费支出。通常采取的做法有三种：文化资产特区、税基共享和签订和平共存协议。结构型的区域主义主要目的是应对一个或多个地方政府行政区划的改变所做的调整，主要是在空间管辖权上的变更与组织层面上的结构调整，主要包括兼并、市县联合和合并三种形式。

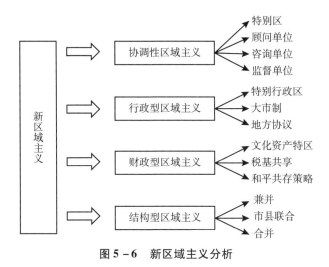

图 5 - 6　新区域主义分析

资料来源：李长晏. 区域发展与跨域治理理论与实务 ［M］. 台北：元照出版公司，2012：90.

5.1.3　国内区域治理的主要理论

20 世纪末期以来，国内关于区域公共管理的研究日益增多，并形成了府际关系、大都市区治理、流域和生态治理、大气污染治理等主要的研究方向。总体而言，这些研究成果大都处于理念探讨和现实经验总结的初步阶段，较少上升到理论构建的层面，以下主要从复合行政理论和府际合作理论两个方面介绍国内区域协同治理的主要成果。

5.1.3.1　复合行政理论

区域治理强调政府、企业和第三部门的参与、合作和协调，行政权的让渡是其中一个不可避免的问题。国内部分学者认为行政权力协调是中国地方政府合作中的关键问题。基于此，王健、鲍静、刘小康、王佃利等学者提出了复合行政理论，他们认为当代中国区域经济一体化与行政区划冲突的根本原因在于政府职能的转变尚未完全适应市场经济的发展需求，因此，必须跳出行政区划调整的传统思路，加快政府职能转变。所谓"复合行政"，即为了促进区域经济一体化，实现跨行政区公共服务，跨行政区划、跨行政层级的不同政府之间，吸纳非政府组织参与，经交叠、嵌套而形成的多中心、自主治理的合作机制。这一理念的核心思想是：（1）多中心，即跨行政区公共服务不能仅仅依赖中央政府这个单中心靠行政命令的方式集中提供，而应该在中央政府的支持下，通过地方政府与地方政府组织之间、地方政府与非政府组织之间的合作形成的多中心分别提供；（2）交叠与嵌套，即跨行政区公共服务提供不能仅仅限于同级政府之间的合作，而是跨行政区不同层级政府之间、政府与非政府组织之间，通过上下左右交叠与嵌套而形成的多层次合作；（3）自主治理，即跨行政区公共服务提供不能仅仅依靠中央政府，而应该发挥地方政府的自主性，发挥非政府组织的自发参与性，采取民主合作的方式，形成自主治理网络。①

5.1.3.2　府际合作理论

（1）地方政府合作的必要性

早期学者从区域经济发展的角度论证了地方政府合作的必要性。由于资源禀赋等的差异，我国各地区之间客观上存在着通过互利合作而实现利益最大化的相互需要，社会劳动地域分工与经济主体追求地区比较利益必然导致区域经济合作。综合而言，地方政府合作的必要性主要归因于区域经济一体化、区域性公共事务治理、破解行政区经济发展迷局等的要求。

（2）地方政府不合作的利益博弈

按照博弈论的观点和"经济人"假设，地方政府合作才能实现二者的利益最大化。但我国的实际情况是，地方政府在很多时候会放弃合作。对此，一些学者进行了研究和解释。其中较具代表性的有：周黎安（2004）构建了"政治晋升博弈"模型来解释地方政府的不合作行为。政治晋升对于那些利己不利人的事情激励最充分，而对于那些既利己又利人的双赢

---

① 王健，鲍静，刘小康，王佃利."复合行政"的提出——解决当代中国区域经济一体化与行政区划冲突的新思路 [J]. 中国行政管理，2004（3）：44 – 48.

合作则激励不足①。龙朝双、王小增（2007）构建了区域地方政府合作的动力机制 APT - R 模型，该模型指出地方政府的合作阻力主要是地方保护主义、地区恶性竞争、利益补偿机制欠缺和现存地方干部考核体系不合理②。徐兰飞（2011）从利益主/客体、政治利益与经济利益的视角分析了地方政府的利益结构。地方政府不同角色下的利益诉求之间的矛盾性导致了地方政府合作的困难，如表 5 - 3 所示。概言之，地方政府的利益结构是促进地方政府合作与否的内驱动力，政治晋升制度、行政分割、区域协调机制和合作组织的缺乏是地方政府不合作的主要原因。

表 5 - 3　　　　　　　　　　地方政府的利益结构分析

利益主体/利益客体	政治利益	经济利益
作为地方民众的委托人	满足民众的民主统治需求（参政议政、民主治理等）	地方经济福利最大化（居民收入增加、公共服务质量提升等）
作为中央政府的代理人	维护地区政治稳定、维护中央政府权威等	增加中央政府财政收入，满足中央政府区域经济发展政策要求等
地方政府自身（地方政府机构及其官员）	维护地区稳定、地方政府部门规模扩大、实现政府官员政治晋升、维护官员声誉等	增加地方财政收入、提升经济资源调控分配能力、政府官员自身收入增加等

资料来源：徐兰飞. 中国跨行政区水污染治理中的地方政府合作研究 [D]. 中国政法大学，2011.

（3）地方政府合作的模式与方式

关于地方政府合作的机制与模式，比较有代表性的概括和分类有：杨龙（2008）探讨了地方政府之间良性互动合作的动力及过程，并概括提出我国地方政府合作机制的三种模式：互利模式、大行政单位主导模式和中央诱导模式。互利模式的基本条件是合作各方均可从合作中获益；大行

---

① 周黎安. 晋升博弈中政府官员的政府官员的激励与合作 [J]. 经济研究，2004 (4)：33 - 40.

② 龙朝双，王小增. 我国地方政府间合作动力机制研究 [J]. 中国行政管理，2007 (6)：65 - 68.

政单位主导模式的基本条件是在合作各方中有一方获益多，以至于它可以独立承担地方合作的成本；中央诱导模式的基本条件是中央要求地方之间合作或制定鼓励地方合作的政策。[①] 陶希东（2004）针对都市圈的合作治理模式提出了一个相对完善的分类和阐释（见表 5 - 4）。

表 5 - 4   跨省都市圈城际合作模式及特征

模式选择依据	合作模式	特征
组织体制及形式	实体性合作	跨省都市圈联合成立统一的、实体性的府际合作领导组或机构，打破行政及形式区划界限，统一制定相关规划和政策。实体性合作组织是具有一定跨界行政功能的最有效的合作组织形式，建立这种组织涉及各方利益，组建难度较大
	非实体性合作	建立一个跨行政区界的城际合作协调组织，该组织不具有行政性，主要任务是互通合作信息、搭建平台、组织"合作论坛"等活动，协调跨省都市圈合作的矛盾，可对跨省都市圈城际合作发展起一定促进作用，建立这种组织比较容易，但合作的实际效果和影响力较小
	准实体性合作	介于实体性合作与非实体性合作之间的合作，具有准实体性质，其在某些方面（如制定城际合作发展战略、建设跨区域的合作网络、资源共享等）具有一定的行政权限，这种组织兼有上述两种模式的优点，既增强了合作的有效性，又具有一定的灵活性
合作内容和地区	全面合作	跨省都市圈在各种领域开展的全方位合作，包括上述基本框架中提出的政治领域、经济领域、社会领域和基础设施领域等方面的全面合作，这种全方位合作是一种高级合作，有利于跨省都市圈经济全面整合，但涉及利益矛盾较多
	部门合作	某一个领域或部门、某一个行业、某一个项目、某一些企业等局部性的合作，规模较小，比较容易实现，但影响较小，对实现经济整合的推进力度不大
	地区性合作	可以是中心城市与其他城市之间的全面合作，也可以是多个城市之间的合作，还可以是中心城市与其他城市下辖市县之间的合作。此类合作形式多样，操作容易，但也是一种局部性的合作，规模和影响较小
区域生产要素	全面要素合作	在资源、人才、资金、土地、产权、技术、科技、信息等生产要素领域展开的全面合作，这种合作对经济整合具有直接推动力，影响显著，但实施条件和难度较大
	单要素合作	某单个要素的城际合作，比较深入，重点比较突出，灵活性较大，比较容易实现

---

① 杨龙. 地方政府合作的动力、过程与机制［J］. 中国行政管理，2008（7）：96 - 99.

模式选择依据	合作模式	特征
合作主体	政府合作	政府合作主要是跨省都市圈某些城市政府或职能部门之间达成的某些协议或合作事项，在当前我国经济体制转轨时期，城市政府之间的合作是跨省都市圈经济整合的主要推动力量
	非政府合作	非政府合作就是根据市场经济规律，企业之间在生产、销售、流通、技术、管理、市场等方面开展的自我联合、自我合作与自我沟通，当前最主要的非政府合作模式是建立跨省都市圈行业协会，按照市场原则，实现跨省都市圈企业沟通交流、公平规范竞争、互动合作与协调发展

资料来源：陶希东. 跨省都市圈的行政区经济分析及其整合机制研究——以徐州都市圈为例［D］. 华东师范大学，2004.

　　就具体的合作方式而言，学界的建议主要围绕建立城市联合政府、城市合作组织、多层次协调组织、综合性的区域管治体系等展开。城市联合政府的理论渊源是巨人政府理论，指在都市圈区域建立具有一定行政跨界职能的城市联合政府，其功能主要是开展大都市圈规划，协调城市间交通、机场、港口、给排水、电力、邮电通信、环境整治等内容，以及开展主导产业的分工与合作，有效协调城市政府间的利益关系，切实解决政府间的公共服务问题；城市合作组织指地方政府根据合作需要成立的合作性机构，如长江三角洲联盟总部等；多层次的协调组织指在地方政府、第三部门、企业等主体层面形成的制度性协调机构，常见的构建途径有建立区域性协调管理机构、鼓励跨行政区行业协会和民间组织的建立、鼓励企业跨区合并等；综合性的区域管治体系指对区域合作的主体、内容、方式等进行统筹，逐步建立起涵盖区域合作决策、协调、执行、监督等功能于一体的高层次跨域治理体系。

5.2　京津冀区域协同发展历程

　　京津冀区域是中国三大城市群之一，也是中国经济格局当中的东部核心地区，但它与其他城市群区域不同，它以全国政治、文化和国际交往中心——北京为核心城市，这使得这一城市群区域地位特殊，既具有政治和政策优势突出、自然资源和人力资源丰富等优势，同时也面临着城市规模差异大、发展不平衡等协同劣势。京津冀区域的协同发展逐渐得到认同，进而上升为国家区域协调发展的重大战略。

5.2.1 京津冀区域协同的历程与成就

京津冀位于环渤海地区的心脏地带，包括北京、天津两个直辖市与河北省。三地历史渊源深厚，本为一家，元朝由"中书省"管辖；明清称为"直隶省"，是著名的京畿地区；民元之后，首都南迁到南京，京津冀地区的中心地位弱化，城市与区域发展开始分化。北京更名北平，成为单一的文化中心和消费型城市；天津的北方经济中心地位形成，制造业有较快的发展。"直隶省"的其余大部分地区成立河北省，是典型的农业和矿业地区。京津冀从"一体化"到"三分区域"，行政分割由此开始①。京津冀三地交往半径相宜，具有历史同源、人缘相亲、文化同脉的协同基础和条件，但受制于三地政治地位、经济基础等因素，京津冀区域协同发展的进程历经起伏，从新中国成立以来，大致经历了改革开放前的被动指令性合作和改革开放后的启动—徘徊—振兴—深入合作阶段。

5.2.1.1 改革开放前（1949～1979 年）

1949～1978 年间，京津冀地区的行政区划进行过较大的调整，对区域发展产生了深远的影响。1949 年 9 月，北平改为北京，设为首都；1949 年 11 月，天津成为直辖市。之后，中央对京津冀三地的行政区划不断调整，为满足首都发展建设的需要，北京的行政区域不断扩大。1958 年 2 月，天津改为河北省省辖市并成为省会。1967 年 1 月，天津市改回中央直辖，京津冀三个独立的行政区划就此形成。1973 年和 1979 年，中央两次将河北的部分地区划归天津，自此京津冀三省市的行政区划范围确定。

由于新中国成立初期物质资源匮乏，全国财政经济由中央统一管理，形成高度集中的计划经济管理体制。在当时"中央决策，地方执行"的

---

① 柯焕章. 谈北京的古城保护 [J]. 百年建筑，2003（Z1）：52 – 55.

模式下，行政区划范围相互分割的京津冀三地的区域合作主要由中央政府主导，国家统一安排部署产品生产、物资分配调拨，分配区域内的自然资源等活动。这种经济体制有助于在经济水平低、资金严重短缺、国力有限的情况下顺利地渡过经济困难时期，奠定国民经济良性循环的物质基础。

20 世纪 70 年代，中央提出各地建立自成体系的工业经济，造成了京津冀的产业同构，北京、天津两个城市经济功能聚集、城市产业朝大而全方向发展。北京更是利用"首都优势"，在资源配置等诸多方面享有特权，使本来按经济规律和城市功能应投入津冀两地的一些建设资金和项目都投向了首都。在没有铁矿石和石油的北京，石景山钢铁厂、燕山石化、东方红炼油厂等重大项目接二连三建立起来。

这一时期，京津冀三地的经济合作以单维度的、被动的合作为主要特征，合作内容以物资输送为主。京、津两市根据国家计划向河北提供工业品，河北省向京、津提供原材料、能源和农产品，三地始终处于被动执行中央政策的状态。首都北京、直辖市天津处于主导地位，在资源分配、项目投资中占据优势。行政区划的边界促进了地方政府利益思维的固化，三地之间竞争多于合作，严重制约了协同发展的进程。京津冀区域经济利益分配失衡，区域经济发展差距形成并逐渐扩大。

5.2.1.2 改革开放后（1980~2019 年）

区域治理的本质是使区域内各活动主体间的利益冲突和利益差异得以调和，并且通过协商采取联合行动获得整体利益的持续过程，区域治理共识的形成以及实际合作的推进并非一帆风顺，通常也伴随着犹豫和徘徊。改革开放以后，伴随着我国从计划经济向市场经济转型的制度变迁，京津冀区域协同发展的主题和进程也随之变迁。

（1）区域协同的启动阶段：20 世纪 80 年代

改革开放初期，我国计划经济体制开始向市场经济体制转型，省、市、县等地方行政区成为经济发展的主体，各地区之间的关系更多表现为区域竞争的关系。为克服区域竞争带来的地方保护主义、产业高度同构等弊端，京津冀地区的区域合作意识开始觉醒，开始探寻从竞争走向合作的途径。

1982 年北京市在《北京市城市建设总体规划方案》中首次正式地提出了"首都圈"概念，拉开了京津冀区域合作的序幕。随后，由京、津、冀、晋、内蒙古五省区市成立了全国最早的区域协作组织——华北地区经济技术合作协会。它主要通过政府间高层会商，解决地区间的物资调剂，指导企业开展横向经济联合。例如，北京与河北环京地市合作建立了肉蛋禽等生活资料供应基地和纯碱、生铁等生产资料基地。1986 年，由京、津、冀、鲁、辽等多个省市的省（市）长组成环渤海地区经济联合市长联席会。该组织被认为是京津冀地区最正式的区域合作机制，它将区域地方政府间的合作往前推进了一步。1987 年，环渤海经济研究会成立，完成了涵盖辽东半岛、山东半岛和京津冀地区的环渤海经济区经济发展规划纲要的编制。同年，海河水利委员会第三次汇总编制了海河流域综合规划。1988 年，北京与河北环京地区的保定、廊坊、唐山、秦皇岛、张家口、承德 6 地市组建了环京经济协作区，把其定位为"在北京市、河北省政府指导下，以中心城市为依托的开放式、网络型的区域组织"，并建立市长、专员联席会议制度，设立日常工作机构。该协作区以推进行业联合为突破口，以商品交易为主要内容，相继创办了农副产品交易市场、工业品批发交易市场，建立了信息网络、科技网络、供销社联合会等行业协会组织，建立起地区企业间的广泛联系，在京津冀区域合作的起步阶段，实质性地推进了商品领域的区域经济合作。

在这一时期，京津冀区域内的地方政府合作以经济技术合作为主，城市政府间的合作从简单松散的区域经济协作形式开始逐步探索全面多层次、互补型经济技术合作。但总体而言，京津冀区域合作的领域和效果都十分有限，思维也缺乏一盘棋的战略思想，三地之间的竞争远超协作。

（2）区域协同的徘徊阶段：20 世纪 90 年代

20 世纪 90 年代，京津冀区域的协同发展经过了一段先抑后扬的徘徊时期。20 世纪 90 年代初期，经济体制转轨加剧，京津冀一些已有的区域经济合作组织消失或名存实亡，京津冀区域合作步入低潮，但进入 20 世纪 90 年代中后期，京津冀区域合作治理的价值又被重新认识。

1990 年，环华北地区经济技术合作协会由于合作区域范围过广、地区间经济关联度低以及没有日常工作机构等缺陷而失去凝聚力，1990 年举行第 7 次会议后销声匿迹。由于多种因素的影响，加上政府机构改革对经济协作部门的冲击，环京经济协作区 1994 年后也名存实亡。这一时期京津冀区域合作治理的相关工作几乎陷入停滞。1994 年由京津冀城市发展协调研究会提交的《建议组织编制京津冀区域建设发展规划》的报告获得国务院批准，并由国家计委牵头，会同建设部和各地区组织编制。河北省提出加速自身发展的"两环开放带动战略"。京津冀区域合作治理的重要性又重新受到重视。1996 年，《国民经济和社会发展九五计划和 2010 年远景目标规划纲要》提出"逐步形成七个跨省（区、市）的经济区域"，其中一个就是环渤海地区。同年，《北京市经济发展战略研究报告》提出"首都经济圈"概念，强调发展周边就是发展自己的理念，不过这一理念在后来实施过程中演变成发展"总部经济"。所谓"总部经济"，就是研发和销售在总部、生产基地在外省的一种经营模式。这种模式下，生产基地应该上缴属地的税金统一上缴到了总部所在地。比如，金融业四大银行的总部在北京，北京成了全国金融中心，在各省区发生的所有的营业额和利税都统计和上缴到了北京①。

这一时期，与京津冀同为"七大经济区"的长三角和珠三角两大区域在国家税收、投资、制度供给等有限发展政策驱动下，利用其区域优势和改革创新发展迅速，成为推动中国经济腾飞的两大引擎。相比之下，京津冀区域受行政体制约束、两市一省地位差异等原因影响，在经济总量、对外开放度、市场化进程和区域合作一体化等方面，与长三角、珠三角地区都还存在一定的差距。在京津冀区域内部，河北与北京、天津的差距也进一步扩大。

（3）区域协同的振兴阶段：2000～2013 年

21 世纪初期，随着经济全球化的发展和我国加入 WTO，珠三角和长三角地区掀起了新一轮的区域经济合作浪潮。在这一区域一体化发展态势下，京津冀区域合作治理再次受到政府、企业以及理论界等各个层面的高

---

① 崔晶. 京津冀一体化发展中的地方政府整体性协作治理 [J]. 北京交通大学大学学报（社会科学版），2019（10）：51-57.

度关注，进入区域协同的振兴阶段。

学术界首先开启了京津冀协同规划的探讨。早在1999年，吴良镛院士在其主持的"京津冀地区城乡空间发展规划研究"课题中就提出了"大北京"的概念，引起了社会各界的广泛关注。课题报告于2002年正式发表，建议规划"大北京地区"，综合考虑大北京地区的功能调整，提出建设世界城市的构想；同时，报告指出了加强区域统筹管理、建立区域协调和合作机制的可实施方向。

京津冀区域的合作问题也开始受到中央层面的重视。2004年2月，国家发改委召集北京、天津、河北发改委在河北省廊坊市召开京津冀区域经济发展战略研讨会，达成"廊坊共识"，决定建立京津冀发展和改革部门及定期协商制度，尽快建立京津冀高层定期联席会议制度，设立协调机构等，并将石家庄市纳入京津冀都市圈。同年，国家发改委正式启动京津冀都市圈区域规划的编制工作，试图统筹协调区域内的基础设施、资源环境、产业布局、城镇体系等具体相关问题。2006年，建设部和北京市、天津市、河北省的规划部门开始启动编制京津冀城镇群规划，以统筹安排区域城镇空间布局。规划内容涉及区域交通、环境、资源等问题。2011年，"十二五"规划纲要提出"首都经济圈"概念，同时将燕山、太行山连片贫困地区纳入国家"十二五"重点扶贫开发规划。

在中央政府和社会各界的推动下，各级政府和企业对区域合作的认识逐步深化，京津冀三地从基础设施合作开始，陆续签订了多领域合作协议，"京津冀"一体化的发展日益深入。2000年，北京和天津机场实现了中国民航跨区域的机场首次联合。2002年，北京与天津港口开始直通，实现了港口功能一体化。2005年国务院批准在曹妃甸建设一个具有国际先进水平的钢铁联合企业，作为首钢搬迁的载体及京津冀都市圈乃至全国的重化工基地和能源枢纽港。2006年10月，北京河北两地政府签署了《北京市人民政府、河北省人民政府关于加强经济与社会发展合作备忘录》。按照协议内容，双方将在交通基础设施建设、水资源和生态环境保护、能源开发、旅游、农业等九个方面展开合作。这标志着京冀两省市进入了深化合作、共同谋求区域发展的新阶段。2008年2月，首次京津冀发改委区域工作联席会议召开，会议签署了《北京市天津市河北省发改委建立"促进京津冀都市圈发展协调沟通机制"的意见》，其主要内容为：一是京津冀发改委为实施好《京津冀都市圈区域规划》，建立联席会和联络员制度；二是明确会议议题，主要是交流区域合作发展情况，沟通规划、产业、政策等信息，研究当前和近期区域合作中需要解决的问题，提出工作建议，督促落实省市政府议定的区域合作工作；三是建立发改委区域工作信息发布制度，及时向国家、三省市有关方面发布区域经济社会发展、合作和工作进度情况；四是议定下次会议的主要议题，为建立京津冀三省市市长联席会议制度做好前期工作。经过这次会议，京津冀发改委区域联席会议成为最高层次的京津冀区域协调沟通组织平台。2009 年，京津冀三方在廊坊签订《关于建立京津冀两市一省城乡规划协调机制框架协议》，三方明确表示建立城乡规划领域的协商对话、协作交流、重要信息沟通反馈、规划编制单位合作和共同市场机制，实现区域规划"一张图"。2010 年，河北省政府出台《关于加快河北省环首都经济圈产业发展的实施意见》，提出了在规划体系等 6 个方面启动与北京的"对接工程"。2013 年 3 月，京津两市签署《北京市天津市关于加强经济和社会发展合作协议》，强调共同打造京津科技新干线，建设战略性新兴产业和高技术产业集聚区。同年，京冀两地签署《北京市—河北省 2013 至 2015 年合作框架协议》。

这一时期，以国家发改委为代表，中央层面开始参与京津冀协同进程，理论界、地方政府等也在京津冀区域合作上达成共识，京津冀区域的合作在理论和实践层面都取得了一定进展，但区域治理模式仍处于构建阶段，尚未形成成熟规范的制度体系，合作的领域和深度都有待进一步向纵深拓展。

（4）区域协同的深入阶段：2014 年至今

党的十八大召开以来，以习近平同志为核心的党中央高度重视和强力推进京津冀一体化的发展。习近平总书记发表了一系列重要讲话和指示，突出强调京津冀地区要加强顶层设计，建立起科学的长效机制，走出一条目标同向、措施一体、作用互补、利益相连的路子来。

2014 年 2 月 26 日，习近平总书记在北京考察，专题听取了京津冀协同发展工作汇报，要求北京、天津、河北三地打破"一亩三分地"的思维定式，按照全面深化改革的要求，破除制约要素流动的制度瓶颈。习近平强调，实现京津冀协同发展，是面向未来打造新的首都经济圈、推进区域发展体制机制创新的需要，是一个重大国家战略。2015 年 4 月 30 日，中共中央政治局召开会议，审议通过《京津冀协同发展规划纲要》，明确了京津冀整体和京津冀三地各自的发展定位，明确了京津冀协同发展战略的核心是有序疏解北京非首都功能，以交通、生态环境、产业为率先突破的重点领域，提出促进基本公共服务均等化是推动京津冀协同发展的重要内容。2016 年 3 月，"十三五"规划指出，要以区域发展总体战略为基础，以"一带一路"建设、京津冀协同发展、长江经济带发展为引领，构建我国区域发展新格局。同年 5 月 27 日，中共中央政治局会议审议了《关于规划建设北京城市副中心和研究设立河北雄安新区的有关情况的汇报》，通州北京城市副中心的建设启动。

2017 年 4 月 1 日，中共中央、国务院决定设立雄安新区。2017 年 6 月，中国共产党河北雄安新区工作委员会、河北雄安新区管理委员会获批设立，为中共河北省委、河北省人民政府派出机构。设立雄安新区是以习近平同志为核心的党中央深入推进京津冀协同发展做出的一项重大战略部署，雄安新区是继深圳经济特区和上海浦东新区之后又一个具有全国意义的新区。雄安新区位于河北省保定市，地处北京、天津、保定腹地，涵盖河北省雄县、容城、安新和周边部分区域，区域优势明显、交通便捷通畅、生态环境优良、资源环境承载能力强。2018 年 4 月，雄安新区的规划纲要公布。规划蓝图充分体现了雄安新区的国际水平和中国特色，是中央关于雄安新区"千年大计"的具体体现。

这一时期，京津冀协同突破了原有的制度壁垒和谈判机制，进入区域协同的深入发展阶段，呈现出以下特点：第一，京津冀三地主动对接的区域协同新格局逐渐形成。自京津冀协同发展上升为国家战略，三地政府部门及时联动快速反应。北京市率先表态，2014 年 3 月，北京市委书记郭金龙在北京市委十一届五次会议上指出，北京解决非首都城市功能疏解、控制人口、治理"城市病"等难题的根本出路是推动京津冀协同发展。随后，在京津冀协同发展战略指导之下，北京与河北、北京与天津、天津与河北分别完成了多个合作框架协议及备忘录。2015 年 11 月，京津冀产业转移对接会在河北石家庄召开，北京、天津和河北签署了《京津冀产业有序转移合作协议》，随后将有近 3000 亿元的签约项目落户河北，京津冀协同发展全面走向实质阶段。第二，京津冀区域治理模式由自发形成转向顶层设计。在之前的京津冀区域协调与合作中，各自独立的省级建制是难以跨越的制度障碍。2014 年 8 月，京津冀协同发展领导小组以及相应的办公室成立，国务院副总理张高丽担任组长；2015 年 4 月，《京津冀协同发展规划纲要》颁布，这意味着京津冀都市圈协作治理的顶层设计初步完成，京津冀协同发展上升为国家战略，不再是区域层面的内部治理协调问题。第三，京津冀以雄安新区为载体共建协同治理试验区。雄安新区的设立突破了三地在区域合作中长期受行政体制影响的非平等发展惯性，打破了资源要素单向流动为主的现状，形成了京津冀区域协同的空间试验区。雄安作为北京非首都功能疏解的集中承载地，北京必然要在雄安新区的高标准建设进程中加强与河北的密切合作与沟通。天津有先进制造业、自贸试验区和港口等优势，对雄安新区的建设和发展亦有重要的借鉴和支撑作用。毫无疑问，雄安新区的出现将全面加深京津冀的区域协同与合作，成为推动三地融合发展的重要载体。

5.2.2　京津冀区域协同的现状与问题

京津冀区域经过多年协同发展探索，目前迎来了协同治理的黄金机遇期，但从整体来看，京津冀区域的发展仍有很大的纵深拓展空间。

首先，京津冀区域合作共识已经达成并逐步落地，但本质上的区域认同还需进一步加强和深化。跨区域协同发展的成功需要多方面的条件作为基础，但是否形成深层次的区域认同是地方政府实现长远合作的关键。区域认同是指"经过人们的认知过程，并逐渐形成对某一区域所产生的归属和认同感。主要指人们经由认知和想象所得到的结果，就如同'认知的区域'，或是想象共同体"①。这种区域认同与跨域区域地方政府、企业乃至民众所具有的与市场经济相联系的公平竞争意识、服务意识、效率意识和法治意识等密切相关。在我国区域协同治理案例中，长三角、珠三角等经济发达地区，各地官员经过多年市场经济浪潮洗礼，政府、企业的合作意识、市场意识和法治意识相对更强，部分让渡主权获取区域更大发展的思想基础较好；而京津冀三地区区域经济差距较大，各自的发展目标也不相同：北京要建设中国的"首善之区"和"世界城市"，天津要建设"北方经济中心"，河北希望得到京津两市资金、项目、技术和人才方面的支持，建设"沿海经济强省"。合作双方或多方客观上存在较大差距，主观上因目标差异而不能有效形成无缝对接，为合作增加了无形的交易成本，区域认同的思想基础还有待加强。

其次，自上而下和自下而上的协同治理诉求相互促进，但区域地方政府协同取向中的"权威依赖"现象普遍存在。在我国中央集权的行政体制下，京津冀都市圈作为一个首都城市、一个直辖市、一个省的区域组合，由于行政区划的体制性障碍，三地虽然行政级别相同，但在实际对话过程中，北京作为首都城市，占据着政治、经济、科技、教育、人才、户籍等各个方面的天然优势，对周边城市区域发挥着巨大的虹吸效应，易在区域合作谈判中放大政治地位的影响，影响津冀合作的积极性和主动性。改革开放以来，京津冀的治理呈现中央政府直接介入部分领域和部分空间（如雄安新区）、三省市主动或被动接受的复杂特征，大概经过了观望时期、宏观指导时期和直接介入三个时期，如表 5 - 5 所示。京津冀的区域合作治理取得较大进展源自 2004 年，国家发改委地区司召集三省市发改委召开京津冀区域经济发展战略研讨会达成了"廊坊共识"，此后，国家发改委多次牵头组织了京津冀区域政府高层的集体磋商沟通，不断调节京津冀区域之间的分歧，并直接组织了京津冀都市圈区域规划的编制。2014年来，以习近平同志为核心的党中央强力推进京津冀一体化的发展，国务院副总理张高丽亲自担任了京津冀协同发展领导小组的组长。京津冀三地

---

① Hettne B, Inotai A, Sunkel D. (Eds). Globalism and the New Regionalim [M]. New York: Palgrcve McMillan Press, 1999: 122 - 124.

政府间的合作，遵循着"中央政府→省级政府→城市政府"的博弈规则，"权威依赖"现象普遍存在，尚未自觉形成一种"城市政府→区域治理共同体←城市政府"的谈判协调制度安排①。

表 5 - 5 京津冀治理演进特征

分期	基本特征	代表事件
中央政府观察指导时期（改革开放后至 2000 年）	政治压力分散化，产业发展市场化，社会资本随机化，空间发展内核化	市场自发融合，建立汽车产业联盟
中央政府宏观指导时期（2001～2013 年）	政治压力聚焦化，产业转移任务化，社会资本跟随化，空间发展外扩化	以 2008 年奥运会为契机实施《北京奥运行动计划》，侧重生态环保领域
中央政府直接参与时期（2014 年至今）	政治压力膨胀化，人口转移行政化，社会资本适应化，空间发展均衡化	2014 年 2 月 26 日京津冀协同发展上升为国家战略；2015 年下发《京津冀协同发展规划》；2016 年京津冀交通一体化会议召开，交通部部长杨传堂担任小组组长，侧重交通领域和区块合作；2017 年雄安新区、北京副中心、首都新机场纷纷上马

资料来源：邹艳丽. 跨行政国土空间治理现状、困境与出路——以首都新机场临空经济区为例 [J]. 北京规划建设，2019（2）：52-58.

再次，形成了体制内外的两种推动力量，但社会力量的作用有待加强。从国外跨域治理经验来看，社会参与在跨区域治理中扮演着十分重要的角色。社会参与有助于很好地平衡和缓冲政府"有形之手"和市场"无形之手"之间的利益矛盾和隔离，从而成为跨区域治理制度设计中重要的选择变量。从京津冀协同的实际情况看，三地政府掌握着各自区域内的经济资源，具有较强的运作能力，在京津冀的区域合作中起着完全主导性的作用，多元主体参与治理的网络结构尚未形成。有学者指出，将合作府际人均 GDP 比值作为合作指数可以发现：指数较小时（一般小于 1.5），合作趋于内生；指数较大时（一般大于 2.0），合作依赖行政；介于两者

① 李国平，陈红霞. 协调发展与区域治理 [M]. 北京：北京大学出版社，2012：210.

之间则两种方式兼存。以京冀为例，根据 2012～2016 年的数据，京冀间的这一比值在 2.4～2.7 之间，呈逐年加大趋势，两地之间的协作仍以行政依赖为主①。近年来经济界、公共管理界、规划界、企业界以及一些民间非政府组织等在全局或者自身利益的驱动下致力于促进和推动京津冀区域的合作与协调，各种民间性的京津冀区域合作论坛、研讨会十分活跃，但从现实效果看，能够发挥重大影响和效果的仍然是政府。

最后，区域协同体系和框架已经建立，但整体性的制度安排仍有待推进。目前，随着国家京津冀协同发展战略的推进，区域协调的内容进一步拓展，制度层面的区域协调保障机制建设变得更加重要。当前，京津冀区域协同机制无论是在组织载体层面，还是运作程序层面，都取得了较大进展，尤其是自京津冀协同发展领导小组成立和国家设立雄安新区以来，京津冀合作的深度和广度都取得了前所未有的发展。但是从总体上看，多层次、多领域、多主体的整体性合作体系尚处于构建阶段。例如，当前北京市和河北省之间的地方政府合作主要聚焦于雄安新区，雄安新区之外的区域合作还十分有限。现有合作主要停留在各种会议制度和单项合作机制，已有的合作协议对合作的程序性要求、合作各方的权利义务及法律责任等的规定还有待深入。合作组织机构的性质、地位、职能、权限、责任模糊，未能满足合作的发展需要，尚未形成决策、执行、反馈和监督的完整体系。现有的决策严重依赖中央政府，公众对府际公共决策的参与程度比较低，非政府组织在府际公共决策中的地位、作用和功能有待加强。

5.3　京津冀协同发展趋势与展望

当前，国家对京津冀地区协同发展的整体要求是：建设以首都为核心的世界级城市群，打造京津冀协同创新共同体，辐射带动环渤海地区和北方腹地发展。京津冀区域的独特基因是核心城市为首都北京，其特点是以

---

① 邻艳丽. 跨行政国土空间治理现状、困境与出路——以首都新机场临空经济区为例 [J]. 北京规划建设，2019（2）：52－58.

保障首都功能为核心的整体发展。与一般城市群区域相比，京津冀区域具有更加复杂的职能联系与不同分工。从京津冀协同发展的趋势来看，将其定位为国家首都地区而不仅是首都型城市群，构建整体性的治理体系，形成依法治理的长效机制，更有利于发挥北京首都辐射和整合区域经济的作用。

5.3.1　区域定位：从首都型城市群到国家首都地区

作为首都型城市群，京津冀区域的协同发展受首都政治功能、行政体制等因素的影响，首都城市北京在区域协同发展进程中天然居于优势和主导地位，这种政治地位上的不平等很长一段时间以来都是京津冀区域协同治理进展缓慢的重要影响因素。实施京津冀区域共属国家首都地区的区域发展战略有助于打破区域壁垒，促进区域认同，形成三地一盘棋的发展思路。

国家首都地区（national capital region）指的是拥有国家中枢机能的首都及其周边区域，一般而言，是指以首都为中心所形成的城市群或城市化区域。事实上，首都地区并非一个新名词。中国历史上，国都周围地区称为京畿，由主管京师的官员管治，承担支援和服务首都的重要职能。国际上，加拿大和印度等国都有明确的国家首都地区称谓和规划。例如在加拿大，国家首都地区是对首都渥太华和邻近加蒂诺市及其周边城市和地区一个正式的官方称谓，它不是一个独立的行政单位，包括安大略省和魁北克省各一部分区域。将津冀纳入国家首都地区是京津冀都市圈各城市尤其是首都北京发展的客观需要。京津冀特大城市，尤其是北京，在其行政辖区范围内越来越无法满足人口和经济增长所需要的水、能源、土地等生态资源。区域行政分割不仅影响了城市群整体竞争力的发挥，而且也抑制了核心城市的发展空间和质量。另外，将津冀纳入国家首都地区有助于塑造区域认同感，打造区域凝聚力。京津冀都市圈的核心城市北京是我国的首都，比一般大都市具有更加复杂和多样的职能。由于经济条件、产业基础、行政地位、思想观念等多方面因素的影响，北京与周边地区关联薄弱，城市之间缺乏合理的协作与分工，津冀城市对京津冀都市圈认同程度较低。从制度上将京津冀地区整体纳入国家首都地区，三地共同承担和分担首都职能，有助于提升津冀各城市的区域认同感。

5.3.2　治理体系：从局域协同治理到整体性治理

国内外的理论和实践证明，整体性治理理念和机制的缺失是导致区域公共事务治理中行政分割、区域地方政府间协作关系不稳定甚至协作低效的重要原因之一。跨域治理与单独行政辖区内治理的最大区别，就在于政策活动过程中对"协调"机制的强调。跨域治理行动需要各地方的配合，单一政策系统中的决策—执行过程，在跨域治理中是一个决策—协调—执行的过程。因此，区域化治理的核心问题是都市区政府间的协调机制的建设，这种协调机制可能面向空间、功能和部门等不同的维度全方位展开。在我国单一制的政治体制下，京津冀区域涉及两个直辖市和一个省，以及首都北京辖区内诸中央部委及其下属的企事业单位，没有强有力的组织领导和协调推进机制难以推动区域协同的深入发展。从京津冀区域的长远协同发展看，处理好横向地方政府之间、纵向中央政府与地方政府之间以及地方政府与非政府社会主体之间的关系，从整体上形成决策—协调—执行相互协调又相互制约的整体性治理体系十分必要。

在决策层面，可在现有京津冀协同发展领导小组的基础上，设立由国务院领导，由国家发展和改革委、住建部、自然资源部、财政部以及京津冀三省市主要领导组成的国家首都地区管理委员会。该委员会是国家首都地区最高层次的联合协调机构，以首都地区联席会议为主要工作机制，主要功能是商议首都地区省市间及部门间合作中遇到的重大问题，制定促进共同发展的区域政策和措施并最终形成政策决议。随着三地经济发展差距的缩小和政府间内生合作动力的加强，国家首都地区管理委员会的功能应做出相应调整。

在协调层面，可设立首都地区区域协调委员会。委员会是国家首都管理委员会的主要下设工作机构，由三地常务副省（市）长主导，以轮值牵头、平等协商、讲求实效、协调推进的原则，负责首都地区联席会议做出的重大决策的具体执行和协调，通过组织实施跨省市区域规划和跨部门行动计划来贯彻落实首都地区联席会议形成的政策决议。

在执行层面，可在国家首都管理委员会和首都地区区域协调委员会的领导和指导下，按政府、按专题、按部门等设立若干具体合作委员会，负责空间增长、产业转移、人口流动、基础设施、公共服务、环境治理、企业信用信息共享等综合或专项合作事务的协调与推进实施。各合作委员会根据治理事项落实的需要设立，并根据协同治理的需要进行动态调整，其主要功能是表达京津冀各方利益诉求，落实首都地区联席会议和首都地区区域协调委员会会议精神，协调两市一省政府部门之间的区域合作，指导和协助不同区域企业与社会组织跨区域的活动，形成以专题带动合作、以合作促进发展的良性模式。

在决策—协调—执行—监督层面同时设立专家咨询委员会和企业、非政府组织等多元主体的参与平台。专家咨询委员会的主要功能是组织研究人员参与对有关区域规划、合作项目等进行实地调研、分析论证，形成可行性研究报告，为各个层次联席会议、专题会议等区域发展重大问题提供决策咨询。同时，应把行业协会、咨询机构、城市企业、公民个人等多元主体纳入治理体系的视野，构建首都地区区域合作与发展的合议平台及执行体系。

5.3.3　治理手段：从行政驱动到依法治理

以行政区域为单元的地区发展方式与格局是中国经济社会发展的重要特征之一，基于国家首都地区战略的京津冀都市圈治理体系如果缺乏法制保障，将难以避免走回地方本位主义、地方保护主义的惯性路径，从而陷入不得不依赖行政权威驱动的怪圈。

尽管现行的《宪法》《地方各级人民代表大会和地方各级人民政府组织法》和《立法法》等相关法律对地方政府的法律地位、职权范围等进行了规定，但并未对地方政府间的横向府际关系和府际合作进行明确规范。制度性安排缺乏法制性约束，必然影响区域经济一体化的可持续发展，府际合作从整体上来看尚处于浅层合作的状态。当前，京津冀之间还存在法治协调机制缺失的问题，导致在府际合作中三地地方立法相互之间不协调、地方保护主义盛行、执法尺度不一等问题，严重影响了区域府际合作的实际成效。因此，加强京津冀区域合作治理的法制建设，对于促进京津冀区域的长远协同发展具有十分重要的意义。

从国内外城市群发展的经验看，京津冀都市圈合作治理的法制建设应该从以下几个方面进行保障：一是制定"国家首都地区合作法"，规定国家首都地区的范围、合作方式等。二是加强区域政府间行政协议的缔结。由于行政事务的复杂性以及交叉关联的现象逐渐增多，不同的行政机关之间、不同的区域政府间使用"行政协议"作为合作的法律框架，既可以保持依法行政，又可以解决治理过程中的履行等问题。三是明确区域政府间行政协议的履行方式。行政协议的履行可能多种多样，以法律的形式明确范围与弹性，是确保协议履行顺畅、高效的重要条件①。四是制定"区域合作争议仲裁条例"，依法处理地方政府间的合作纠纷与争端。

---

① 耿云. 新区域主义视角下的京津冀读书圈治理结构研究 [J]. 城市发展研究，2015（8）：15－20.

第6章

京津冀公共服务协同创新研究

6.1 理论基础

6.1.1 公共服务的内涵

公共服务还可以被称为公共财、公共物品或产品，因此在经济研究领域经常把物品叫作服务或者产品，学者们在使用时会不区分公共产品与服务。"公共物品"这一概念最早由瑞典经济学家林达尔提出，萨缪尔森（Paul Samuelson）于1954年首次定义了公共产品："集团中所有的成员都必须消费并且所有成员均等消费的产品。"这里所指的公共产品是纯公共产品。根据萨缪尔森的定义，当集团进行公共产品分配时，集团内所有成员所获得的单位产品的数量是相同的。萨缪尔森指出了消费公共产品时的特征：非竞争性与非排他性。非竞争性是供给总量和个体可享受的消费量相当，其可供个体消费数量不会因他人的消费和使用而减少。非排他性是除不计成本的状况外，所有人在公共产品被提供时都会包含在其消费之中。詹姆斯·布坎南（James Buchanan）于1965年修补了萨缪尔森提出的公共产品理论，提出了只具备非竞争性或者非排他性之一的一类产品，这类物品被称为准公共物品，这个理论被称为准公共物品理论①。

---

① 马慧强. 我国东北地区基本公共服务均等化研究 [D]. 辽宁师范大学，2014.

6.1.2 公共服务的相关理论

新公共管理理论、新公共服务理论与公共选择理论是公共服务领域具有重要意义的理论，各国可以在这些理论的基础上进行政府改革。

6.1.2.1 新公共管理理论

新公共管理理论的重点是聚焦政府的公共服务水平，口号是"重塑政府"，提出政府要增强自身的决策能力和公共管理能力，该理论是真正"掌舵"整个社会公共服务的体系。美国行政学家戴维·奥斯本（David Osborne）被被誉为"政府再造大师"，其著作《改造政府》提出了新公共管理理论，书中强调服务应该以顾客为导向，效率在公共服务供给中有着重要的作用和地位。该理论主要针对政府进行行政职能改革，它强调政府必须主导公共服务与管理，注重效率，将企业管理机制与市场竞争机制引入其中，公众就是顾客，崇尚利益至上，要尽可能地满足公众的利益。但是该理论也存在局限性，它忽视了政府作为公共服务提供者的服务者角色，过度强调政府政策制定与管理职能，引入市场竞争机制会造成市场调节和政府调控不协调。新公共管理理论将公民作为"顾客"的思想会导致公民参与公共服务的概率降低，公民丧失了公共服务参与和监督的权利与义务，不利于互信、互利、互惠的公共服务精神的建立，这也导致了后来"新公共服务理论"的出现①。

6.1.2.2 新公共服务理论

21 世纪初，新公共服务理论兴起，该理论关注政府治理，核心是公共利益、公民权、民主，指出政府的职能不是掌舵而是服务，重视公共服务和公民权，服务对象不是顾客是公民。该理论强调政府不仅要注重效率，更重要的是要追求公平，关注公共利益和公民利益，在宪政主义和管理主义之间找到了平衡点，其治理模式以合作组织为基础。登哈特（Janet V. Denhardt，2002）指出："公民和公共官员正在以一种互利合作的方式齐心协力地界定和处理一些共同的问题。"登哈特夫妇提出了新公共服务的七大原则：（1）服务而不是掌舵；（2）公共利益是目标而非副产品；

① 陈晓凯. 我国城镇化中的基本公共服务均等化研究［D］. 山东师范大学，2015.

（3）战略地思考，民主地行动；（4）服务于公民，而不是顾客；（5）责任并不是单一的；（6）重视人而不只是生产率；（7）超越企业家身份，重视公民权，进而重视公共服务①。

6.1.2.3　公共选择理论

作为新公共经济理论，公共选择理论与凯恩斯主义的经济理论有所不同，它将政治决策分析过程与经济学理论相结合。作为公共选择理论的创始人，詹姆斯·布坎南（1972）提出该理论是将经济学运用到政治学之中，针对政治决策选择经济学方法进行分析，政府失灵像市场失灵一样存在，詹姆斯认为政府可以弥补市场失灵的缺点。另一位公共选择理论的代表人物是丹尼斯·缪勒（Dennis C. Mueller, 1982），他认为公共选择理论是"政治领域的经济学研究"，政治经济学是在公共管理学、法学、政治学等其他学科应用经济学方法来解决问题②。

6.1.3　公共服务协同治理的相关理论

"协同治理已经成为一种提供公共产品和履行公共服务的关键制度形式。"③

协同治理是在西方国家解决公共问题和公共事务的过程中产生和发展的。协同治理的理念在美国的公共服务领域得到了广泛的应用，英国的政府、企业及民间团体在处理社会公共问题方面已经结成联盟。克里斯·安塞尔（Chris Ansell, 2008）与埃里森·盖什（Alison Gash, 2008）认为协同治理是公共机构与非政府的利益相关人员，为了对公共财产与项目进行管理或制定执行相关公共政策，参与制定共同目标的、审慎而正式的共同决策过程④。国内学者的观点也类似。燕继荣（2012）提出公共事务治理的新方向是协同治理⑤。李辉和任晓春（2010）提出协同治理可以为集体

---

① 韩兆柱，翟文康．"新公共服务"研究综述［J］．燕山大学学报（哲学社会科学版），2017，18（2）：24－34＋2.

② 夏悦瑶．新型城镇化背景下地方政府公共服务研究［D］．湖南大学，2012.

③ 邓穗欣，尼尔·马兹曼尼安，湛学勇．理性选择视角下的协同治理［M］．上海：上海人民出版社，2011：4.

④ Ansell C, Gash A. Collaborative Governance in Theory and Practice［J］. Journal of Public Administration Research & Theory, 2008, 18（4）：543－571（29）.

⑤ 燕继荣．协同治理：公共事务治理新趋向［J］．人民论坛·学术前沿，2012（17）：58－62.

行动和社会秩序创造条件，"为实现善治提供方法和途径"①。

因此，协同治理的目的是为了公共利益的实现，属于公共问题，而不是个体问题。

6.1.4 国内外研究综述

6.1.4.1 国外相关研究

国外学者在公共服务均等化方面主要有以下 3 个理论：（1）公平正义论，以罗尔斯（John B. Rawls，1971）为代表，提出在经济发展不平衡的情况下基本公共服务仍然可以让每个人享受到；（2）福利经济学，以庇古（Arthur C. Pigou，1920）为代表，提出国民收入总量和国民收入分配均等化的程度均与社会经济福利成正比关系；（3）财政分权理论，蒂伯特（Charles Tiebout，1956）提出的"用脚投票"证明了财政分权理论的合理性。

在促进公共服务均等化的过程中，不同的国家结合本国的实际情况采取相应的政策，选择适合的模式与路径来促进公共服务均等化的实现。德国的中央政府先将财政进行集中管理，然后通过促进横向纵向混合式的转移支付模式来实现均等化的目标。哈特（Hart，1997）研究发现，澳大利亚为对地区财政资金进行调整施行拨款支付方式，这对公共服务供给的均等化有重要的借鉴意义②。纳格尔（Nagel，2006）利用实证分析发现加拿大和美国通过建立横向纵向的转移支付制度和改善财政制度，使得社会保障和教育均等化发展取得了一定的成果。波恩、鲍威尔和阿什沃斯（George Boyne，Martin Powell and Reahel Ashworth，2001）等为探究英国公共服务均等化，利用权利、公共服务需求和努力程度作为标准来进行研究③。霍夫曼和古拉（Bert Hofman and Susana Cordeiro Gurra，2001）为比较各国因财力差异而造成的不同国家公共服务的供给差异，将中国与东南

---

① 李辉，任晓春. 善治视野下的协同治理研究［J］. 科学与管理，2010，30（6）：55 –58.

② Hart，Oliver，A Shleifer，and RW Vishny. The Proper Scope of Government：Theory and an Application to Prisons［J］. Quarterly Journal of Economics，1997，112（4）：1126 –1161.

③ Boyne G，Powell M，Ashworth R. Spatial equity and public services：An empirical analysis of local government finance in England［J］. Public Management Review，2001，3（1）：19 –34.

亚国家进行了对比分析①。

此外，国外学者还对中国公共服务均等化问题进行过相关的研究。沙安文等（Anwar Shah et al.，2006）通过梳理世界其他一些国家的转移支付政策，提出财政转移支付这种模式被中国地方政府过度依赖②。崔启源（Kai-yuen Tsui，2005）分析了中国不同地区之间财政能力的差异，提出使用转移支付模式来改善地区间不均等的财政能力所发挥的作用并不明显③。王和聂（Wang C J and Nie Z L，2011）提出中国政府干部官员的评价标准主要是经济增长率，对发展公共服务的关注度不够，这是造成中国公共服务不均等的原因④。

6.1.4.2 国内相关研究

（1）公共服务不均等的原因

国内在公共服务均等化领域的研究开始得较晚，很多学者对于不同地区公共服务发展差异的现状及原因进行了深入的探索与分析。江明融（2006）提出，中国长期以来重城市、轻农村的发展战略导致了城乡区域之间的发展水平存在差异，这是导致区域、城乡间公共服务不均等的主要原因，因此政府部门需要合理分配财政资金，促进城乡协调发展⑤。郭小聪和刘述良（2010）认为造成这一问题的主要是国内的公共财政制度有待完善⑥。张开云等（2011）认为主要是由于中国的公共服务制度不够均衡，要想推进公共服务均等化进程，必须正确匹配政府之间的财权与事权关系，建立转移支付制度，增大在公共财政领域的资金投入⑦；同时张开

---

① Bert Hofman, Susana Cordeiro Gurra. Fiscal Disparities in East Asia: How Large and Do They Matter [ER/OL]. http://siteresourcesl worldbanklorg/INTEAPEDECEN/Resources/Chapter-4. pdf, 2005.

② 沙安文，乔宝云. 政府间财政关系：国际经验述评 [M]. 北京：人民出版社，2006.

③ Kai-yuen Tsui. Local Tax System, Intergovernmental Transfers and China's Local Fiscal Disparities [J]. Journal of Comparative Economics, 2005（33）：173–196.

④ Wang C J, Nie Z L. Study on the Equalization of Basic Public Services in China [C]//International Conference on Management and Service Science. IEEE, 2011：1–5.

⑤ 江明融. 公共服务均等化论略 [J]. 中南财经政法大学学报，2006（3）：43–47.

⑥ 郭小聪，刘述良. 中国基本公共服务均等化：困境与出路 [J]. 中山大学学报（社会科学版），2010，50（5）：150–158.

⑦ 张开云，张兴杰. 公共服务均等化：制度障碍与发展理路 [J]. 浙江社会科学，2011（6）：26–32＋155–156.

云等（2010）提出，由于区域经济发展水平存在差异，城乡发展水平差距较大，因此导致了不同阶层之间公共服务的供给水平不同，这将影响中国社会的稳定与发展①。

（2）公共服务均等化的路径

在探索实现公共服务均等化的路径方面，国内学者主要从政府公共服务供给、转移支付制度和相关制度建立方面进行了研究。

在公共服务供给方面，郁建兴等（2009）提出供给机制问题在政府部门中广泛存在，针对这一问题涉及供给的"复合模型"在供给者间实现"两次分工"，此种模型可以分别使社会机制、市场机制、行政机制的优势得到发挥，三者实现有机的结合②。吴帅（2013）为重新建立公共服务供给体系设计了弹性的"多层治理"的公共服务职责划分新模式，新供给体系的建立有利于各级政府部门与各类组织提供更好的公共服务③。曹海青等（2016）在研究中提出在政府购买公共服务之时，通过建立公共监督机制以更好地对供应商实行监督和评估权利④。白秀银和祝小宁（2016）建立了新的公共服务网络机制，该机制通过将资源的零散配置状态加以改变，从而将政府不同层级之间的各种限制打破，同时解决了职能边界问题，此机制以需求为导向，政府将供给广覆盖、精细化的公共服务⑤。

在转移支付制度的完善方面，安体富（2007）提出要不断完善财政制度，完善转移支付制度是横向与纵向转移相结合，将税收返还逐步取消并将其纳入一般转移支付体系⑥。石光（2011）通过对德国、澳大利亚、

① 张开云，张兴杰，李倩. 地方政府公共服务供给能力：影响因素与实现路径 [J]. 中国行政管理，2010（1）：92-95.

② 郁建兴，吴玉霞. 公共服务供给机制创新：一个新的分析框架 [J]. 学术月刊，2009，41（12）：12-18.

③ 吴帅. 分权、代理与多层治理：公共服务职责划分的反思与重构 [J]. 经济社会体制比较，2013（2）：122-130.

④ 曹海青，苏丽亚. 公共服务购买与政府监督职责落实 [J]. 人民论坛，2016（2）：65-67.

⑤ 白秀银，祝小宁. 公共服务供给的网格机制及其效能研究 [J]. 求索，2016（1）：41-45.

⑥ 安体富. 完善公共财政制度 逐步实现公共服务均等化 [J]. 财经问题研究，2007（7）：3-8.

加拿大的转移支付制度进行详细的探究，提出为促进中国公共服务均等化发展，中国的财政体制需要进一步改革与深化，建立财政转移支付体系[①]。周琛影（2013）提出为提升地区的公共服务水平，可以对财政转移支付的结构体系和区域分布进行优化，同时建立健全财政转移支付体系[②]。崔松虎等重点对中国公共服务财政机制的非均等问题进行了研究，提出要对现行的转移支付制度进行完善，对财政支出结构进行优化与合理安排，对与各级政府部门相匹配的财权与事权进行合理划分[③]。

在相关制度的建立方面，张开云等（2011）提出在法律与制度保障的基础上，为促进公共服务均等化发展，需要整合社会、市场、政府这三者之间的力量[④]。郭小聪等通过研究发现，目前中国公众对于公共服务的需求与政府供给之间存在结构性失衡的问题，因此政府要解决公共服务不均等问题，需要通过调整公共服务支出来进行结构性调整[⑤]。徐水源（2016）研究了德国推进公共服务均等化进程的经验，发现当城镇化率为50%左右时，是一国建立和完善公共服务相关制度的关键点，当前正处于关键点的中国应着力构建政府主导、福利共享、覆盖范围广、分工明确的公共服务均等化体系[⑥]。

（3）京津冀基本公共服务的研究

陈志国（2015）从教育、社保、社会服务、医疗卫生、就业、基础设施、文化体育等方面出发，使用 2010～2013 年的数据对京津冀的发展水平差异进行了详细的对比分析，通过项目打分与指标整合，得出京津冀

① 石光. 促进基本公共服务均等化的财政转移支付制度研究 [J]. 特区经济, 2011 (5): 150 – 152.

② 周琛影. 公共服务均等化的财政转移支付效应评估——以上海为例 [J]. 经济体制改革, 2013 (4): 43 – 47.

③ 崔松虎, 金福子. 公共服务均等化视角下财政支出分担机制设计 [J]. 学术界, 2016 (1): 229 – 236.

④ 张开云, 张兴杰. 公共服务均等化: 制度障碍与发展理路 [J]. 浙江社会科学, 2011 (6): 26 – 32 + 155 – 156.

⑤ 郭小聪, 代凯. 供需结构失衡: 基本公共服务均等化进程中的突出问题 [J]. 中山大学学报 (社会科学版), 2012, 52 (4): 140 – 147.

⑥ 徐水源. 德国城镇化进程中加强公共服务均等化制度建设与启示 [J]. 人口与计划生育, 2016 (2): 19 – 21.

的综合评价得分，河北为 - 4. 92、天津为 - 2. 13、北京为 7. 05①。王延杰
等（2016）总结了京津冀基本公共服务发展水平的差异，提出京津冀公
共服务发展差异巨大的主要原因是人力、物力、财力的失衡配置及财税体
制调控能力，同时给出了促进均等化发展的建议②。陈丽莎等（2016）从
三地的供求关系出发，提出影响京津冀公共服务供给关系的主要因素是三
地发展中给予河北的利益让渡、协同发展可以达到的广度与深度、市场机
制是否有充足的作用空间以及财政支持能力的强弱，以此为基础，提出构
建京津冀公共服务的供给与需求关系的思路③。周京奎等（2017）探究了
阻碍京津冀公共服务发展的因素，从 6 大方面选取 16 个指标建立了指标
体系，测度了三地 13 个城市的公共服务发展水平，设计了推动三地公共
服务一体化的机制④。姜溪等（2017）选取了人均 GDP、可支配收入、财
政收入及公共服务有关指标对京津冀地区公共服务均等化水平进行分析，
发现三地的均等化差异正在不断扩大⑤。

6.2　协同发展历程与成就

6.2.1　公共服务协同发展的历程与成就

6.2.1.1　国家主导阶段（1949～1978 年）

从 1949 年新中国成立到 1978 年改革开放初期，我国实行的是高度
集中的计划经济体制。这一时期中央和京津冀政府作为提供基本公共服
务的主体，总体上遵循了均衡发展的战略思想，极大地改善和提高了广

①　陈志国. 京津冀基本公共服务发展比较研究［M］. 北京：人民出版社，2015.12.
②　王延杰，冉希. 京津冀基本公共服务差距、成因及对策［J］. 河北大学学报（哲学社会
科学版），2016（4）：83 - 90.
③　陈丽莎，孙伊凡. 构建京津冀协同发展中有效衔接的公共服务供求关系［J］. 河北大学
学报（哲学社会科学版），2016（4）：101 - 105.
④　周京奎，白极星. 京津冀公共服务一体化机制设计框架［J］. 河北学刊，2017（1）：
130 - 135.
⑤　姜溪，刘瑛莹. 京津冀公共服务均等化研究［J］. 商业经济研究，2017（3）：211 - 213.

大人民的生存条件与生活水平，基本实现了公共服务的低水平广泛覆盖。

1949 年 9 月通过的《共同纲领》将提供公共服务的重心落在了医疗和教育等领域。在医疗领域，要"推广医疗卫生事业，注重婴儿、母亲及儿童的健康"。在教育领域，要"有步骤有计划地进行普及教育的推行、中高等教育的加强、技术教育的重视，以及业余和在职干部教育的强化"，纲领将重点落实在基础教育，特别是小学教育，尽管"文革"期间教育受到严重冲击，但基础教育仍得到了重视。这种高度统一集中的财政体制，几乎实现了基本公共服务需要的所有经费的覆盖，几乎决定了所有的基本公共服务的提供。[1]

我国包括京津冀在内的基本公共服务的提供，以"单位"为依托实施全民覆盖。城镇居民身份为公有制制度下的单位职工，农民身份为集体所有制制度下的人民公社成员。公费医疗制度于 1952 年建立，覆盖了京津冀区域内的所有城镇职工及其家属。农村的合作医疗制度于 1976 年建立，涵盖了全国范围内 85% 的农村居民。

1951 年起，我国的企事业单位和政府机关开始推行退休制度。此时，《中华人民共和国劳动保险条例》正式颁布，对监督和执行机构、保险项目标准、保险费的征集和管理、保险实施范围都进行了明确的规定，但此时的养老保险只限于超过百人规模的国企。该条例要求事业单位的职工养老保险统一经由财政支付并由人事部和财政部进行协同管理，企业的职工养老保险则由企业承担、交给全国总工会管理。由于符合退休要求的职工数量较少，缴费率只有 3%，养老金的工资替代率只有 50% ~ 70%。之后政府修改和补充了该条例，进行了实施范围的扩充。这样的社会保障制度保留到了 60 年代，直到受到"文化大革命"剧烈干扰和破坏。直至 20 世纪 70 年代末，社会保障制度才开始得以重建、恢复[2]。

此外，从全国范围来看，1949 ~ 1978 年，我国普通小学由 34.7 万所

---

[1] 杨光，李宏. 我国基本公共服务供给制度的变迁与发展 [J]. 中国财政，2014 (21)：70 – 71.

[2] 穆光宗，苗景锐. 中国社会保障制度的回顾与展望 [J]. 人口学刊，2002 (1)：30 – 38.

增加到 91.7 万所，入学人数从 2400 多万人增加到 14600 万人；同时新生儿死亡率大幅下降，人口预期寿命由原先的 35 岁增加到 67.8 岁。全国计划经济体制下整体公共服务水平明显提升。

从新中国成立到改革开放期间，京津冀三地之间的公共服务方面的合作主要受行政分隔状态的主导，京津冀的行政区划发生了较大程度的变化。1958 年 3 月，河北省的房山、顺义、大兴、良乡、通县和通州市被划归北京市。同年 10 月，北京又将河北省的延庆、怀柔、平谷、密云纳入管辖范围内。1967 年，河北省的省会城市天津恢复为直辖市，石家庄在第二年成为河北省新的省会。在行政区划发生变化的过程中，这些地区的公共服务的供给主体也随之发生更换。

6.2.1.2 竞争走向合作阶段（1979～2003 年）

自 1978 年改革开放以来，尤其是自 1994 年分税制改革以来，对中央和地方政府的财权和事权重新进行合理划分以后，京津冀的基本公共服务供给经历了从竞争走向合作的过程。改革开放初期，告别计划经济体制下高度集中统一的财政管理体制，京津冀各自成为地区发展的主体，地区间关系更多地表现为竞争。随后从区域经济发展的目标出发，为了克服区域竞争的弊端，开始走区域合作的道路。

直至 2000 年，京津冀才开始在基本公共服务领域展开合作，基础设施的合作标志着区域合作进入高级阶段。2000 年，京津机场首次实现中国民航的跨领域联合。2001 年由清华大学人居环境研究中心发布的《京津冀北（大北京地区）城乡空间发展规划研究》提出，打造综合交通运输体系，以京津为两大枢纽点，实现"双中心网络式"的区域交通运输网，加快城际快速通道网络建设，促进京津冀城市交通体系建设，优化城市布局。2002 年，京津港口初次直通，港口功能实现初步一体化①。

6.2.1.3 合作深入阶段（2004～2013 年）

2004 年，京津冀三省就推进区域合作和发展达成了"廊坊共识"，在

---

① 孙久文. 京津冀协同发展 70 年的回顾与展望 [J]. 区域经济评论，2019（4）：25－31.

公共服务方面，提出统筹京津冀基础设施的协调发展；联合开展公共交通建设，打造现代化区域交通体系。"廊坊共识"的提出标志着京津冀公共服务协同发展的深化。2006 年京冀签署了《北京市人民政府、河北省人民政府关于加强经济和社会发展合作备忘录》，规划在交通基础设施、旅游等 9 个领域进行合作。在交通方面，一改以往仅仅聚焦于局部某个区段或交通线路对接的方式，取而代之的是协调构建京冀两地的交通网络，对于道路建设的关注程度详细至具体的公路名称，同时对于建成通车时间有了限制，2006 年京承高速密云至京承界段开工，于 2009 年 9 月通车；京冀进行跨区域公路的对接工作，对十大路、徐尹路、采廊路、密兴路、北山路、通香路等一般道路提级改造，京冀之间交通网络的构建与衔接必将促进整个京津冀区域交通建设进入新的发展阶段。2008 年，京津城际列车顺利开通，为京津同城化及京津区域合作迈向新领域创造了有利条件。北京于 2009 年提出与津、冀的区域联系应进一步加强，加快在交通等领域的合作。2011 年，"首都经济圈""京津冀一体化"的概念被纳入"十二五"规划，公共服务的一体化将在国家层面得到推动①。

　　2004~2013 年是京津冀的公共服务均等化理念从酝酿到落实的实践摸索期，合作领域主要落足在交通领域，在其他公共服务领域的合作仍比较薄弱。从 2004 年"廊坊共识"的提出，到 2014 年上升为国家战略，在此期间京津冀的公共服务非均等化现象进一步扩大，到了亟须解决的地步。

　　一是京津冀文化服务合作尚未全面展开，公共文化发展极不均衡。从 2013 年的公共文化服务资源的相关指标看，北京的文化资源指标十分突出，而河北的相应指标过低，除每百万人艺术团体机构的数量略高于全国平均水平外，其余指标均低于全国水平，更不及京津（见表 6 - 1）。三地的公共文化事业中的传媒业、传统文化业、新媒体业等行业均发展差距较大。区域内的文化意识融合和文化服务的合作层面存在较高的壁垒。

---

① 姚鹏. 京津冀区域发展历程、成效及协同路径 [J]. 社会科学辑刊，2019（2）：127 - 138.

2009～2013 年，文化产业在京津冀投资的企业主要集中在京津，投资主要集中在北京，区域在文化的业态融合、文化创新与交流等方面尚未展开广泛合作。①

表 6 - 1　　　　　　　　2013 年京津冀公共文化服务的相应指标对比

指标	北京	天津	河北	全国
每人拥有公共图书馆藏量（册）	0.98	1.00	0.26	0.55
每百万人艺术机构团体数（个）	13.81	3.94	6.82	6.01
互联网普及率（%）	75	61	47	46

资料来源：国家统计局。

二是京津冀初步展开教育合作，公共教育资源存在结构性失衡。京津冀基础教育服务的主要差距为人均财政教育经费的支出，如表 6 - 2 所示。2011 年，京津的人均财政教育经费超过 3000 元，河北仅 1167 元，且低于全国平均水平，财力差距明显。京津冀的基础教育生师比差距较小，除河北的小学生师比略高于全国水平外，其他指标均比全国水平高（见表 6 - 2）。

表 6 - 2　　　　　　　　2013 年京津冀基础教育服务的相应指标对比

指标	北京	天津	河北	全国
小学生师比	14.36	14.42	17.13	16.76
初中生师比	9.75	10.04	12.67	12.76
普通高中生师比	9	11.24	13.28	14.95
人均财政教育经费（元）	3652	3052	1167	1772

资料来源：国家统计局，其中人均财政教育经费为 2011 年的数据。

---

① 周婧楠. 京津冀区域基本公共服务一体化进程评价及对策建议［C］. 中国城市规划学会，沈阳市人民政府. 规划 60 年：成就与挑战——2016 中国城市规划年会论文集（13 区域规划与城市经济）. 中国城市规划学会，沈阳市人民政府：中国城市规划学会，2016：510 - 526.

京津冀的高等教育资源分布差异十分明显。北京的高层次教育资源遥遥领先,在校研究生的数量及"211"高校数量远多于津冀(见表6-3)。但目前,京津冀的教育服务领域的合作初步展开,2009~2013年教育行业的投资金额出现较大的空间跨越,津冀的增强和集聚效应明显。

表 6 - 3　　　　2013年京津冀高等教育服务的相应指标对比

指标	北京	天津	河北	全国
高等学校生师比	15.58	17.29	17.54	17.53
在校研究生数（万人）*	27.4	5.06	3.78	—
211高校数量（个）	26	3	3	—

注:在校研究生数取2014年的数据。
资料来源:国家统计局。

三是公共医疗资源合作的需求迫切但进展缓慢,空间配置差异仍然较大。2013年数据显示,相比京津的医疗资源供给水平,河北省的三级医院、执业医师等优质医疗资源数量较少(见表6-4)。并且,公共医疗服务资源的过度聚集,会导致京津吸引过量的区域内医疗服务需求。2009~2013年间,医疗卫生企业的投资开始由京津转移向河北的沿海城市,沧州、唐山等地一定数量的医疗卫生企业开始集聚。但目前来看,河北的投资规模与京津仍有很大差距。

表 6 - 4　　　　2013年京津冀公共医疗服务的相应指标对比

指标	北京	天津	河北	全国
每万人拥有卫生技术人员数（人）	154.6	80.5	44.4	52.7
每万人拥有执业（助理）医师数（人）	58.5	31.8	20	20.4
每万人拥有注册护士数（人）	63.6	29.5	14.9	20.4
每万人拥有医疗卫生机构床位数（张）	49.2	39.2	41.4	45.5

资料来源:国家统计局。

四是京津冀的社会保障服务尚未有效衔接,社会福利水平不均衡程度明显。京津冀的社会福利资源配置以政府为主导，明显受到地方经济水平的影响。如表 6 – 5 所示，河北的收养性单位床位数目远低于京津，京津冀各类参保人数差异过大，社会保障体系难以流转。同样，区域内难以建立统一的养老、医疗、失业等社会保险的结算平台。

表 6 – 5　　　　　　　　2013 年京津冀社会福利的相应指标对比

指标	北京	天津	河北	全国
城镇在岗职工基本养老保险参保人数占比	51. 60	23. 93	11. 72	17. 77
失业保险参保人数占比	48. 47	18. 93	6. 89	12. 06
职工基本医疗保险参保人数占比	64. 06	33. 49	12. 63	20. 17
每万人收养性单位床位数（张）	37. 44	35. 85	25. 02	——
城镇居民最低生活保障标准（元）	580	600	450	——

资料来源：国家统计局。

目前，河北省主要在石家庄集中了相应的社会保障和建设项目的投资，其余大部分城区的社会服务水平仍处于人均地方财政专项投资数十元、全社会投资数百元的低下水平，与京津差距悬殊。由于社会福利行业的市场性最弱，京津冀区域内的投资企业数量少，行业投资转移程度不高。2009 ~ 2013 年，公共社会福利企业仅数家，皆位于北京。①

6. 2. 1. 4　协同发展阶段（2014 年至今）

（1）京津冀协同发展成效显著

习近平同志于 2013 年提出推动京津冀的协同发展。2014 年，京津冀协同发展被划为国家战略重点支持项目。2015 年 4 月 30 日，中共中央政治局召开会议，审议通过了《京津冀协同发展规划纲要》，纲要指出，将北京部分教育、医疗、培训机构等社会公共服务功能疏解，这对于缓解北京压力、提升河北公共服务质量将产生深远影响。《京津冀协同发展规划

①　周婧楠. 京津冀区域基本公共服务一体化进程评价及对策建议 ［C］. 中国城市规划学会，沈阳市人民政府. 规划 60 年：成就与挑战——2016 中国城市规划年会论文集（13 区域规划与城市经济）. 中国城市规划学会，沈阳市人民政府：中国城市规划学会，2016：510 – 526.

纲要》提出了发展目标，按照国家制定的"路线图"和"时间表"，三地创造性地开展工作，在公共服务协同发展方面成效显著。[①]

一是疏控并举，部分基本公共服务功能疏解扎实有序推进。部分学校、医院疏解稳步推进。北京城市副中心作为疏解非首都功能的一项标志性工程，行政办公区域工程施工加快，配套设施同步推进，人民医院、安贞医院、人大附中等落户加速。从北京23个市级部门中抽调115名干部组成"工作专班"，进驻通州，合力建设副中心的态势大好。

二是统筹共进，交通领域率先实现突破。三地加快构建一体化的交通网络。通过最新的卫星遥感地图可以观察到：京秦、京台高速等多处"断头路"逐渐打通，356条河北公交线路实现与京津线路的联通。京津冀的交通一卡通制度涵盖全域近1000条的公交线路，全方位覆盖城市轨道交通，京津城际的月票制使区域内百姓的出行更加便利。

三是共建共享，公共服务均衡化水平稳步提升。三地不断深化教育层面的合作，到2017年，北京与津冀各地方签署的教育合作协议达21个，合作项目实施超过30个。京津冀的人口受教育程度逐渐提高，北京的大专及以上学历人口占常住人口（6岁及以上）的比重由2010年的32.8%上升到2017年的37.3%，天津由18.2%上升至26.7%，河北由7.9%上升至10%[②]。

从京津冀三地基础教育服务主要指标来看（见表6-6），2017年京津冀的人均财政教育经费差距仍比较明显，河北省的财力和教育供给水平仍远低于京津水平，甚至低于全国平均水平。从基础教育生师比指标来看，河北省的小学、初中、高中生师比皆高于全国，北京、天津的比例较低。对比2013年，河北省的基础教育水平和京津进一步拉开差距。但相比2013年，北京和天津的高等教育生师比增大，河北省的高等教育生师比近年来明显降低，河北省高等教育压力有所缓解（见表6-5）。

---

①② 京津冀三地党刊联合课题组. 京津冀协同发展的工作成果与未来展望［J］. 前线，2017（9）：56-61.

表 6 - 6　　　2013 年和 2017 年京津冀基础教育服务的相应指标对比

指标	2013 年				2017 年			
	北京	天津	河北	全国	北京	天津	河北	全国
小学生师比	14.36	14.42	17.13	16.76	13.58	15.06	17.42	16.98
初中生师比	9.75	10.04	12.67	12.76	7.73	9.76	13.87	12.52
普通高中生师比	9	11.24	13.28	14.95	7.64	9.91	13.68	13.39
高等学校生师比	15.58	17.29	17.54	17.53	17.13	18.24	17.11	17.52
人均财政教育经费（元）*	3652	3052	1167	1772	4515	3057	1437	1934

资料来源：国家统计局（人均财政教育经费取 2011 年和 2016 年的数据）。

　　卫生医疗方面的协作成效明显，以往习惯于去北京看病的河北人逐渐减少，北京经验丰富的医生会到河北各地进行坐诊，这也避免了以前去北京看病的挂号难问题。2017 年，燕达医院实现了与北京医保结算系统的互联互通，这为住在河北燕郊的 30 多万北京参保人提供了便利，他们可以在燕达医院直接用社保卡进行医疗费用结算。京津冀协同发展上升为国家战略后的 3 年中，132 家京津冀的医疗机构互认 27 个临床项目检验结果，累计派出 1000 多位北京医生参与京津冀医疗合作项目，接待患者达 7 万余人。2013～2016 年，河北患者在北京二级以上医疗机构出院患者占比由 9.1% 降至 7.5%[①]。北京市每万人医疗机构床位数由 2013 年的 49.2 张上涨至 2017 年的 55.6 张，天津由 39.2 张上涨至 43.9 张，河北由 41.4 张上涨为 52.5 张（见表 6 - 7）。虽然北京的每万人拥有卫生技术人员数是其他两地的两倍左右，但医疗项目的诸多合作有利于北京优秀医疗资源对河北天津的支持。

　　京津冀文化共建的进程加快，2013～2017 年，北京的公共文化服务的各项指标领先津冀，河北的互联网普及率增长较快，和京津差距减小，但每人拥有图书馆藏量、每百万人艺术机构团体数增长缓慢，进一步和北京拉开差距，且低于全国平均水平。天津的艺术机构团体数也明显不足，如表 6 - 8 所示。

---

　　① 京津冀三地党刊联合课题组. 京津冀协同发展的工作成果与未来展望［J］. 前线，2017（9）：56 - 61.

表 6 - 7　　　　2013 年和 2017 年京津冀公共医疗服务的相应指标对比

指标	2013 年				2017 年			
	北京	天津	河北	全国	北京	天津	河北	全国
每万人拥有卫生技术人员数（人）	154.6	80.5	44.4	52.7	113.3	64.8	56.6	64.7
每万人拥有执业（助理）医师数（人）	58.5	31.8	20	20.4	43.5	26.4	25.5	24.4
每万人拥有注册护士数（人）	63.6	29.5	14.9	20.4	47.7	24.5	21.1	27.4
每万人拥有医疗卫生机构床位数（张）	49.2	39.2	41.4	45.5	55.6	43.9	52.5	57.2

资料来源：国家统计局。

表 6 - 8　　　　2013 年和 2017 年京津冀公共文化服务的相应指标对比

指标	2013 年				2017 年			
	北京	天津	河北	全国	北京	天津	河北	全国
每人拥有公共图书馆藏量（册）	0.98	1.00	0.26	0.55	1.27	1.07	0.34	0.70
每百万人艺术机构团体数（个）	13.81	3.94	6.82	6.01	20.78	6.62	9.77	11.32
互联网普及率（%）	75	61	47	46	78	65	54	53

资料来源：国家统计局。

　　社会的治理协作更为密切，京津冀社会保险关系转移的共商机制顺利建立。跨地区的劳动保障监察机制也成功建立，实现了劳动监察事件的"一点投诉、联动处理"，并签订了《京津冀民政事业协同发展合作框架协议》①。从 2013 年和 2017 年京津冀三地社会保障主要指标对比来看（见表 6 - 9），北京各类保险参保人数占全市常住总人口的比重始终明显高于津冀水平。近年来，河北、天津的每千名老年人口养老床位有所减少。北京、天津的城镇居民最低生活保障标准大幅上升，河北仍处于较低水平。京津冀社会保障服务水平差异仍较大。

---

　　① 京津冀三地党刊联合课题组. 京津冀协同发展的工作成果与未来展望 [J]. 前线, 2017 (9)：56 - 61.

表 6 – 9　　2013 年和 2017 年京津冀社会保障服务的相应指标对比

指标	2013 年				2017 年			
	北京	天津	河北	全国	北京	天津	河北	全国
城镇在岗职工基本养老保险参保人数占比（%）	51.60	23.93	11.72	17.77	60.87	28.34	14.66	21.05
失业保险参保人数占比（%）	48.47	18.93	6.89	12.06	53.94	19.99	7.04	13.51
职工基本医疗保险参保人数占比（%）	64.06	33.49	12.63	20.17	72.29	35.59	13.12	21.81
每千名老年人口养老床位数（张）	39.25	24.55	36.77	24.39	39.58	22.44	32.64	30.92
城镇居民最低生活保障标准（元）	580	600	450	—	900	860	610	—

资料来源：国家统计局。

（2）雄安新区承接优质公共服务

2017 年 4 月 1 日，中共中央、国务院决定设立雄安新区，雄安新区的设立被称为"千年大计、国家大事"，也是疏解非首都职能的重要途径。高层次人才和高端产业的引进离不开优质的公共服务，而雄安新区公共服务发展最快的路径就是引入承接京津教育、医疗卫生等方面的资源，这不仅促进了雄安新区公共服务的发展，同时也缓解了北京在教育医疗等方面过于拥挤的压力。《河北雄安新区规划发展纲要》指出：在教育方面，引进京津基础教育的办学模式，建立一批高水平的中小学校，同时吸引"双一流"高校在雄安建立新校区，加强与京津的优质高等教育资源的交流与合作。在医疗卫生方面，注重引进京津的优质医疗资源，建设国际一流、国内领先的区域卫生应急体系和专科医院。雄安新区的建立将成为京津冀公共服务均等化发展早日实现的加速剂。

2019 年 1 月，河北省委、省政府出台的《关于深化科技改革创新推动高质量发展的意见》提出，要以新机制新模式创建雄安大学。截至2019 年 6 月，已经形成筹建雄安大学的工作方案。

截至 2019 年 8 月 20 日，京津机构与新区 48 家县乡级医疗机构和 55

所学校建立了对口帮扶关系；由北京对口帮扶的 4 所学校雄安校区已经正式挂牌（北京市第八十中学、北京市朝阳区实验小学、北京市海淀区中关村第三小学、北京市六一幼儿园分别与安新二中、容城小学、雄县第二小学、雄县幼儿园开展教育援助办学）；加快推进了北京援建的史家胡同小学、北海幼儿园、北京四中和宣武医院（简称"三校一院"）的建设；京雄铁路河北段完成路基工程地基处理，累计完成土石方填筑 40%，桥梁工程 73%，隧道工程 87%，施工总投资额为 94 亿元。

6.2.2 协同发展面临的挑战

6.2.2.1 协调机制不健全

区域壁垒、部门壁垒、制度壁垒的存在严重阻碍了区域间基本公共服务的协调有序推进。三地间缺乏强有力的协调机构，京津冀仍是三地各自为政、谋求自身利益发展的局面，不利于基本公共服务差距的缩小。国务院虽然成立了京津冀协同发展领导小组，但常态化的区域高层合作对话机制也未能建立，区域内协调机制仍不健全①。而且，京津冀在基本公共服务领域制定的法律法规和适用标准等差距较大，相互错位。利用机制去进行合理对接和协调本身也是一种挑战。

6.2.2.2 财政能力不均等

财政能力不均等是京津冀基本公共服务不均等发展的根本原因。京津财政实力较强，在税收竞争和财政支出竞争方面占据优势，运用减免税、财政返还等优惠政策吸引税收资源和其他要素流入京津，进一步增加了地方财政实力，并利用财政资金进行基本公共服务建设，拉大了地区间基本公共服务水平差距。想要实现京津冀基本公共服务平等，就需要消除京津冀之间的财政能力不均等现象，这对于京津冀公共服务的协同发展来说也是一项挑战。

6.2.2.3 规划制定落实难

京津冀尚未制定"基本公共服务中长期发展规划"，在基本公共服务

---

① 王宁. 京津冀基本公共服务均等化：问题与对策 [J]. 商，2015（28）：62–64.

方面，缺乏明确的发展目标和合作手段。京津冀的基本公共服务发展规划不仅要合理制定，更要积极落到实处。如何科学合理地协调三地利益展开深入合作，规划落实，切实保障京津冀基本公共服务的发展差距的缩小，这也是一项重大挑战。

6.2.3 协同发展面临的机遇

6.2.3.1 国家战略层面引导京津冀协同发展

京津冀的公共服务协同发展是国家战略支持中的重要一环，近几年成功推动了京津冀基本公共服务领域合作的加强，成果颇丰。国家层面的大力推动和支持，有利于京津冀区域内公共服务资源的合理流动，也有利于三个利益主体顺利展开合作。

6.2.3.2 雄安新区和京津冀城市群的建设

雄安新区这一"千年大计"，将在基本公共服务领域推行创新性改革，在关键的环节和领域进行先行先试，为将来京津冀基本公共服务均等化的全面实现起到示范作用。雄安新区这一"千年大计"本身的地位和将来的战略发展有助于优质京津公共服务资源的输送，能有效减少河北与京津公共服务水平的历史差距。

京津冀的城市群建设为合理布局公共服务资源提供了空间基础。京津冀致力于打造以北京为核心的世界级水准的城市群，伴随着北京市城市副中心、雄安新区等地区的开发建设，京津冀世界级城市群的建设也在稳步推进。将来该地区的基本公共服务资源的空间布局能得到进一步优化，城乡差异、区域差异及群体差异将有效缩小。

6.2.3.3 河北经济转型提供协同的动力基础

河北经济转型提供了京津冀地区的公共服务均等化发展的动力基础。伴随着全面推进转型发展，河北在产业水平、城市化、产业结构、财政收入等方面将有明显变化，基本公共服务领域的投入将进一步加强，健康旅游、健康医疗、健康养老等产业将得到较快发展，将不断涌现新的业态，进一步缩小河北与京津的基本公共服务差距。

6.3 趋势与展望

6.3.1 协同发展的前景展望

《京津冀协同发展规划纲要》在公共服务协同发展方面提出的总体目标是：近期到 2017 年，京津冀公共服务领域规划与政策统筹衔接，在教育、文化、医疗等领域进行改革试点，从而逐步推广。中期到 2020 年，明显缩小河北与京津间公共服务水平差距，明显提高区域基本公共服务均等化水平，初步形成公共服务的共建共享机制。远期到 2030 年，基本形成京津冀区域一体化的格局，实现公共服务水平的均衡。①

6.3.2 推进京津冀公共服务协同发展的政策创新

6.3.2.1 总体思路

一是贵在落实，重在协调。有序整合区域之间及区域内部的社会经济资源。抓紧落实达成对接意向的领域。设计对接的时间表，制定对接的评价机制。

二是以点带面，重点突破。抓住关键的环节和领域来推进京津冀的基本公共服务均等化，集中精力，以点带面，重点突破，强化重点领域和地区的积极带动作用。

三是优化布局，先行先试。推动教育、养老、医疗等领域的先行先试。加大对特色城镇的建设，加大对环首都的部分贫困地区及贫困县的支持，优化区域内基本公共服务的空间发展布局。

四是创新服务，深化改革。优化服务改革，深化简政放权。划清政府与市场的界限，加强政府的基本公共服务职责，极力发挥市场机制的作

---

① 孙久文. 京津冀协同发展的目标、任务与实施路径 [J]. 经济社会体制比较，2016（3）：5-9.

用，支持各类主体积极参与提供公共服务，扩大供给的合力。①

6.3.2.2 主要措施

（1）加强顶层设计，促进公共服务制度对接

积极实现京津冀区域内基本公共服务框架、内容和实施步骤的相互对接，减少制度障碍，建立共享的公共服务网络系统，促进各基本公共服务资源要素的自由流动，建立和完善基本公共服务一体化的协同管理机制。

合理划分中央与地方的事务范围，适当加强中央事权及对应的财政支出的责任，将司法体系、食品药品安全、基础养老金等跨地区的管理事务划入中央事权范围。并且，积极完善中央对京津冀地方政府的财力调节与收入划分的体制，加强中央对地方财政的"抽肥补瘦"的调控能力，促进京津冀地区的财政转移支付。

创设京津冀区域的协同发展基金，由中央和京津冀合力出资，主要用于京津冀的交通设施一体化、公共医疗、公共教育等区域服务合作体系的投资建设，解决各地财力不均衡的问题，推进京津冀区域内的基本公共服务均等化建设②。

（2）重点突破，优化区域优质公共服务资源布局

首先，按照"微中心"、集中承载地的布局模式，积极引导优质的公共服务资源向外疏解。主要沿着京津、京唐秦、京保石等主要的发展轴线和拟建的微中心及集中承载地，按一定的规模配置文化、教育、医疗等公共服务的设施，塑造类似北京公共服务水平的配置环境，从而配合北京的人口和非首都功能顺利向外疏解。

其次，加强冀中南区域的公共服务设施的配置，提高当地新增城镇人口的公共服务水平。冀中南区域包括衡水、邢台、石家庄、邯郸和沧州、保定的部分区域，该区域人口规模达到 5000 万，但城镇化水平较低，预计未来随新型城镇化战略的推进，大量当地人口将逐步转成城镇人口。所

---

① 河北省发展和改革委员会宏观经济研究所课题组，陈志国. 促进京津冀基本公共服务均等化研究［J］. 经济研究参考，2018（15）：55-64.

② 王延杰，冉希. 京津冀基本公共服务差距、成因及对策［J］. 河北大学学报（哲学社会科学版），2016，41（4）：83-90.

以，地区内优质的公共服务资源的向外疏解应强化与该地区的对接，引导产业、人口和公共服务的协同发展。

（3）先行先试，推动基本公共服务重点领域合作

在交通一体化领域，构建将轨道交通作为骨干的全覆盖、网格状、多节点的交通网。主要在于建设密集高效的交通轨道网络，完善通畅便捷的公路交通网络，打通国家高速公路的"断头路"，整体消除跨区域的国省干线的"瓶颈路段"，加快现代化津冀港口群的构造、国际一流航空枢纽的建设及北京新机场的建设，着力发展以公共交通为优先的城市交通系统，提升交通体系的智能化管理水平，提高区域交通一体化的运输服务水平，发展绿色安全的可持续交通网络。

在公共教育领域，统筹教育事业发展。通过联合办学、设立分校、创办网络教育平台共享优质教育资源等渠道，利用雄安新区等平台，加大京津优质教育资源向河北的输送。此外，应加大河北地区在教育方面的投入。

在卫生医疗领域，推动以唐山、廊坊、秦皇岛、保定等城市作为主要节点的网状医疗的承接区，积极承接京津的优质医疗资源，通过远程治疗、设立分院、合作办医、建强专科等手段，与京津两地的医疗中心建立合作帮扶关系。摸索建立京津冀医疗领域的"一卡通"制度、一体化的安全保障及药品供应的体系。

在公共文化领域，河北地区应进一步加大互联网覆盖率，满足群众对公共文化资源的需求。京津冀之间也可以通过举办艺术和文体类的活动，促进京津冀的文化交流和知识共享。

在社会保障领域，京津冀三地应当统筹规划，逐步推进社会保险制度城乡衔接，探索京津冀保险制度的衔接。加快推进环京津医养结合型养老示范基地建设，统筹协调、因地制宜地打造不同类型的养老服务区，推进环京津养老成熟化多元化发展。根据不同地区住房问题，北京、天津率先解决租赁住房、棚户区改造等关键问题，河北则应加大对农村危房的投入。就业方面，借由非首都功能疏解和雄安新区建设的契机，积极实现产业转移，为河北省提供新的发展契机。

（4）深化改革，发挥市场公共服务领域合力作用

积极吸纳私营部门的融资。采用 PPP 的模式，利用 BOT、ROT 等模式，共建养老、医院、学校等领域的公共服务设施。采用合理的风险分摊和项目定价机制，积极引进私人部门合力进行 PPP 项目的建设。

深化供给侧改革，早日实现供给的多元化。改善市场的准入机制，明确主体进入公共服务市场需要具备的资质，细化进入公共服务领域的方式、流程及相应的资金偿付方式等，鼓励优质企业的进入。通过运营补贴、规划保障、减免行政收费、建设资金补助、水电气热的价格优惠等方式，吸引个人、企业、社会组织等力量的参与。鼓励金融机构进行金融产品和服务的创新，加强公共服务企业的融资力度。

第7章

京津冀生态环境保护协同创新研究

党的十九大报告首次正式对区域协调发展做出战略部署，构建"区域"尺度治理体系成为国家治理体系和治理能力现代化的重要组成部分，环境治理是其中尤为迫切的任务。2018 年国务院发布《中共中央国务院关于建立更加有效的区域协调发展新机制的意见》，明确了统筹有力、竞争有序、绿色协调、共享共赢的区域协调改革方向。2019 年国家发改委发布的《关于培养发展现代化都市群的指导意见》也为区域环境共保共治提供了战略指导。

京津冀地区是我国经济和人口最为密集的区域之一，也是生态环境形势最为严峻的区域之一。习近平总书记在 2014 年 2 月召开的座谈会中强调京津冀的交通一体化、环境保护联防联控和生态建设等重点领域应实现率先突破。就此，国家发改委于 2015 年 12 月底发布了《京津冀协同发展生态环境保护规划》，划定生态保护红线和刚性约束条件，提出实施国土生态整治、清洁水、大气污染防治等一批重点工程，将治理需求切实转换为工程措施，在改善生态环境质量的同时培育新的经济增长点。

经过努力，近年来京津冀地区在大气、水、生态空间管制等方面都取得了突出进展。京津冀地区围绕大气污染、水体污染和土壤污染治理三大重点任务，持续强化生态环境联建联防联治创新，增强区域环境保护合力，治理效果显著。但新时期原有措施的边际效用递减，环境治理进入了"攻坚区"，如何形成持续保障的区域合作体系是关键。

本章对新中国成立以来尤其是十八大以来京津冀地区生态环境保护相关政策和措施进行了梳理，重点对区域性协同创新的关键举措、效果及问题进行了总结和分析，提出了未来的趋势和展望。

7.1 理 论 基 础

长期以来，跨行政区域的协同理论与实践一直是学界关注的热点之一。跨区域事务、区域协同治理、府际协作和政策网络发展得到越来越多的关注。环境污染的"跨界传输"属性和治理上的"强外部性"特征使得对其治理需要多部门和区域的联合，以破除"搭便车"和"集体行动"的困境。目前环境治理的对象主要包含大气污染、水污染和土壤污染治理三个方面，亟须建立科学有效的区域性环境保护协同体系，开展包括跨地区和跨介质的协同治理的试点与推广工作。

7.1.1 区域生态环境保护协同的理论基础

生态环境保护问题的研究具有多学科的特征，在治理体制研究层面学者多从经济学、管理学、政治学等领域切入，探讨区域协同的可行性、阻碍、措施与成效等。本书根据"为什么—如何做—效果如何"的逻辑，对相关研究进行梳理（如表 7-1 所示）。

表 7-1 区域生态环境保护协同相关研究梳理

研究问题	研究视角	
为什么——区域生态环境保护协同的理论基础	跨域公共事务治理	以集体行动理论（ICA）为起点，解释跨域治理生成逻辑和治理路径
		从政策过程与制度结构方面探究跨域治理的主体关系和治理框架
		从经济学角度研究区域合作中的博弈
	区域协调发展新机制	从区域一体化到区域治理机制，区域政策的作用对象、主体
		新时代区域协调新机制要更加着眼于地方政府间利益关系的调节
	区域环境保护协同的特殊性	财政资源的协作
		政府纵向横向结构的调整

研究问题	研究视角	
如何做——区域生态环境保护协同的机制与政策分析	区域环境保护协作机制	区域生态环境保护协同与创新机制的必要性
		区域环境协作机制发展实践
	区域环境保护协同治理政策演进与变迁	我国区域生态环境保护协同的阶段性特征
		我国区域生态环境保护协同政策理念变迁
	区域生态环境保护协同治理政策框架与创新	政策视角的区域治理政策文献分析
		生态环境保护治理政策的协同性和创新性研究
效果如何——区域生态环境保护协同的效果与困境	区域生态环境保护协同治理效果	污染物排放总量控制情况
		污染政策的影响效应
	区域生态环境保护协同创新和治理困境	地方政府间环境公平问题
		产业转移与污染转移问题
		地方间贸易的环境影响问题

资料来源：笔者整理。

7.1.1.1 跨域公共事务治理的相关研究

跨域公共事务治理是指公私部门组合并通过协力治理、社区参与、公私合伙或契约协定等方式解决单个地方区域难以解决的问题①。学界重点从三个方面展开研究：一是以集体行动理论（ICA）为起点，解释跨域治理生成逻辑和治理路径，并研究制度变迁、平衡政府与市场力量以推动跨域治理②；二是从政策过程与制度结构方面探究跨域治理的主体关系和治理框架等；三是从经济学角度研究区域合作中的博弈，涵盖环境逐底竞次、波特假设、智猪博弈等理论，且有学者用其构建模型以期实现区际联合治污的公平分配与合作③。跨域治理重点研究了合作博弈、利益分配、网络治理、府际关系、跨域合作、整体性治理等理论与实践问题，为区域

---

① 申剑敏，朱春奎. 跨域治理的概念谱系与研究模型 [J]. 北京行政学院学报，2015（4）：38 - 43.

② Robert W. The management of common property resources: collective action as an alternative to privatisation or state regulation [J]. Cambridge Journal of Economics，1987（2）：2.

③ Germain M，Toint P，Tulkens H，et al. Transfers to sustain dynamic core-theoretic cooperation in international stock pollutant control [J]. Journal of Economic Dynamics & Control，2003，28（1）：79 - 99.

环境治理提供了理论基础，为区域环境治理机制与政策设计提供了重要的理论指导。

7.1.1.2　区域环境保护协同的政策内容与模型研究

相关研究主要包含政策变迁、政策内容分析等几个部分。政策变迁方面，20 世纪 50 年代，政策演进与变迁理论发展已较为成熟，经历了从关注内部的政策形成机制到综合性网络研究范式阶段，主要从动态均衡、倡议联盟框架、政策网络等视角开展研究。我国污染治理政策形成于 20 世纪 70 年代的三大政策和八项制度①，主要靠污染收费制度推动，府际合作制度具有明显的策略性特征②，市场机制与参与度较弱。政策内容研究层面，学者对区域污染治理政策的框架、内容、工具与协同性等开展了研究，从政策的外部属性、内容结构、府际协同等角度，运用文本分析法③、倡导联盟框架④和社会网络分析法⑤等对某一区域的污染治理政策演变过程逻辑⑥、政策行动内在逻辑⑦、政策工具选择⑧和主体关系结构⑨进行量化分析，尤其是针对京津冀、长三角、珠三角等重点区域的政策进行了研究。

7.1.1.3　区域环境保护协同的效果评估研究

学界针对政策制度的效果评估主要包含直接效果评价和间接效果评

---

① 张坤民. 关于中国可持续发展的政策与行动 ［M］. 北京：中国环境科学出版社，2004：132 - 133.

② 吴柳芬，洪大用. 中国环境政策制定过程中的公众参与和政府决策——以雾霾治理政策制定为例的一种分析 ［J］. 南京工业大学学报（社会科学版），2015，14（2）：55 - 62.

③ 孙涛，温雪梅. 府际关系视角下的区域环境治理——基于京津冀区域大气治理政策文本的量化分析 ［J］. 城市发展研究，2017，24（12）：45 - 53.

④ 郝亮，王毅，苏利阳，秦海波. 基于倡导联盟视角的中国大气污染防治政策演变机理分析 ［J］. 中国地质大学学报（社会科学版），2016，16（1）：34 - 43 + 170.

⑤ 冯贵霞. 大气污染防治政策变迁与解释框架构建——基于政策网络的视角 ［J］. 中国行政管理，2014（9）：16 - 20.

⑥ 赵新峰，袁宗威. 区域大气污染治理中的政策工具：我国的实践历程与优化选择 ［J］. 中国行政管理，2016（7）：107

⑦ 寇大伟，崔建锋. 京津冀雾霾治理的区域联动机制研究——基于府际关系的视角 ［J］. 华北电力大学学报（社会科学版），2018（5）：21 - 27.

⑧ 吴芸，赵新峰. 京津冀区域大气污染治理政策工具变迁研究——基于 2004 ~ 2017 年政策文本数据 ［J］. 中国行政管理，2018（10）：78 - 85.

⑨ 邢华，邢普耀. 大气污染纵向嵌入式治理的政策工具选择——以京津冀大气污染综合治理攻坚行动为例 ［J］. 中国特色社会主义研究，2018（3）：77 - 84.

价。通常以污染控制作为直接效果的评价指标，以经济发展、健康等作为间接效果的评价指标。

对评估方法的探索是研究的热点。在直接效果评价方面，常用的政策效果评估方法主要包括工具变量法（IV 法）、断点回归法（RD）等。工具变量法是运用时间序列和截面数据研究政策对于某一特定问题的影响，学者基于这一方法实证分析排污费的政策效果①。断点回归法是用于验证某一关键变量是否大于临界值来判断其是否受到政策干扰，学者利用其研究环保约谈能否促进地方环境监管并改善环境质量②。双重差分法运用最为广泛，常用于对环境特定政策的效果进行评价③。倾向匹配法是一种不区分实验组和控制组的方法，学者运用 DEA 模型对政策的实施效率进行研究④，并采用倾向匹配模型对地区间的绩效进行对比等⑤。在间接影响评价方面，主要采用经济学视角下污染政策的影响动因与效应分析，通过经济模型研究环境与经济之间的平衡关系来衡量环境治理效果。部分学者基于环境库兹涅茨曲线理论探讨经济发展与环境质量间的关系与均衡点⑥，也有学者根据环境容量和承载力理论探索构架污染物排放总量控制的方法⑦。同时经济合作与发展组织（OECD）逐步将脱钩理论扩展到环境领域⑧，探究经济增长与环境如何不再同步变化以至实现理想的脱钩状态。

7.1.1.4 区域环境保护协同的问题及困境研究

关于污染治理困境的讨论，主要集中于产业转移与污染转移带来的环

① 于佳曦，李新. 我国环境保护税减排效果的实证研究 [J]. 税收经济研究，2018，23 (5)：76 – 82.

② 王惠娜. 环保约谈对环境监管的影响分析：基于 34 个城市的断点回归方法研究 [J]. 学术研究，2019 (1)：71 – 78.

③ 马文意，罗宇. 基于 DID 方法对我国大气污染排污费政策效应分析 [J]. 品牌研究，2018 (5)：180 + 182.

④ 郑贵华，李呵莉. 财政补贴对新能源汽车产业创新投入的影响研究——基于倾向得分匹配法的实证分析 [J]. 湖南工业大学学报（社会科学版），2019 (1)：78 – 83.

⑤ 吴腾飞. 基于 PSR 模型的大气污染治理绩效审计评价体系研究 [J]. 市场周刊（理论研究），2018 (4)：120 – 121.

⑥ 李健，靳泽凡，苑清敏. 京津冀空气质量环境库兹涅茨曲线及影响因素——基于 2006—2017 年面板数据的分析 [J]. 生态经济，2019，35 (2)：197 – 201 + 218.

⑦ 贺伟光. 开封市污染气象特征与大气环境容量研究 [D]. 辽宁工程技术大学，2010.

⑧ 郭晨星. 全球环境治理主体结构模型建构及经验验证 [D]. 山东大学，2010.

境不公平问题等方面。由于产业转移带来了更为严重的治理成本与收益的不平衡，导致了地区间责任与效益的空间错配问题。区域污染转移是从国际污染转移（国际污染转嫁）的相关研究延伸和拓展而来，多表现为从发达国家向发展中国家迁移，这种过程既可通过投资贸易的污染企业迁移，也可通过不平等贸易中的能耗和碳排放迁移①。学者认为，区际环境公平问题主要体现在不同阶层、不同代际和不同地域间的环境公平②，由区际的经济发展落差所造成③，并基于环境质量需求和贴现率视角探索不同发展水平和环境质量需求地区的环境保护投资状况，以及借助经济学定量方法衡量环境公平④。

　　一方面，在产业转移与污染转移问题的相关研究中，随着我国环境污染愈发严重及逐步呈现区域集聚特征，存在发达地区以区域经济一体化名义逐渐将污染的产业转移到欠发达地区的现象。中国污染产业呈现出"东部到西部、城市到农村、发达地区到欠发达地区"的三条迁徙路径，以及"工业产值东迁而工业污染西移"现象⑤。污染产业转移是把双刃剑，不仅具有环境恶化的负面效应，也存在促进经济发展的正面效应。这种正面效应也进一步导致了经济欠发达的地区频发"污染避难所"现象，"高耗能、高污染、资源型"产业会从环境规制行为严格的地区向不严格的地区转移并促进落后地区的经济发展⑥，政治地位不平等和经济实力不平衡导致区域利益联结匮乏，产业转移对不同区域的具体影响效应不同。另一方面，区际贸易环境影响问题的相关研究逐渐起步，国家信息中心、中科院地理所、国务院发展研究中心等单位均相继编制了我国多区

---

　　① 孙根年，赵宇明. 我国省际环境污染的空间迁移研究——以北京、河北为例 [J]. 地理与地理信息科学，2013，29（6）：111 - 115 + 120.

　　② 王文举，陈真玲. 中国省级区域初始碳配额分配方案研究——基于责任与目标、公平与效率的视角 [J]. 管理世界，2019，35（3）：81 - 98.

　　③ 邵帅，张可，豆建民. 经济集聚的节能减排效应：理论与中国经验 [J]. 管理世界，2019，35（1）：36 - 60 + 226.

　　④ 杨昌举，蒋腾，苗青. 关注西部：产业转移与污染转移 [J]. 环境保护，2006（15）：34 - 38.

　　⑤ 宋国君. 环境政策分析 [M]. 北京：化学工业出版社，2008：139 - 141.

　　⑥ 刘华军，孙亚男，陈明华. 雾霾污染的城市间动态关联及其成因研究 [J]. 中国人口·资源与环境，2017，27（3）：74 - 81.

域投入产出表①，为开展我国区域间贸易隐含的资源和污染转移提供了数据基础。部分学者也开展了生态足迹、能源使用、水资源的区域虚拟转移研究②。

综上所述，区域（跨域）公共事务治理为区域环境协同治理提供了坚实的理论基础，区域协调发展机制为区域保护机制提供了框架和方法。而且，由于区域环境污染的特殊性，导致区域污染治理的行动逻辑及博弈关系更为复杂，特别是区域内各地区间发展不均衡造成的利益冲突与资源分配的问题必须得到有效解决，回应"绿色协调、共享共赢"格局的要求，这是制约治理过程中地方政府间合作的动力和成效的根本，是实现区域环境治理机制与政策的科学设计和有效实施的制度基础。相关制度设计能否在此领域取得创新，具有重要的示范与借鉴意义。

7.1.2 蓝天、绿水和净土保护协同的相关研究

7.1.2.1 打赢蓝天保卫战：大气污染区域协同治理研究

大气的流动性和行政区划分割存在天然矛盾，区域性大气污染控制和空气质量改善不是一个局地的、单一城市、单一个体的行动，要求区域内各行政区必须跨越"属地治理"，落实"联防联控"，从区域整体性出发协同推进治理活动。

学界和实践界在区域大气污染联防联控与协助机制的必要性方面形成了高度的共识，这一机制于 2008 年后在我国受到广泛重视。目前我国大气污染治理工作的重心已转为区域污染控制，而制度联动、主体联动和机制联动的国家治理框架下的区域联动治理是应对区域大气污染的必然选择③，应构建统一规划、统一标准、统一执法、统一预警和统一减排的工作机制。尽管区域大气污染联防联控与协作机制已有 10 余年的实践发展，

---

① 任保平，宋文月. 我国城市雾霾天气形成与治理的经济机制探讨［J］. 西北大学学报（哲学社会科学版），2014，44（2）：77－84.

② 向前，单国强，邬畏，祝凌燕. 全氟/多氟烷基化合物在全球海洋水体中的污染演变趋势研究进展［J］. 科学通报，2019（9）：910－921.

③ 谢宝剑，陈瑞莲. 国家治理视野下的大气污染区域联动防治体系研究——以京津冀为例［J］. 中国行政管理，2014（9）：6－10.

但仍存在一些深层次问题尚未解决，例如立法与执法不到位、利益补偿机制缺失、责任主体不明确、协调动力不足、信息共享机制不健全、资金缺乏保障、标准不统一等①②。因此，区域性大气污染治理应从价值层面、组织架构、实现机制和利益平衡等方面探讨破题之法③，其关键在于要协调央地政府、地方政府之间以及政企社三者关系，并从组建区域环境管理组织机构、优化产业结构、实施监督机制、实施综合治理、信息共享等方面推动合作进程并构建适应性政策体系。从国际相关实践来看，完善立法机制、强制执行排放标准、建立市场激励机制、建立跨地区的区域机构是各国污染控制政策的改革趋势。

自 2013 年纲领性文件《大气污染防治行动计划》颁布以来，我国区域大气污染治理经历了从部分地区的专业防控到区域层面的整体防治，从行政控制到法律约束、市场手段的转变，历经了各种改革、调整与完善的过程。新中国成立以后我国的空气污染治理政策体制改革的标志性制度包括污染物排放标准控制（20 世纪 70 年代）、排污许可证交易制度试点（1985 年）、"三同时"保证金制度（1989 年）、环境标志制度（1993 年）、ISO 14001 环境管理体系标准（1995 年）、清洁生产和过程控制（2002 年）、排污费征收使用（2003 年）、区域联防联控（2010 年），跨入全过程全方位综合污染控制、多元合作共治④。

关于区域大气污染治理效果与下一步治理困境，相关研究已经初步形成共识。机制与政策调整的依据是政策效用，如何衡量政策的综合影响、精确计算成本与效益，成为机制科学设计和政策精准实施的基础。大气污染治理的效果评价主要从大气污染物总量控制情况和大气污染政策的影响效应评估两方面入手。学者提出增强府际协作积极性的关键是利益共享和

---

① 张亚军.京津冀大气污染防治联控的法律问题及对策［J］.河北法学，2017，35（7）：99-106.

② 袁珊，贾爱玲.论我国区域大气污染联防联控法律制度的完善——新《大气污染防治法》的背景下［J］.法制博览，2017（9）：32-33.

③ 许文建.关于"京津冀协同发展"重大国家战略的若干理论思考——京津冀协同发展上升为重大国家战略的解读［J］.中共石家庄市委党校学报，2014，16（4）：14-19.

④ 吴荻，武春友.建国以来中国环境政策的演进分析［J］.大连理工大学学报（社会科学版），2006（4）：48-52.

利益补偿制度①，如长三角就形成了由制度化协商、常规化沟通和区域公约组成的治理协商机制②，这种机制包括了综合性的或者某领域的协同目标、区域整体产业规划，以及各区域"共同但有区别"的减排责任分配③。

7.1.2.2　打赢绿水保卫战：水污染区域协同治理研究

跨区域水污染一般是指"处于同一流域而分属不同行政管辖区之间因水体移动所带来的环境污染"。由于跨区域水污染一般涉及多个行政区域，怎样治理行政分割背景下跨区域的水污染问题，是目前水污染治理面临的关键问题。京津冀地缘衔接、地域一体，地表水相连，同处于海河流域，水污染在三地之间极易转移。由于地表水资源不足，地下水也是京津冀区域重要的水资源，而京津冀区域受污染的地下水占 1/3，水生态环境的问题日益突出。京津冀三地需要协作共治水污染。

行政管理的有界性与水资源的无界性使得跨区域的水治理具有不确定性④，尤其是目前我国尚未形成一套完善的水资源管理制度，易导致政策的制定与执行的区际错位⑤。针对全国范围内严重的水污染状况，水安全逐步升格为国家战略，党中央、国务院相继出台了《水污染防治法》《排污费征收使用管理条例》《水污染防治行动计划》等法律法规和规章制度，对推进水污染治理做出了重大决策部署。基本形成了水污染治理的行政、市场和社会机制以及相应的政策工具框架（见表 7 - 2）。

针对现有水污染跨域治理的困境和难题，学者提出了相应的解决措施。一是应培育和完善信任机制，挖掘五级行政区（省、市、县、乡、村）域联动的共容利益，一旦各参与主体受利益驱使形成集体行动，治理创新的社会性效应就产生了；二是构建主体协调机制，构建横纵向均

---

① 汪伟全. 区域合作中地方利益冲突的治理模式：比较与启示 [J]. 政治学研究，2012 (4)：98 - 107.

② 杨治坤. 区域大气污染府际合作治理：理论证成和实践探讨 [J]. 时代法学，2018，16 (1)：33 - 40.

③ 张世秋. 京津冀一体化与区域空气质量管理 [J]. 环境保护，2014 (17)：30 - 33.

④ Guo R，Yang K. Political Economy of Transnational Water Pollution：What Do the LMB Data (1985 - 2000) Say? [J]. Environmental Management，2003，32 (4)：433 - 444.

⑤ 田园宏. 跨界水污染中的政策协同研究现状与展望 [J]. 昆明理工大学学报（社会科学版），2016，16 (4)：60 - 67.

衡交织的行动网络，推行纵向扁平化管理制度；三是健全整合机制，从整体性治理理论的角度出发，实现资源和有效整合和配置；四是建立反馈机制①。

表 7－2 水污染治理机制与政策工具

水污染治理机制	子机制
行政机制	立法机制（水污染排放标准体系，责任落实）； 规制机制（排污许可证制度、污染监控、水功能分区、污染物总量控制制度、底线风险监测预警机制、限期治理制度、流域限批制度）； 工程机制（河道整治与疏通、河流生态修复、流域农村环境综合整治）； 协同机制（分配—交易—使用—决策—实施—监督，跨区及区域内协调）
市场机制	分配机制（排污权分配和新排污权的获得方式）； 交易机制（排污权交易）； 使用机制（排污收费制度、污水处理费制度、环境污染责任保险政策、超标处罚）； 补偿机制（政府财政补偿、生态补偿基金、水资源专项保护基金、税收优惠）； 产业机制（绿色信贷政策）
社会机制	监督机制（公民监督、社会团体监督、舆论监督）

资料来源：笔者自制。

同时，水污染的治理离不开水资源的管理与水生态的保护，应加强水资源、水生态、水环境三者共治，从源头到末端全流程治理。在水资源管理方面，2012 年发布的《国务院关于实行最严格水资源管理制度的意见》中提出要引用市场机制来合理配置水资源②。2015 年十八届五中全会通过的《中共中央关于制定国民经济和社会发展第十三个五年规划的建议》特别提出了"全面节约和高效利用资源""实行最严格的水资源管理制度""强化约束性指标管理""实行水资源消耗总量和强度'双控'行动"等。学者认为，人类高强度活动是区域水生态问题的主导因素，应着重从转变用水方式、提高全社会用水效率，提升水源涵养能力、提高区域生态承载力、加强水污染治理、开展海洋及海岸带保护修复等方面入手，

① 詹国辉. 跨域水环境、河长制与整体性治理 [J]. 学习与实践, 2018 (3)：66－74.
② 张栋. 中国生态文明建设的背景、作为与挑战 [J]. 团结, 2013 (6)：54－58.

做好区域水生态环境保护①。

7.1.2.3　打赢净土保卫战：区域土壤污染治理研究

由于土壤承载着农村与城市的食品安全与产业发展，其重要作用不言而喻。土壤污染防治与生态和产业的可持续发展也息息相关，可持续发展必须考虑耕地锐减、土地退化、开发粗放和污染加重等土地危机带来的影响。首先，土地以及土壤部分作为人类及生物活动的空间与物质载体，具有天然的资源稀缺性与用途的持久性。我国对于土壤的性质、特征和分类等基础研究较多，国外研究较早地重视对污染物在土壤环境中的迁移转化及其所产生的对生态环境与人体健康的影响②③。近年来我国的土壤污染问题越发严重，党和国家予以高度重视，土壤污染防治工作逐渐被提升到与大气、水污染防治同等重要的地位④，各项防治工作得到全面推进。学界也开始将目光聚焦到了土壤污染产生的原因与治理方法的研究上。相关研究为区域土壤污染治理提供了理论基础，也进一步明确了土壤环境污染的累积性、易扩散性与治理成本高昂等特性，为区域土壤污染治理与环境管理提供了重要的理论指导。

土壤污染的空间相关性要求土壤区域与联合治理。对土壤环境污染关注较早的美国称污染土壤为"棕色地块"，由联邦政府、州政府、地方政府和社区政府共同负责管理与监督，并设立专项资金进行整治，并且将土壤与地下水污染纳入同一政策框架中进行风险评估、整治规划⑤。我国农业土地污染和土壤重金属污染等环境问题较为严重，随着我国对于国土空间管控等空间治理框架的提出以及"预防为主、保护优先和风险管控"思路的确定，土壤污染防治体系形成了土壤环境质量调查—土壤污染源头

---

①　迟妍妍，许开鹏，王晶晶，葛荣凤，张丽苹. 京津冀区域水生态风险及对策建议［J］. 环境影响评价，2019，41（2）：32－35.

②　Bullock，Peter，Gregory，Peter J. Soils in the Urban Environment［M］//Soils in the urban environment. Blackwell Scientific Publications，1991.

③　Pouyat R V，Mcdonnell M J，Pickett S T A. Soil Characteristics of Oak Stands along an Urban－Rural Land－Use Gradient［J］. Journal of Environmental Quality，1995，24（3）.

④　林玉锁. 我国目前土壤污染治理工作的进展情况［J］. 世界环境，2016（4）：18－20.

⑤　Hughes D，Kellett P. Contaminated land and the environment act 1995 consultation draft guidance part iii－the framework is constructed［J］. Environmental Law & Management，2015，11（1－2），45－56.

管控—分类管理—土壤环境质量基准推导①的流程来进行区域的土壤污染治理联防联控。

但整体而言，我国对于土地资源的利用与土地整治更多强调空间资源的宏观合理配置及土地用途管制。空间资源竞争激烈导致多个部门同时管理有价值的空间，如城乡结合部和城市，部门争权和行政审批受阻导致行政效能降低。这也就是规划带来的"反公地悲剧"，即每一个部门的规划都划定相应的界线限制人类活动，进行一定强度的空间管制。此外，由于对自然空间和生态空间的价值认识不到位，多部门管理使得一些生态空间被重复管理，另一些则无人管理，两极分化最终导致生态空间的流失。因此，2000 年之后我国政府对国土空间规划的重视程度越来越高，逐步提出了空间用途管制，力争实现从以要素为基础管理向以空间为单位管理转变的目标②，这也是土壤污染治理摆脱管理框架落后的一大理念基础。换言之，在经济快速发展的过程中，空间资源竞争给政府部门权责、生态环境、国民经济运行的效率以及制度之间的摩擦（即所谓的交易成本）带来很大影响，而在国土管制力度强的地方可利用的土地较少，从而导致地区的经济发展能力较弱，造成区域的经济发展不平衡不充分，应建立起管制弱化区域和管制强化区域之间的土地发展权交易市场以促成国土空间优化。③

7.2 京津冀区域生态环境治理协同发展历程

区域生态环境保护协同的含义至少包含两个层面：一是其涉及的主要领域（如大气、水、土壤）的区域性协同治理；二是不同介质领域之间

① 陈卫平，杨阳，谢天，王美娥，彭驰，王若丹. 中国农田土壤重金属污染防治挑战与对策［J］. 土壤学报，2018（2），261 – 272.

② 王兴中，常芳，赵刚，崔维. 新区域经营观的空间体系价值统一规划理念——我的区域规划社会公正观［J］. 人文地理，2016，31（2）：1 – 5.

③ 余亮亮，蔡银莺. 国土空间规划管制、地方政府竞争与区域经济发展——来自湖北省县（市、区）域的经验研究［J］. 中国土地科学，2018，32（5）：54 – 61.

的协同。同时，我们也要看到，生态环境保护的问题与优化产业结构和能源结构、优化交通结构等问题密切相关，协同的含义非常丰富。其中第一个方面的协同是当下关键的努力领域，第二个方面开始有所讨论。京津冀地区生态环境保护的协同具有较长期的发展与经验。在总结历程的基础上，本书进一步聚焦"协同创新"这一关键词，依据《"十三五"生态环境保护规划》明确提出的大力推行大气、水、土壤污染防治三大行动计划，从大气、水、土壤三个领域分别回顾京津冀区域的努力过程。尽管由于治理对象有所不同，治理机制也许有所差异，但是在京津冀区域内、在国家治理体系和区域治理结构下，三大领域的协同治理仍有共通之处。为了客观评价，本节使用了政策文本计量方法进行了系统的政策搜集、主题分析、主体关系分析、关键词分析，从而展示协同治理的制度变迁、政策传导机制、治理主体结构、政策工具变迁等，进而总结京津冀区域协同治理的特征、突出经验与困境，并呈现出主要结论。

7.2.1　京津冀区域生态环境保护的阶段划分

新中国成立以来，京津冀的生态治理发展可以划分为五个阶段。

7.2.1.1　污染换发展的治理奠基期（改革开放前）

新中国成立初期，百废待兴，国家发展主要精力集中在经济建设上，大规模的"高污染高耗能"产业和企业埋下了污染隐患。20 世纪 50 年代党中央曾开启了治理海河、黄河及荆江分洪、官厅水库四大水利工程，毛泽东提出了"绿化祖国"战略。但由于污染程度较低，环境保护问题没有引起足够重视。直至 20 世纪 70 年代，随着全球环境运动的兴起，我国对于环境问题的认知进一步提升。1971 年国家基本建设委员会成立了防治环境污染的"三废"利用领导小组，1973 年召开第一次全国环境保护会议，1973 年国家计委、建委、卫生部联合颁布了我国第一个环境标准——《工业"三废"排放试行标准》，1974 年国务院成立了新中国历史上第一个环境保护机构——环境保护领导小组。但是专属的治理机构尚未形成，污染治理职权分散在国务院、卫生部等多个部门。这一阶段，治理主要关注频发的水旱灾害和工业污染。京津冀区域具有地方特质的污染问题并未引起各级政府的关注，没有形成联合治理趋势。

7.2.1.2　污染治理萌芽期（1978～2000年）

改革开放之后，我国发展战略重点转向培育市场化经济，重工业发展与环境保护的矛盾显露，提出要经济和环境两手抓的战略，生态问题得到重视，尤其是 1983 年环境保护上升为基本国策后。这一阶段组织架构和制度体系得到进一步丰富，1984 年城乡建设环境保护部下属的环境保护局改为业务独立的国家环境保护局，1988 年环境保护局独立设置；制度上多数的法律法规和政策都得以贯彻落实，1979 年的《环境保护法》促使环境治理走上法制之路。针对这一阶段的水土流失问题，1984 年通过了《中华人民共和国水污染防治法》，同时实施了"防风固沙，蓄水保土"的"三北"防护林体系建设工程。针对大气污染问题，1982 年颁布了第一个《大气环境质量标准》，1987 年又颁布了《大气污染防治法》。该阶段，京津冀地区水污染政策和大气污染政策也都有所丰富，但主要实施地区在北京，开始出现多部门联合行动——"清洁能源行动"。

7.2.1.3　环境污染跨区域治理形成期（2001～2009年）

这一阶段我国的城市化与工业化进程加快，导致经济与环境的矛盾更加复杂，环保政策上升至国家战略高度。2001 年《国家环境保护"十五"计划》出台，以流域、区域环境区划为基础，对于水污染和大气污染防治工作做出指示。同时以 2000 年《水土保持生态环境监测网络管理办法》为起点，开启了关于土壤污染跨区域防治机制的研究与立法，主要着眼于土壤污染以及空间管控中的土地如何作为资源利用的问题。京津冀区域也于 2006 年开启了大气污染的区域联防联控的试点工作，主要是为了迎接奥运而实行的临时性行动，2006 年"北京奥运会空气质量保障工作协调小组"组建，2008 年京津冀等 6 省（区、市）启动了奥运期间的空气质量区域联防联控机制。

7.2.1.4　污染跨区域治理实践丰富期（2010～2015年）

这一阶段污染的成因逐渐复杂，范围逐渐扩大，主体间的矛盾也日益突出，社会和政府也越来越重视污染的治理，2010 年《推进大气污染联防联控工作改善区域空气质量指导意见》的出台促使区域联防联控步入正规化进程。京津冀各方面的污染治理制度得以确立或推进。在大气污染治理领域，2013 年成立了京津冀及周边地区大气污染防治协作小组，并颁布了多部门联合制定的《京津冀及周边地区落实大气污染防治行动计划实施细则》；水污染治理领域，2014 年京津冀签署了《京津冀水污染突发事件联防联控机制合作协议》，2015 年《水污染防治行动计划》颁布，同年，《京津冀协同发展六河五湖综合治理与生态修复总体方案》发布。此阶段的一个明显特征是加强了立法执法力度、公共参与制度和环境考核等制度，京津冀环境执法联动工作领导小组和联席会议启动。

7.2.1.5 污染跨区域治理完善精细期（2016 年至今）

2016 年以来，区域的污染治理进入了深化攻坚期，进入了解决更深层次的权责平衡和政策精细化的时期。2018 年国务院发动的"蓝天、碧水、净土"三大环境攻坚战更是推动了三大领域的区域治理工作，开始针对每个地区的特征实施差异化的本土政策。京津冀区域的大气治理进入了国家战略，2017 年多部门联合制定的《京津冀及周边地区 2017～2018 年秋冬季大气污染综合治理攻坚行动方案》发布，2018 年将原来的协调小组升格为京津冀及周边地区大气污染防治领导小组；水污染治理方面，2016 年京津冀及周边地区水污染防治协作小组召开第一次会议，《京津冀及周边地区水污染防治部际协调小组工作规则》发布，同时基于流域治理的横向协同出现，但是仍然局限于属地治理层面。土壤治理方面，2016 年是历史性的转折点，当年国务院发布《土壤污染防治行动计划的通知》，2018 年发布《中华人民共和国土壤污染防治法》发布，推动了京津冀出台相关政策，形成了跨区域治理的机制，但相对于水和大气治理，土壤治理仍处于起步阶段。

7.2.2 京津冀区域生态环境保护的主要措施

7.2.2.1 京津冀区域大气污染协同治理进展

近年来伴随着城市化、工业化以及区域发展进程的深入推进，中国大气污染逐渐呈现出跨区域、交叉型复合污染的特征。按行政区划的传统属地治理模式已难以有效解决跨区域大气污染问题，全国积极探索大气污染协同治理的发展路径，从部分地区的专业防控到区域、国家层面的综合防治，区域大气污染联防联控机制不断得到强化。京津冀及周边地区雾霾与大气污染问题是当前中国大气治理领域所面临的重大难题，也是社会各界广泛关注的重要议题，自 2013 年京津冀及周边地区大气污染防治协作小组成立以来，京津冀地区着力构建伙伴型的横向府际关系，共同推进区域大气污染协同治理。目前从各项污染指标来看，京津冀大气污染治理取得了一定成效，但治理效率和治理效益仍有待提升，京津冀及周边地区应进一步完善大气污染联防联控工作，三地形成治理合力共同破解大气污染困局。

从京津冀大气治理政策的整体变迁情况来看，京津冀地区大气污染防治机制表现为中央大力推动以及地方积极响应的政治动员模式。中央政府的宏观指导性政策与跨区域的协调起到了强有力的推动作用，各级地方政府虽然反应速度与执行力不一致，但总体时序趋势与中央保持一致。从横向的政策变迁来看，政策发布呈现出"从少到多、从单独到联合、从单层级联合到跨层级联合发布"的趋势和特征，京津冀地区大气污染防治政策体系建设总体从萌芽到发展并在波动中成长。通过对不同时期的大气污染治理政策进行梳理，可将京津冀及周边地区大气污染防治政策体系的历史沿革划分为以下三个阶段：2007 年之前，京津冀及周边地区处于起步构建大气污染防治政策体系的低位徘徊期，整体呈现属地分而治之的治理格局。2008～2012 年是政策平稳发展时期，在北京奥运会的推动下，京津冀地区正式确立区域大气污染协同治理机制。2013～2018 年，在中央的指引下三地横向府际合作全面升级，各省市积极探索构建区域大气污染防治与协同治理模式，区域政策数量大幅跃升。这一阶段京津冀大气污染治理的府际合作越来越密切，环境保护部等六部委跨部门联合出台大气十条等，中央又牵头三地政府联合制定《京津冀大气污染防治强化措施（2016—2017年)》。总体上，京津冀地区从属地化治理逐步转变为区域府际合作治理的治理思路，并且区域地方政府不断释放合作治理的积极性与主动性，横向与纵向府际关系的变革正引领京津冀地区大气污染防治工作向纵深发展。

京津冀区域稳步推进大气污染联防联控协同治理。2010 年以来中央和地方的相关重要政策均提出建立和完善跨区域的"联防联控"协作机制，区域治理机制呈现出"合作治理意识不断强化"的特征（见表 7 - 3）。从治理结构来看，中央有关部门同地方政府成立了"京津冀及周边地区大气污染防治协作小组"，统筹规划和安排该区域大气污染治理相关工作。京津冀三地不断加强协调合作、协防共治，相继成立了环境气象预报预警中心与大气污染综合治理协调处，有效保障了环境信息共享与横向合作行动的顺畅进行。从政策设计上，京津冀及周边地区大气污染治理愈加强调政策多方面的协同性，通过跨层级、跨区域、跨部门多方位整合，共同发力来实现统一防治的目标和措施。

表 7 - 3   国家及京津冀区域大气污染联防联控重要政策梳理（部分）

时间	文件名称	主要内容
2010 年 5 月 11 日	《关于推进大气污染联防联控工作改善区域空气质量的指导意见》	国务院出台的首个针对大气污染防治的综合性政策，明确提出联防联控是解决区域性大气污染的根本途径，并划分京津冀地区为大气污染协作治理的重点区域
2013 年 9 月 10 日	《国务院关于印发大气污染防治行动计划的通知》	标志着我国开始建立属地治理与区域治理相结合的大气污染治理新模式
2013 年 9 月 17 日	《京津冀及周边地区落实大气污染防治行动计划实施细则》	建立京津冀及周边地区大气污染防治协作机制，由国务院有关部门及区域内各省（区、市）人民政府组成
2015 年 8 月 29 日	《中华人民共和国大气污染防治法》（2015 年修订）	大气污染区域合作治理第一次被写进国家立法，要求建立联席会议制度，并提出了"四个统一"
2016 年 7 月 1 日	《京津冀大气污染防治强化措施（2016—2017 年）》	由国务院相关部委和区域内省（市）政府跨层级、跨区域联合制定，体现了《大气污染防治法》中对于"四个统一"的要求
2017 年 2 月 17 日	关于印发《京津冀及周边地区 2017 年大气污染防治工作方案》的通知	

资料来源：笔者整理。

通过统计分析京津冀区域重要政策所选用的治理工具，并将相应的政策工具归类为命令控制型、经济激励型、多元合作型（见表 7 - 4），可以看出京津冀及周边地区大气污染的治理手段形成了较为健全的政策工具体系，且区域治理政策工具的选择与组合具有一定的一致性和协同性（见表7－5）。京津冀大气治理手段以具有强制约束力的行政管制手段为主，市场与社会为辅，其中"命令控制型"管制条例占比皆超出半数，其次分别为"多元合作型"工具和"经济激励型"政策工具。同时地方政府根据实际需求在工具选择和组合中有所拓展和创新，排污权有偿使用与交易、绿色金融、生态补偿等类型的工具逐步扩散推广，"自下而上"的政策试验效应开始呈现。

表7－4　　　　京津冀及周边地区大气污染治理政策工具分类

工具类型	政策工具分类
命令控制型政策工具	目标责任与考核、环境影响评价、"三同时"制度、环境标准体系、监管监测网络、污染总量控制制度、排污许可证制度、规划编制、法规管制、节能低碳和循环经济标准化、限期治理、划分控制区域、产业结构调整、污染企业关停并转、"三油并轨"制度、淘汰老旧车辆、机动车限行
经济激励型政策工具	收费政策、价格政策、排污权交易制度、补贴与奖励政策、超标处罚、税收制度、绿色金融、生态补偿
多元合作型政策工具	公众参与、环境信息公开、清洁生产、节能环保宣传教育、第三方治理、企业签订自愿协议、区域及组织合作

表7－5　　　　京津冀及周边地区大气污染治理政策工具使用频率

区域/省份	多元合作型政策工具		命令控制型政策工具		经济激励型政策工具		合计
	出现次数（次）	使用频率（%）	出现次数（次）	使用频率（%）	出现次数（次）	使用频率（%）	
京津冀	534	18.9	1813	64.18	478	16.92	2825
北京	143	20.94	446	65.30	94	13.76	683
河北	56	18.73	189	63.21	54	18.06	299
天津	77	17.23	312	69.80	58	12.98	447
山东	71	21.85	192	59.08	62	19.08	325
山西	79	19.80	255	63.91	65	16.29	399
河南	74	15.98	303	65.44	86	18.57	463

具体而言，命令控制型政策工具是政府"强制性"的行政命令，具有时间紧、见效快和可控性强的特点，但它的监督和执行成本较高。京津冀更多地采用"环境标准体系""严格执法监督"和"节能低碳和循环经济标准化"工具；其次为"目标责任与考核""大事件/重污染应急机制"和"污染总量控制制度"，说明区域治理现阶段主要运用压力型体制来促进企业和政府达到目标，也更为注重科层运动化和贯彻落实的治理方式，具有较强的"行政"色彩，但对于强调环境治理能力建设的"规划编制""排污许可证制度"和"划分控制区域"等精细规划重视力度不足。多元合作型政策工具是参与主体多元化和社会力量整合化的集中体现，京津冀的多元合作型工具中"环保技术研发与应用"使用频率最高，"公众参与""组织协调和区域合作""节能环保宣传教育"和"环境信息公开"相比也较高，这与区域的"合作"理念较为契合。现阶段的区域治理较为重视从整体区域角度出发，力求理顺各部门间的复杂关系，强调信息的流通与共享和对于公众的引导教育。经济激励型政策是通过创建市场和利用市场的手段推动大气治理。此类政策中，使用频率最高的为"补贴与奖励政策"工具，"合同管理""价格政策""收费政策""绿色金融"和"排污权交易制度"则次之。其中关于大气治理资金投入的政策文件居多，表明政府财政仍是大气污染治理的主要资金来源和动力机制以及治理的重要瓶颈。并且京津冀治理手段偏向于利用市场和事后控制，市场发育仍旧相对缓慢且发育程度较低。

在京津冀大气污染治理目标方面，京津冀及周边地区在目标实现时间、具体考核内容、任务设置等方面具有相对较高的一致性，但在具体的大气污染物及其浓度、重点任务等方面仍存在差异。结合政策文本的词频统计与高频关键词的语义关联分析，京津冀区域大气污染防治初步构建了多层次目标体系。从总体目标来看，京津冀地区治理与减排的目标集中于"大幅减少主要大气污染物排放总量"与"明显减少重污染天数"。在分解目标体系中，一方面，京津冀大气污染防治政策着重建立健全区域治理机制体制，重点针对"加强基础能力建设，严格环境执法督察""实施重大专项行动，大幅降低污染物排放"实施精准对口的项目管理和设施建设，不断推动区域大气污染治理水平向专业化迈进，治理手段向法治化转变。另一方面，京津冀区域着力改善大气污染的行政管制制度，重点在于"强化区域联防联控，有效应对重污染天气"以及"明确落实各方责任，动员全社会广泛参与"，全面提高区域治理的协同化与社会化程度。此外，京津冀地区大气污染治理对策逐渐从末端治理转向源头防控，分解目标中所占比重较大的是"调整优化产业结构，推进产业绿色发展"与"加快调整能源结构，构建清洁低碳高效能源体系"，主要从工业污染源治理和能源消耗控制减少大气污染物的源头排放（见表 7 - 6）。

表 7 - 6　　　　　　　京津冀区域政策总体目标与分解目标体系

总体目标	京津冀	
	词频数	占比（%）
大幅减少主要大气污染物排放总量	342	22.31
协同减少温室气体排放	116	7.57
进一步明显降低细颗粒物（PM）浓度	255	16.63
明显减少重污染天数	458	29.88
明显改善环境空气质量	119	7.76
明显增强人民的蓝天幸福感	243	15.85
分解目标	京津冀	
调整优化产业结构，推进产业绿色发展	3665	10.11
加快调整能源结构，构建清洁低碳高效能源体系	4276	11.79
积极调整运输结构，发展绿色交通体系	2850	7.86
优化调整用地结构，推进面源污染治理	3034	8.37
实施重大专项行动，大幅降低污染物排放	5404	14.90
强化区域联防联控，有效应对重污染天气	4919	13.56
健全法律法规体系，发挥市场机制作用	2138	5.90
加强基础能力建设，严格环境执法督察	5573	15.37
明确落实各方责任，动员全社会广泛参与	4404	12.14

7.2.2.2 京津冀区域水污染协同治理进展

目前京津冀地区处于资源性缺水和水质性缺水双重缺水状态，水资源短缺的现状与水生态脆弱构成了区域水资源的双重危机，水安全问题成为制约京津冀区域生态环境可持续发展的重大瓶颈。在近几十年的实践中，在国家相关政策的引领下，京津冀地区积极突破行政区划的权力界线，推进京津冀三地生态环境联建联防联治，致力于形成区域水污染协同治理新格局。国家和京津冀区域水污染治理的部分重要法律、政策如表7-7所示。

表 7-7 国家及京津冀区域水污染治理重要法律、政策梳理（部分）

时间	文件名称	主要内容
1984 年 5 月 11 日	《中华人民共和国水污染防治法》	标志着中国水污染防治立法的正式开始
1988 年 3 月 22 日	《水污染物排放许可证管理暂行办法》	提出通过水污染物排放许可证进行水污染治理
2000 年 3 月 20 日	《中华人民共和国水污染防治法实施细则（2000）》	细化补充水污染防治法，详细写明关于水污染防治的监督管理的相关规定
2000 年 11 月 7 日	《国务院关于加强城市供水节水和水污染防治工作的通知》	开始重视城市水污染防治
2002 年 5 月 29 日	《国家环境保护总局办公厅关于开展全国水环境功能区划汇总工作的通知》	提出通过水环境功能区划控制水污染物排放
2003 年 1 月 2 日	《排污费征收使用管理条例》	开始运用市场手段治理水污染，通过征收排污费防治水污染
2003 年 5 月 12 日	《关于印发〈海河流域水污染防治"十五"计划〉的通知》	针对海河流域的区域性水污染防治计划
2006 年 11 月 27 日	《国家环境保护总局关于印发〈主要水污染物总量分配指导意见〉的通知》	通过总量控制对水污染进行管理
2008 年 4 月 14 日	《关于印发〈淮河、海河、辽河、巢湖、滇池、黄河中上游等重点流域水污染防治规划（2006—2010 年）〉的通知》	国家开始重视几大流域水污染治理，并制定了相应规划
2011 年 10 月 28 日	《环境保护部关于印发〈全国地下水污染防治规划（2011—2020 年）〉的通知》	国家开始重视地下水污染防治

续表

时间	文件名称	主要内容
2012 年 5 月 16 日	《环境保护部、发展改革委、财政部、水利部关于印发〈重点流域水污染防治规划（2011—2015 年）〉的通知》	国家对几大重点流域水污染防治的进一步规划
2013 年 10 月 2 日	《城镇排水与污水处理条例》	对城镇水污染的进一步重视
2014 年 8 月 6 日	《国务院办公厅关于进一步推进排污权有偿使用和交易试点工作的指导意见》	运用市场手段，通过排污权有偿使用与交易来动态管控水污染
2015 年 4 月 2 日	《国务院关于印发水污染防治行动计划的通知》	即"水十条"，是新时代水污染治理的纲领性文件
2015 年 4 月 9 日	《财政部　环境保护部关于推进水污染防治领域政府和社会资本合作的实施意见》	鼓励水污染防治领域采用政府和社会资本合作（PPP）模式
2015 年 7 月 9 日	《财政部、环境保护部关于印发〈水污染防治专项资金管理办法〉的通知》	提高财政资金使用效益，进一步加强水污染防治和水生态环境保护
2016 年 4 月 27 日	《关于印发〈水效领跑者引领行动实施方案〉的通知》	对水资源管理和利用制度的重大创新
2016 年 5 月 19 日	《京津冀协同发展水利专项规划》	提出了若干水利发展改革的主要任务，规范京津冀三地有关水资源开发、治理、保护方面的标准
2016 年 6 月 29 日	《水利部关于加强水资源用途管制的指导意见》	加强水资源用途管制工作，使水资源按用途得到合理开发、高效利用和有效保护
2016 年 7 月 2 日	《中华人民共和国水法》（2016 修正）	以法律的形式对水资源的使用、保护进行了确定
2016 年 8 月 4 日	《关于推行合同节水管理促进节水服务产业发展的意见》	对于提升节水的综合效益有重要意义
2016 年 11 月 10 日	《国务院办公厅关于印发控制污染物排放许可制实施方案的通知》	进一步完善污染物排放许可证制度
2016 年 12 月 11 日	《中共中央办公厅　国务院办公厅印发〈关于全面推行河长制的意见〉》	明确了地方主体责任和河湖管理保护各项任务

续表

时间	文件名称	主要内容
2017 年 6 月 27 日	《中华人民共和国水污染防治法》（2017 年修正）	为从严治污提供了更坚实的法律基础，重点在于强化地方政府的水污染防治责任
2017 年 10 月 12 日	《环境保护部、国家发展和改革委员会、水利部关于印发〈重点流域水污染防治规划（2016—2020 年）〉的通知》	首个覆盖全国范围的重点流域水污染防治规划
2017 年 11 月 4 日	《关于做好环境影响评价制度与排污许可制衔接相关工作的通知》	通过环境影响评价机制与排污许可制的衔接配合，共同管控水污染
2020 年 1 月 16 日	《生态环境部　水利部关于建立跨省流域上下游突发水污染事件联防联控机制的指导意见》	进一步防范重大生态环境风险

资料来源：笔者整理。

本章从 20 世纪 80 年代水污染防治在我国生态环境治理体系中初现端倪开始研究，依据中央政策发文时间将水污染防治政策的演进历程划分为起步阶段（1984～1999 年）、探索阶段（2000～2014 年）和发展阶段（2015 年至今）。

在起步阶段（1984～1999 年），《中华人民共和国水污染防治法》的颁布首次确立了水污染治理的法律地位，为水污染防治的各项工作提供了根本遵循和总体要求，具有标志性的意义。这一时期颁布了相关政策，如《关于防治水污染技术政策的规定》《水污染物排放许可证管理暂行办法》，但整体数量偏少，且偏重于指导性，规范性和约束性较弱。

在探索阶段（2000～2014 年），政策发文的年度频率明显增高。这一阶段的政策内容主要有三个方向的变化：其一，国家开始重视重点流域的水污染治理，在 2008 年和 2012 年先后出台了为期五年的《淮河、海河、辽河、巢湖、滇池、黄河中上游等重点流域水污染防治规划（2006—2010 年）》和《重点流域水污染防治规划（2011—2015 年）》。其二，城市水环境的保护开始进入政策制定者的视野，出台了包括《国务院关于加强城市供水节水和水污染防治工作的通知》和《城镇排水与污水处理条例》

在内的若干城镇水污染防治政策。其三，创新管控水污染的方式，尝试采用市场手段实施"总量控制型"管理，出台了《排污费征收使用管理条例》《国务院办公厅关于进一步推进排污权有偿使用和交易试点工作的指导意见》等政策措施。

在发展阶段（2015 年至今），国家层面出台了更多涉及水污染治理的政策文件并且初步形成体系，全面推动了水污染防治的蓬勃发展。国务院印发的《水污染防治行动计划》确立了水生态治理"节水优先、空间均衡、系统治理、两手发力"的基本原则，为京津冀地区分流域、分区域、分阶段科学治理江河湖海提供指引。结合《京津冀协同发展水利专项规划》和《重点流域水污染防治规划（2016—2020 年）》，可以明确京津冀地区统筹水污染防治的着力点在于节约用水与水资源配置、水资源保护与水生态修复、信息督察和监管考核、水环境管理机制创新以及保障水安全等方面，全面完善水资源的养蓄用治功能。这一阶段，《中华人民共和国水法》《中华人民共和国水污染防治法》和《中华人民共和国防洪法》等相关法律修订，进一步完善了排污许可制和重点流域水污染防治等政策。此外，在资金引进以及管理等方面出台了相关政策，如《财政部 环境保护部关于推进水污染防治领域政府和社会资本合作的实施意见》《水污染防治专项资金管理办法》等。同时，开始注重突发水环境污染事件风险防控与应急处置，制定了《生态环境部 水利部关于建立跨省流域上下游突发水污染事件联防联控机制的指导意见》等政策。

近年来，京津冀水环境协同治理实践取得了阶段性成效，三地水污染防治工作主要聚焦于跨省市水资源调配、水污染防治联动机制和跨省市流域综合治理三方面①。

在跨省市水资源调配方面，京津冀地区致力于实现水资源统一优化调度以及一体化管理。按照 2014 年水利部发布的《京津冀协同发展水利专项规划》，京津冀将构建水资源统一调配管理平台，实行水量联合调度。一直以来，北京与河北省的输水联动机制缓解着北京供需水的矛盾。目

---

① 邱彦昭，王东，杨兰琴，刘操．京津冀三地水资源协同保护现状及对策建议［J］．人民长江，2018，49（11）：24-28.

前，北京正着力打造京津冀水系：借助北京南水北调配套工程南干渠与河北配套工程廊涿干渠的连通工程，为北京增加输水通道；下一步将聚焦白洋淀与永定河连通工程，努力打造华北最大的水系工程，促进区域水资源统一调度和高效利用。

在跨省市流域综合治理方面，2017 年京津冀三地召开水环境保护会议，共议改善永定河水环境质量的行动纲领，并正式启动《永定河综合治理与生态修复总体方案》。2019 年针对跨省界河流，河北与北京市共同制定《白洋淀流域跨省（市）界河流水污染防治工作机制》，建立了定期会商、环境信息共享、联防联控、生态补偿等机制。京津冀总体的水污染联防联控机制尚待探索，合作治理还局限于部分领域、局部区域和小流域。

在水污染防治联动机制方面，京津冀地区积极落实国务院《水污染防治行动计划》，三地将打破"一亩三分地"思维定式，着力加强区域流域水污染防治协作。2015 年京津冀三地通过了《京津冀协同发展六河五湖综合治理与生态修复总体方案》，全面启动水污染协同治理工作。同年，三地签署了《京津冀区域环境保护率先突破合作框架协议》，明确以大气、水、土壤污染防治为重点，全方位联防联控，共同改善京津冀区域生态环境质量。2016 年，京津冀地区按照"责任共担、信息共享、协商统筹、联动协作"的原则，共同探索建立水污染防治联动协作机制，成立了水污染防治协作小组，形成水污染防治工作合力。总体上京津冀水污染联防联控在中央政策的推动下不断深入，目前三地着力从以下几个方面寻求突破：其一，近几年京津冀地区在突发水环境污染事件风险防控与应急处置方面取得了很大进展。2014 年北京市环保局、天津市环保局、河北省环保厅共同签署《京津冀水污染突发事件联防联控机制合作协议》，建立了京津冀水污染应急联防联控机制，提升了京津冀三地协同处置区域水污染突发事件的能力。京津冀三地生态环境部门每年均召开水污染突发事件联席会议，制定年度《水污染突发事件联防联控工作方案》，并组织开展京津冀联合突发水环境污染事件应急演练。其二，在环境执法联动方面，2015 年京津冀三地环保部门正式启动了"京津冀环境执法联动工作机制"。2019 年海河水利委员会协商京津冀建立省际边界河流水行政联合执法机制，制定印发了《京津冀省际边界河流水行政联合执法与巡查制度》，强化了三地对交界地带水环境污染的全面防控，为省际边界河流联合执法提供了有力的制度依据。其三，三地共建水资源利用与水生态补偿机制。2017 年天津与河北省签订了《关于引滦入津上下游横向生态补偿的协议》，2018 年河北省与北京市共同签署了《密云水库上游潮白河流域水源涵养区横向生态保护补偿协议》，京冀两地将按照"成本共担、效益共享、合作共治"的原则，建立协作机制，促进流域水资源与水生态环境整体改善。从跨省流域上下游突发水污染事件应对到环境执法联动与生态补偿，联防联控机制在不断完善，但目前仍集中于局部流域、强调水污染的应急联动，联防联控机制尚未真正建立。

总体而言，京津冀水环境协同治理还处于起步阶段，水污染联防联控机制尚未真正建立。目前京津冀地区协同治理水污染过程仍存在诸多不足，三地仍处于"各管一段"的碎片化状态，水污染治理工程也呈点状、线状分散布局，三省（市）难以凝聚强大的治理合力。其一，区域流域生态补偿和市场交易机制有待完善[①]。北京市和天津市作为区域发展的中心，具备统筹教育和医疗资源输入、技术援助、产业扶持、人才支持等多种补偿方式的能力，但目前生态补偿方式仍较为单一，多以政府财政资金进行补偿。同时京津冀污水排污权交易市场尚不健全，水资源市场化程度较低，区域水资源难以高效流通和配置。其二，区域水污染防治工作的标准化程度较低，全域统一的政策法规标准体系尚未建立。目前区域水污染协同治理碎片化难题犹存，京津冀三地水污染防治缺少一套统一的规章制度和污染标准，使得区域水污染治理的决策、执行、反馈与监督环节难以协作。其三，京津冀地区缺乏权威的高层跨部门领导小组以统筹区域水污染防治工作。目前京津冀及周边地区形成的水污染防治协作小组领导层级不高，各地难以达成共识、形成合力化解区域水环境危机。

---

① 牛桂敏，郭珉嫒，杨志. 建立水污染联防联控机制　促进京津冀水环境协同治理 [J]. 环境保护，2019，47（2）：64－67.

7.2.2.3　京津冀区域土壤污染治理进展

土壤是构成生态系统的基本环境要素，关乎农村、城市、食品安全、产业发展全局，因此土壤污染治理为生态文明建设不可或缺的一环。以2000年《水土保持生态环境监测网络管理办法》为起点，本章选取2000~2019年出台的150篇土壤污染防治政策文本作为研究样本，综合分析土壤污染治理及空间管控多层级参与特征。研究发现，2011年前我国大多聚焦于土地资源持续利用与土地生态系统保持健康的问题，至2016年土壤污染防治重点逐步演变为单方面问题，如土壤重金属污染等。2016年，国务院颁布的《土壤污染防治行动计划》和《"十三五"生态环境保护规划》将全国土壤污染防治工作提升到更高的战略高度，自此开始探索建立跨行政区域土壤污染防治联动协作机制。

由于一直以来超负荷开发利用土地资源，京津冀地区整体土壤环境堪忧，土壤污染的区域性问题已经不容忽视。而京津冀地区土壤污染协同防治和修复的基础相对薄弱，2015年京津冀三地签署《京津冀区域环境保护率先突破合作框架协议》后，正式启动区域环境污染治理合作，以大气、水、土壤污染防治为重点协同开展生态文明建设。2016年迎来了土壤污染治理领域的重大进展，中央相继颁布《京津冀协同发展土地利用总体规划（2015—2020年）》《国务院关于印发土壤污染防治行动计划的通知》以及《"十三五"生态环境保护规划》。其中《京津冀协同发展土地利用总体规划（2015—2020年）》为京津冀协同开展空间管控、严控新增建设用地和土地用途管制提供了总体指导。《土壤污染防治行动计划》又称"土十条"，不仅有效弥补了土壤污染防治专项法律的缺位，在土壤污染防治工作中发挥法律指导作用，而且为全国土壤污染治理工作提供了周密合理的行动计划，为京津冀三地形成土壤环境保护与污染防治的共同目标奠定了基础。自此，京津冀三地相继针对本地情况出台了土壤污染治理政策，提出了各阶段防治策略与目标。《"十三五"生态环境保护规划》则进一步强调开展土壤污染治理与修复以及重点区域土壤污染防治，全面推动京津冀地区协同保护生态环境，并在生态环境联动管理体制机制创新方面提出了一系列新要求新任务。在中央的统筹下，京津冀三地相继出台了相应政策，京津冀区域土壤污染防治联动协作取得积极进展。在政策设计上，京津冀出台的政策与中央政策高度对应，且京津冀三地土壤污染防治目标一致，具备构建联防联控机制的基础。但从治理结构来看，中央与地方之间、京津冀三地政府之间仍没有形成系统的联动机制，政府间协同仅限于国土空间规划和环境监察。

从中央和地方发文的时间分布来看，中央政府的指导性政策起到了强有力的推动作用，政策体系整体上呈现出"自上而下"的特征。2016年是土壤污染防治政策重要的时间节点，此后中央与京津冀三地政府接连出台新政策，京津冀地区土壤污染治理开始逐步从各自独立的治理走向共同治理（见图7-1）。

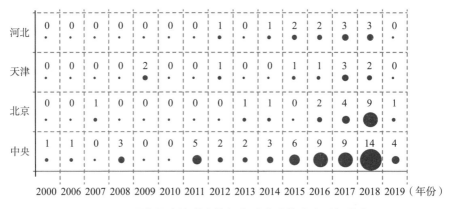

图7-1 国家及京津冀土壤污染防治政策发文时间分布

本章综合已有研究，构建了京津冀地区土壤污染防治政策工具分析框架。在运用政策工具方面，京津冀地区土壤污染治理政策工具所在的政策领域多集中于"综合管理/联防联控"和"用地结构优化"，表明我国高度重视跨区域土壤污染防治这一重要维度，但土壤环境治理的视角主要限于末端污染治理，土壤污染的"防"和"治"有所失衡。但政策工具的运用也呈现出新的趋势，各级政府开始探寻技术创新引领源头防控土壤污染的新路径。

在这个分析框架下，京津冀地区土壤污染防治政策工具的主要分类为强制型、市场型和混合型（见表 7 - 8）。从中央与地方政府政策工具的选择来看，各级政府的政策中命令控制型均为最主要的政策工具，京津冀地区土壤污染治理工作中目标设定和技术选择在很大程度上均具有强制性。从政策工具子类型来看，强制型治理政策工具中"法规管制""规划保护"和"退耕还林还草、休耕"使用频率最高，反映了各级政府充分发挥法律管制土壤污染的刚性约束力，并且注重土地资源利用与保护议题。从混合型治理政策工具选择来看，各级政府多采用"加强土壤污染防治研究"和"推广技术应用"手段，表现出理论研究与实际应用"两手抓"、共促土壤污染防治的特点。此外，央地两级政府广泛运用各类市场型治理政策工具，如"政府购买""发行债券"等。从政策工具选择的角度出发，京津冀地区不断扩充土壤污染防治政策的手段和措施，并已具有一定的协同性与一致性。

表 7 - 8　　　　　　京津冀及周边地区土壤污染治理政策工具分类

政策工具类型	政策工具子类型
强制型	监测网络、法规管制、划定农用地质量类别、规划保护、产业控制、退耕还林还草和休耕、控制农药使用量、调查评估建设用地土壤环境、建设用地用途管制、关停严重污染企业、强化重金属污染安全处置、修复污染地块、专项资金
市场型	奖励农村环境连片整治、推动治理与修复产业发展、基金支持企业技术改造、激励农业防污、政府购买、发行债券
混合型	加强土壤污染防治研究、推广技术应用、公众参与公益投诉、宣传教育、鼓励农民增施有机肥与改良农业设施

综上所述，可以初步判断，京津冀地区土壤污染防治及空间管控协同机制正处于起步阶段，整体呈现为以"自上而下"为主导的政治动员格局，通过中央政府强力的政策部署带动区域、地方的土壤污染治理及空间管控工作。从京津冀三地土壤污染协同治理的结合点和着力点来看，各地方政府在具体考核内容、任务设置等方面表现出了较高的"一致性"特征。并且三地在土壤污染防治方面的联动基本局限于监察、预警、土地利用规划，在空间管控方面，三地的协同机制依托于国土空间规划和土壤污

染监控机制。从政策工具运用来看，"以命令控制型工具为主导"的特征显著，此类工具仍是当前主要的治理手段。

7.2.3 京津冀区域生态环境保护的体制机制创新

从上述分析可以看到，京津冀区域的生态环境治理和保护协同创新进入了系统化阶段，尤其在大气污染治理领域呈现出目标—法律—政策—工具协同创新性与全国领先性，并统合体现为联防联控协同机制创新。具体表现为：一是确立协同性目标体系。二是建立区域生态环境保护协作机制、跨区域的联合监察执法机制、水资源统一调配制度、区域应急协调联动机制、污染联防联控工作机制①。三是完善政策法规体系，协同推进生态文明试点示范、统一完善区域环保标准、完善生态用地政策。四是加强制度创新，实行排污权交易试点、推行第三方治理、建立健全环境保护信用机制、建立生态补偿机制等。

下面重点以大气污染治理的机制创新为例来详细说明，京津冀区域生态环境污染治理协同经过较为长期的发展，已比较成熟，成效也较为显著，对其他领域具有重要的借鉴意义。

7.2.3.1 "压力型体制"下总量目标责任机制

近年来，中央高度重视京津冀环境污染治理工作，通过中央层面的"小组"机制，形成了"层级加压、自上而下"的政策执行过程框架。自 2013 年以来制定了严格的目标考核办法，北京、天津和河北都制定了阶段性的污染物总量控制目标。以大气污染为例，《大气污染防治行动计划》提出了京津冀区域大气污染物的排放目标，并提出需要以 6 项污染物达到《环境空气质量标准》浓度限值作为目标（见表 7 - 9）。由于三地的经济发展水平不同，各自的水污染治理目标与标准也存在一定差异，这些措施虽然大大增强了政策的执行效果，但也造成三地水污染治理的横向协同存在一定困难。

---

① 祁巧玲. "十三五"生态环境保护工作如何推进？——解读《"十三五"生态环境保护规划》[J]. 中国生态文明，2016（6）：46 - 49.

表 7 – 9　　　　　　　京津冀三地 PM2.5 年均浓度控制目标对比

单位：微克/立方米

地区	2013 年	2015 年	2017 年	2020 年	2025 年	2030 年
北京	89	81	60	55	42	35
天津	96	70	60	53	40	32
河北	108	77	67	56	43	35

7.2.3.2　正向激励导向下完善投入保障机制

治理工作需要聚集各方资源，保障治理效果的连贯性，因此需要资金的正向激励，同时也需要调动多元社会主体的积极性。根据京津冀环境保护局（厅）的部门收支预算、决算表，京津冀在节能环保方面投入较大。资金是贯彻落实污染治理和平衡各方利益的重要支撑，但目前也由于地方保护主义、经济多极化、发展不均衡等问题导致资金投入难以平衡。可以看出，北京近年来在污染治理中付出了大量努力，环保节能的投资数快速扩张，但是天津市出现了投资递减的趋势，河北省投入处于较低水平（见图 7 – 2）。另外，对各级领导实施责任追究制度，财政和权力的正向激励有助于污染防治工作稳步开展，避免出现"搭便车"等情况。

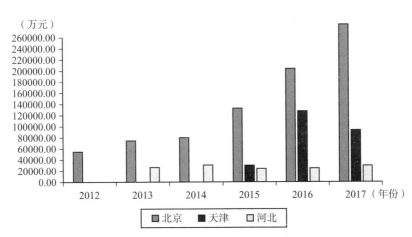

图 7 – 2　2012～2017 年京津冀环保节能投入决算数对比

7.2.3.3 "试点—推广"的运行协调机制

在政策出台方面，京津冀形成了"试点—反馈—再试点—再反馈—推广"的执行路径，并利用其特有的政治优势不断加快这一进程，形成了具有科学性和适应性的政策体系，有助于进一步避免重大的政策失误、减小政策执行的阻力。例如，北京形成了以总量排放标准为主体的标准体系，排放控制之严居全国各省区市前列，多个标准均严于国家标准，基本与国际先进水平接轨。天津市至 2017 年污染防治地方标准达 16 项，制定了严格的排放标准。但是河北省当前执行的污染排放标准多数是 20 世纪 90 年代发布实施的，修订工作严重滞后。特别是在水污染方面出台的《关于引滦入津上下游横向生态补偿的协议》《永定河综合治理与生态修复总体方案》《京津冀重点流域突发水环境污染事件应急预案（凤河—龙河流域）》等都属于试点，整体的推广政策较少。虽然其在承接京津产业、升级清洁技术和淘汰落后产能等产业方面做出了积极努力，但环境标准和政策规制仍然宽松，且在排污费、大农村治理、污水垃圾处理、污染源信息公开程度等政策方面的进程远远落后于京津，值得进一步探索改进机制。

7.2.3.4 不断升格的组织管理机制

京津冀联防联控机制进入更高层级的国家战略是治理效果的重要保障，2018 年国务院将京津冀及周边地区大气污染防治协作小组升格为京津冀及周边地区大气污染防治领导小组，由国务院副总理韩正担任组长。而水污染治理方面京津冀区域性的机构只有京津冀及周边地区水污染防治协作小组，其采取的是联席会议的形式，应对水污染协同治理的即时性与长期性效果不佳，缺乏一个权威性的机构引导三地水污染治理方面的合作，纵向的水污染协同治理做得并不到位。目前各个地市级政府分别成立了污染综合治理协调处、环境管理处等负责各省市的环境治理与保护，各省都成立了污染防治工作领导小组和联席会议制度。

7.2.4 京津冀区域生态环境协同保护存在的问题

通过政策分析可以看出，我国环境领域的联防联控制度体系整体形成，但仍然存在一些问题，无法满足长效改善环境质量的根本目标。在大气、水和土壤三个领域，进展程度有所不同，但存在的问题有共同之处。

7.2.4.1 区域协同治理手段和形式单一

政策系统的协调度不足，各级地方政府作为地区责任主体的"单中心"治理模式，政策也多为强制性政策，由中央政府制定总目标再由地方政府层层分解，可以观察到省域的文件多依据中央政府指令出台，工作重点与具体措施都较为一致，政府多采取行政手段治理从产业、能源到社会的一切事务，市场与社会的参与缺乏。目前京津冀乃至我国的土壤污染防治法律法规体系仍不健全，防治工作缺乏完整的标准规范。同时土壤污染防治专业人才缺乏，技术能力无法满足现实需求。

7.2.4.2 治理碎片化与职能交叉

由于污染成因的多元性以及治理资源分散在众多部门，需要多个部门与地区进行协调。资源的分散主要包含职能的部门分散和资源的区域分散。一是治理职能分散于多个部门中，现阶段各级生态环境部门为治理的责任主体，但水利、财政等部门也拥有监管权，存在政出多门、职能交叉和空缺的现象。二是行政区导致的资源本地化，资源散落于各个行政区域内，缺乏有效整合，导致各地的治理能力差异和资源浪费。例如河长制作为一种制度创新提升了跨域水环境治理能力，然而其仍然停留在权威型治理模式，属于一种权威治理的路径依赖，最终将会进一步凸显水污染跨域治理的碎片化困境。

7.2.4.3 联防联控法律法规的保障性较弱

区域联防联控制度的构建需要法律法规的支撑，目前国家层面的法律法规中，高级别的法律都只是涉及污染治理，同时关于联防联控制度也是一笔带过，例如关于区域能源结构调整、会议会商结果等都未纳入政府法律法规，跨区域执法也没有详细具体的法律规定。部门章程虽然相对丰富，但其内容的制度性"软约束"多于对违法惩处的"硬约束"，约束力不强，同时总法规与下属的产业、能源、部门等方面的法律衔接性较差。虽然中央多个文件都指出要"成立污染联防联控工作机制"，但在地方级的政策中却没有看到相关落实情况和说明。

7.2.4.4 跨区域污染协作治理平台缺失

当前，为解决治理的协调困境，各地方政府一般采取联席会议的方式达成一致性意见并采取协作行动，对于促进跨区域污染问题的解决起到了一定的积极作用。然而，这种联席会议实质上是一种松散的联盟，一般由各地方政府选派人员参加，不涉及其他相关利益主体，加之其不具备权威性和统筹性，各地方政府在跨区域水污染协作治理中，容易产生意愿和动力不足，导致执行力弱。

7.3 趋势与展望

习近平总书记在党的十九大报告中指出要"建立更加有效的区域协调发展新机制"，这是对我国区域发展的新部署新要求，是解决新时代人民日益增长的美好生活需要和不平衡不充分发展矛盾的重要途径。目前京津冀环境保护协同正向以下方向发展。

7.3.1 兼顾成本效益与利益协调

现阶段关于区域治理的成本效益分析与公平机制建设相对较弱，存在考核指标多侧重于治理成本，未反映治理的资源价值与环境容量约束关联度低等问题；对产业结构落后地区节能减排的经济影响考虑不足等。治理成本与治理效用的测度、排放权益与责任的统一和气候风险与气候安全的均衡等都是未来制度建设的关注重点，未来的政策导向目标为积极优化新制度并实时淘汰旧制度，提升制度的区际成本利益分配的合理性、权力责任分配的公平性和资源配置的均衡性。

7.3.2 提高对组织变革的一致认识

目前国家要求各地区成立独立的区域联防联控领导小组，对污染工作进行统筹领导。近年来环境治理上京津冀区域协调小组不断升格，组织变革与制度转变已经成为大势所趋，各地方政府的组织结构整合、横向与纵向的政策联合将进一步加深。在组织变革中有两种观点：一种认为需要成立权威性的独立实体领导部门；另一种则认为只需要抽调各部门人员进行标准和程序上的重塑。这两种做法会对组织产生截然不同的结果。

7.3.3 逐步建立多方参与的新机制

近年来我国京津冀的环境质量呈现稳中向好的总体趋势，但仍然处于攻坚克难的关键时期。且未来区域污染联防联控会成为治理的重要手段，在手段的运用上对于管制控制型工具的使用已经相对完善，下一步将进行市场和社会工具的推广运用。环境治理要坚持政府调控与市场调节相结合、经济发展与环境保护相协调、联防联控与属地管理相结合、总量减排与质量改善相同步等，形成政府统领、企业施治、市场驱动、公众参与的污染防治新格局。

7.3.4 提升联防联控法律法规的保障性

未来需要形成内容丰富的部门章程性"软约束"和违法惩处的"硬约束"相结合的制度体系，对于联防联控的标准、程序和范围进行明确规定，并提升总法规与下属的产业、能源、部门等方面的法律衔接性。

第 8 章

京津冀财税制度协同创新研究

目前，越来越多的国家将实现财政均等化作为公共财政体制建设的目标。财政均等化是指居民或企业无差别地享受政府所提供的财政优惠或公共物品与服务，主要包括两个层次：财政能力均等化，以及基本公共服务水平均等化。然而，实现地区之间财政完全均等化在各个国家都是具体实施层面的难题，即使在财政均衡制度实行较好的国家也没有实现完全均等化。

京津冀地区财政领域的协同创新同样面临很多困难。在现行的财政体制之下，北京、天津、河北三地财力差距仍较大，区域内公共服务供给良莠不齐。而且北京与天津较高的公共服务水平会产生虹吸效应，导致河北省的财政实力相对较弱，公共服务水平相对较差。这给京津冀地区财政领域的协同创新带来很大困难。然而，京津冀协同战略是中央明确的促进区域发展的国家战略选择，即使目前支持这一财税协同战略的财税政策还不太成熟，京津冀地区财税协同创新也必将有利于各地财政收支与事权相匹配、缩小公共服务水平差距、发挥地区经济发展的协同效应。本章将详细梳理从新中国成立后到目前为止，京津冀地区财政领域财税协同的发展历程，对未来京津冀地区财税协同的趋势和发展方向进行展望。

8.1 京津冀财税协同创新的理论基础

目前，京津冀协同发展战略已进入全面推进、重点突破的关键性时期，而财税政策的创新与改革对区域产业调整、环境保护、交通运输、科技共享等多个领域均产生重大影响。同时，财政税收政策的调整是完善区域利益协调机制的关键因素，在京津冀协同发展的进程中，其能够弥补市场经济的不足，是调节市场经济状况和有效分配资源的重要工具。因此，财政税收领域的协同创新能够充分促进京津冀一体化发展。

8.1.1　理论基础

学术界关于财税协同创新已有一定的理论基础，主要有财政转移支付理论、财政均等化理论和税收领域协同创新理论。

8.1.1.1　财政转移支付理论

财政层面的转移支付理论是指各级政府在确定人权、事权和财权的前提下，对政府财政资金进行纵向和横向转移（崔欣然，2015），是缩小区域间发展差距、实现经济协调发展的重要财政措施。根据财政转移支付的不同标准，可将其分为一般性转移支付、有条件转移支付、横向转移支付，各类转移支付的具体情况如表 8 - 1 所示。

表 8 - 1　　　　　　　　　　各类转移支付内容

转移支付类型	财政资金用途	对区域协同发展的作用	参考文献
一般性转移支付	无规定用途与附加条件，由政府根据地方经济发展需求，对资金进行支配和使用	• 增加地方财政收入与公众的可支配收入，刺激消费。 • 增加河北地区的财政支付能力，提高地方公共服务水平，缩小区域财政差距	谢京华，2011
有条件转移支付	具有规定用途和附加条件，规定了财政资金的使用范围和方向	• 保护京津冀区域环境（如生态涵养区）。 • 提高区域公共设施建设水平，使基本公共服务均等化	谢京华，2011；崔欣然，2015
横向转移支付	资金在平级政府间划拨，一般由经济发展水平高的地区划拨给经济水平较低的地区，属于区域内、地区间的财政帮扶，能够高效使用	• 京津两地相对发达，河北相对不发达，横向转移支付在区域协同发展中至关重要。 • 横向转移支付对经济增长有明显的促进作用	廖红丰、马玲，2005；崔欣然，2015

8.1.1.2 财政均等化理论

财政均等化理论是指居民或企业无差别地享受政府所提供的财政优惠或公共物品与服务，这一理论包括两个层面的含义：财政能力均等化与基本公共服务水平均等化。然而，实现地区之间财政完全均等化仍然停留在理论层面，财政均衡制度实行较好的国家也没有实现完全均等化。因此，广义财政均等化是指将区域内各地的财政水平差距控制在一定的范围之内。

目前，越来越多的国家将实现财政均等化作为公共财政体制建设的目标，研究典型国家的财政均等化模式，将对京津冀地区财政领域的协同创新有一定的借鉴意义。本章参考孟添与张恒龙（2007）的做法，将国家分为联邦制与单一制，选择财政均等化模式实行较为成功的国家，进行比较分析（见表8-2）。

表 8 - 2　　　　　　　　　　　财政均等化的国际比较

国家结构	代表国家	财政均等化制度
联邦制	澳大利亚	• 财政均等化模式由最初的转移支付制度演化而来。均等化拨款额度的依据是各州收入和支出水平。 • 均等化转移支付的分配形式为均等化拨款与专项拨款，均等化拨款用来缩小地区财力差距，专项拨款用来满足某项政策的需要。 • 成立联邦补助委员会，基于各州经济发展水平，制定各项均等化方案，总理办公会议决议方案是否通过
	德国	• 财政均等化制度分为纵向均等化与横向均等化，转移支付仍为实现均等化的主要方式。 • 纵向均等化是指联邦政府根据各州的人口数量而非各州实际征收的税额，返还所征收的增值税。另外，对经济特别困难的州，联邦政府对其进一步予以增值税帮扶。 • 横向均等化即横向转移支付，在已知各州财政水平的情况下，由富裕州给予贫困州一定的财政资金，从而达到财政均等化的效果
	加拿大	• 转移支付分为两部分：无条件转移支付、有条件转移支付。 • 无条件转移支付又分为均等化项目和地区常规资金。 • 有条件转移支付又分为加拿大健康转移支付、社会转移支付两类
单一制	日本	• 财政均等化制度的形式有国家下拨税、固定资金转移税、国库支出金、特殊交通补助等。 • 根据地区的贫富、财政收支情况确定资金拨付比例，设置比例上限，贫困地区拨付比例最高可达30%，富裕地区（如东京）拨付比例为零

续表

国家结构	代表国家	财政均等化制度
单一制	英国	• 中央政府根据各地发展特点，补助项目类型也存在差异，从而缩小各地发展差距。 • 以各地收入与支出水平为依据，中央政府通过转移支付实现地方各级公共服务水平均等化。 • 转移支付分为专项补助与地方补助

现行的财政体制下，北京、天津、河北三地财力差距仍较大，区域内公共服务供给良莠不齐。北京与天津较高的公共服务水平会产生虹吸效应，吸引更多的城市要素聚集，如人才、投资等，形成更加优质的产业群。而河北省财力相对较低，公共服务水平较差，地区发展受到一定的限制。财政均等化能够为发展水平相对较低的地区提供公共产品，通过多种财政活动，如纵向、横向转移支付，实现京津冀财政协同发展。

8.1.1.3 税收领域协同创新理论

税收政策对区域资源配置、投资、劳动力等多方面均会产生影响。制定合理的区域税收协同政策，一方面可以促使劳动力有序引流，另一方面还影响三地投资，如由于河北省经济发展水平较低，对河北省的外来投资者实施一定的税收优惠，降低其投资成本，可以吸引更多的投资者，从而提高经济效益。2014 年 10 月，北京、天津、河北三地税务部门共同签署了《京津冀协同发展税收合作框架协议》（李文涛，2015），这一协议从政策层面构建了京津冀税收共治的框架，进一步推进了京津冀一体化发展。关于税收协同对区域一体化的作用，学术界已经形成了一定的理论基础，其中哈马达税收协同模型已得到广泛认同。

哈马达税收协同模型基于日本经济学家滨田宏一（Y. Hamada）提出的哈马达模型，哈马达模型是用来分析两国货币政策协同效应的著名模型，直观解释了货币政策合作解优于非合作解。在这一基础上，哈马达税收协同模型对原模型进行了改进，用税收政策代替货币政策，将研究范围缩小为省际，分析两省之间的税收协同效应，如图 8 - 1 所示。

假设某国存在省 1 与省 2，I_1 与 I_2 代表两省所实施的税收政策，且一

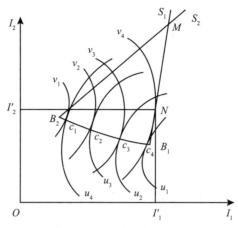

图 8 - 1　哈马达税收协同模型

省的税收会影响另一省税收，u 与 v 代表省1与省2经济利益的无差异曲线，该曲线是税收的函数。c_1、c_2、c_3、c_4 是 u 与 v 曲线相切的点，连接各点，可得曲线 B_1B_2，只有在该曲线上两省经济利益才能达到帕累托最优，因此，B_1B_2 又称为两省税收协同的"契约线"。省1的最佳选择点为 B_1，在 B_1 点处，省1的税收政策最优，对该省发展最有利。同样，B_2 是省2的最佳选择点。

图中 S_1、S_2 是省1、省2的反应曲线，一省可通过反应曲线得出另一省的税收反应以及自身处境（朱莉莉，2018）。以省1为例，S_1 是由 B_1 点、I'_2 与 v_4 交点 N 点的连线。S_1 与 S_2 相交于 M 点，若两省税收不协同，各自采取税收行动，则 M 点是两省税收政策的"古诺均衡点"，显然，M 点未达到最优。若省2具有先发优势，采取税收政策 I'_2，则与省1的反应曲线交于 S 点，S 点不在 B_1B_2 上，未达到帕累托最优。

综上所述，该模型表明只有两省接受税收协同，区域经济利益才能达到帕累托最优，而若不接受税收协同，区域经济收益将可能处于低效率甚至无效率状态。

8.1.2　财税协同创新的重要性

8.1.2.1　京津冀经济与财税现状分析

京津冀各地经济发展水平差异较大，财力也存在较大差距，北京、天津、河北三地发展的差异是区域内财力差距较大的主要原因。图 8 - 2 展示了三地人均 GDP 与人均财政支出之间的关系，两者均呈增长趋势且正相关。图中实线代表人均 GDP 水平，2014～2018 年北京与天津的人均 GDP 均在 10 万元以上，而河北省仅在 4 万元左右。虚线代表人均财政支出，三地中，北京财政支出仍最高，天津次之，河北最低。两者之间的正相关关系表明，财政支出水平较高的地区，会促进地区经济发展，这是因为高质量的基础设施建设与公共服务水平会吸引更多的生产要素，从而带动经济发展。

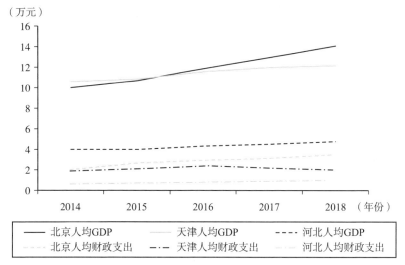

图 8 - 2 2014～2018 年京津冀区域人均 GDP 与人均财政支出

资料来源：国家统计局。

现行财政体制下，京津冀区域人均财政收入差异明显。图 8 - 3 展示了三个地区 2014～2018 年人均财政收入的对比情况，从图 8 - 3 中可以看出，北京各年的人均财政收入均远高于其他两地，且差距逐渐增大。2014 年河北省的人均财政收入仅为 0.33 万元，仅为同期北京的 17.6%、天津的 20.1%。在这一时期，北京人均财政收入持续增加，2018 年增至 2.69 万元，是同期天津的 2 倍，河北省的 5.8 倍。而河北省人均财政收入仅增加 0.14 万元。财政收入的巨大差异阻碍了京津冀一体化进程，河北省的人均财政收入较京津两地显得捉襟见肘，限制了财政支出，从而无法吸引更多的生产要素聚集，经济发展陷入困境。

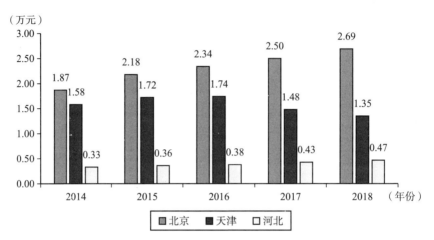

图 8 – 3　2014～2018 年京津冀区域人均财政收入对比

资料来源：国家统计局。

　　除人均财政收入差距明显外，京津冀人均财政支出也严重失衡。地区人均财政支出能够反映政府的财政支付能力。较低的财政支出，不仅限制了当地教育、环境、医疗、基础设施建设等的发展，而且会让生产要素流向财政支出水平高的地区，阻碍区域协同发展。图 8 – 4 展示了 2014～2018 年京津冀区域人均财政支出情况，河北省财政支出水平仍低于京津两地。2014 年，河北省人均财政支出为 0.63 万元，是同期北京的30.0%、天津的33.2%。2018 年，河北省人均财政支出 1.02 万元，是同期北京的29.4%、天津的51.3%。五年间，三地人均财政支出呈现出去差异化趋势，但由于三地财政支出总量仍存在差距，缩小人均财政支出仍是京津冀协同发展的重要目标。

　　税收是组成地方一般财政收入的重要部分，因此税收收入可以用来反映地区财力状况，图 8 – 5 展示了三地的人均税收收入状况。总体而言，北京的人均税收收入高于其余两地，且一直保持增长趋势，2013～2017年，北京人均税收收入从 1.66 万元增至 2.15 万元。天津这一指标基本稳定在 1 万元。河北省的人均税收收入 5 年内尚未超过 0.3 万元。三地差距明显。

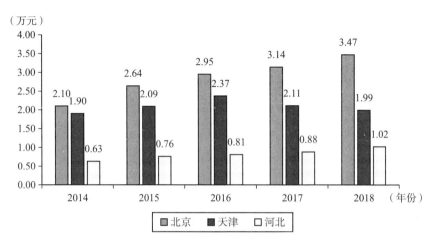

图 8 - 4 2014～2018 年京津冀区域人均财政支出对比

资料来源：国家统计局。

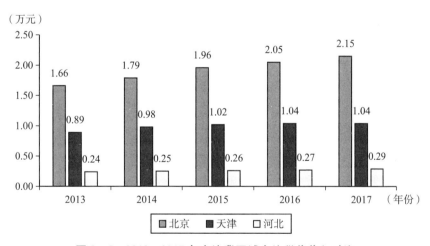

图 8 - 5 2013～2017 年京津冀区域人均税收收入对比

资料来源：国家统计局。

8. 1. 2. 2 财税协同创新的必要性

现行财政税收体制下，"分灶吃饭"特征明显，各地区均以谋求自身利益最大化为目标，政府成了只追求自身利益的"公司"。这一体制使得政府只注重本地经济、财政税收情况，而忽视其他地区的发展，区域内甚至会出现"相互拆台""恶性竞争"等情况。京津冀协同战略是促进区域发展的时代选择，但目前支持这一战略的财税政策还不太成熟，仍存在诸多问题。财税协同创新将有利于各地财政收支与事权相匹配、缩小公共服务水平差距、改善区域生态环境。

（1）促使各地财政收支与事权相匹配

依上文可知，京津冀三地财政收入差距明显，河北省与北京、天津相比，其财政收入处于较低水平，财政压力巨大。同时，河北省又负有承接京津两地重工业、养护区域环境的责任，其财政支出领域不断扩大，需要大量的财政费用来维持，这凸显了区域财政收支水平与事权不匹配的现象。在这个背景下，财税协同创新是统一各地财权与事权的必要方式，政府需要探索有效的转移支付制度，切实消除旧制度障碍。同时，还应根据三地的优势产业制定详细的税收政策，如在产业转移、节能环保等领域实施税收优惠措施，尤其对于河北省的第一、第二产业的发展，政府应该加大税收优惠，让其借助税政策促进经济发展，实现区域协同创新发展。

（2）缩小公共服务水平差距

由于京津冀三地财力悬殊，公共服务水平差异明显，导致大量优质的资源要素聚集在北京与天津两地，而河北资源则相对缺乏。公共服务均等化能够使生产要素合理流动，是促进区域协同发展的重要战略性决策。财税协同创新能够有效破除京津冀"分灶吃饭"的财税体制，使得三地消除行政壁垒，促进公共资源协同化。

（3）改善区域生态环境

京津冀三地是我国环境污染最严重的地区，河北省聚集了大量粗放型、高污染、高耗能的工业企业，使得区域大气污染十分严重。2018 年《中国环境状况公报》显示，全国环境质量最差的前十个城市中，就包括河北省的石家庄市、邢台市、唐山市、邯郸市、保定市[①]。三地相对独立

---

① 资料来源：http://www.mee.gov.cn/hjzl/tj/201905/t20190529_704850.shtml。

的行政与财税体制分割了区域的生态环境建设，为保护首都环境，环北京的河北地区形成了以保护生态环境为中心、牺牲财政收入与地区经济建设为代价的发展形态。河北大部分生态涵养区补偿不足，如涿州的退耕还林补偿费为每亩 300 元，而北京补偿费为每亩 2000 元（崔欣然，2015），这种不平衡的补偿机制加剧了由于当地经济贫困而引发的环境破坏风险。完善生态补偿的长效机制是促进京津冀环境协同发展的根本性决策。政府可大力推广人才、技术补偿，减轻受偿地区的生态环境保护压力，提高其生产能力。部分学者还提出政府应该创新性地使用京津冀环境保护资金，如以三地财政收入为出资比例设立京津冀环保专项基金，重点补偿生态屏障地区，借鉴欧盟经验，设立奖惩机制等（李惠茹等，2017）。

8.2　京津冀财税协同发展的历程与成就

二战后世界各国都在寻求经济的发展，各国各地区之间也在寻求经济合作来调节经济关系。因此，欧盟、东盟、北美自由贸易区等经济组织相继成立，区域经济一体化已经成为世界经济发展的主流趋势和特征（胡雨晗，2016）。在这样的国际经济环境背景下，京津冀协同发展有利于整合区域内部资源，通过对三地之间的利益与资源的合理配置，解决三地经济失衡的现状，实现京津冀区域的长久发展，其中，京津冀的全面协同发展必然包含财政税收方面。

了解京津冀协同发展的历程与成就以及财政税收方面的重要举措有助于对京津冀协同创新有更加深入、全面的理解，因此，本章按照时间顺序，将京津冀协同发展的历程分为下列四个时期：新中国成立至改革开放、改革开放至 2002 年、2003 年至 2012 年、2013 年至今。

8.2.1　新中国成立至改革开放

新中国成立之初，我国经济及社会初步发展，但存在许多矛盾及问题有待逐步解决，因此，自新中国成立至改革开放时期，我国京津冀协同发展的概念并未出现相应的发展，三地在这一时期处于长期的行政区划调整过程中，至 1976 年，京津冀跨区域协同的概念才被第一次提出。

8.2.1.1　历史成就回顾

1949 年中华人民共和国成立之后，京津冀共迎来两次行政区划调整的浪潮。第一次浪潮是 1950 年至 1958 年，在这一阶段中，京津冀三地间的行政区划调整达 9 次之多，以河北省陆续将部分区域划归至北京市与天津市为主，该阶段以行政区划的不断调整变更为特点；第二次浪潮为 1958 年至 20 世纪 70 年代末，在这一阶段，河北省不断将一部分行政区调整到天津，进一步充实了天津的地域版图，明确了天津市的重要地位。

1967 年 1 月，天津市恢复为直辖市，标志着京津冀三个独立的行政区划就此形成（魏丽华，2016）。1976 年，在原国家计委组织的京津唐国土规划课题研究中，京津冀区域协同的概念被第一次提出。

8.2.1.2　历史特征归纳

在这一时期，京津冀三地的历史特征为行政区划的多次调整，其中三地之间的土地资源分配矛盾也在一定程度上反映了三地之间基于利益分配而导致的矛盾与问题。直至 1976 年，京津冀跨区域协同的概念才首次被提出，这为下一时期京津冀协同发展的萌芽初步埋下了伏笔。

8.2.2　改革开放至 2002 年

随着中国改革开放政策的推进，推动区域合作也成为了促进中国经济发展的一项重要举措，京津冀协同发展的概念早在改革开放初期便已经萌芽，但是区域财税协同发展在这一阶段并不是很顺利。

8.2.2.1　历史成就回顾

1981 年，华北地区成立了华北地区经济技术合作协会，目的是推动华北区域经济的联合发展，这可以被看作是改革开放初期华北地区推动一体化进程的最早雏形（魏丽华，2016）。1982 年，《北京市建设总体规划方案》出台，"首都圈"的概念在此被第一次提出，京津冀区域合作的序幕被认为从此拉开，但是此时的京津冀合作仅停留于设想层面。1984 年完成的《京津唐地区国土总体规划》分析了京津唐地区的地理环境、历史演变、在全国的地位、资源优势与发展潜力，以及在区域开发整治中需要综合研究解决的十大主要问题，提出了对京津唐地区进行综合开发整治的若干战略设想，以及地区内因地制宜开发整治的综合区划。而在 1985 年，国务院要求国土局抓紧编制《全国国土总体规划纲要》，由于人手紧缺，国土局暂停了历时两年多的京津唐国土规划试点（蔡如鹏，2015）。

"环渤海经济圈"的概念最早由天津市提出。1986 年，时任天津市市长李瑞环发起倡议成立环渤海地区市长联席会，此联席会由环渤海 14 个沿海城市和地区组成，也被认为是中国最早成立的地方政府间区域性合作组织。1988 年北京与河北保定、廊坊、唐山、秦皇岛、张家口、承德 6 地市组建环京经济协作区，推进跨省市经济协作。协作区以推进行业（系统）联合为突破口，带动企业间的联合与协作，相继创办了农副产品交易市场、工业品批发交易市场，组建了信息网络、科技网络、供销社联合会等行业协作组织，建立起地区企业间的广泛联系，有效地推进了区域经济合作（李文增，2014）。

1996 年，在《中华人民共和国国民经济和社会发展"九五"计划和 2010 年远景目标规划纲要》中，明确提出促进区域经济协调发展，其中，对于环渤海地区，提出了"发挥交通发达、大中城市密集、科技人才集中、煤铁石油等资源丰富的优势，以支柱产业发展、能源基地和运输通道建设为动力，依托沿海大中城市，形成以辽东半岛、山东半岛、京津冀为主的环渤海综合经济圈"。

2001 年《京津冀北（大北京地区）城乡空间发展规划研究》出台，该规划由清华大学吴良镛教授以及京津冀地区近百名专家联合完成，其核心范围包括北京、天津、唐山、保定、廊坊，辐射承德、秦皇岛、张家口、沧州以及石家庄。规划研究将北京定位为"世界城市"，提出核心城市"有机疏散"与区域范围的"重新集中"相结合，以京津双核为主轴，以唐保为两翼，疏解大城市功能，调整产业布局，构建大北京地区组合城市，优势互补，共同发展（清华大学人居环境研究中心，2002）。

8.2.2.2 历史特征归纳

这一时期是京津冀区域协作的萌芽期，在这一时期，由于各地之间尚且存在较多的隐形壁垒以及三地各自为政等原因，因此京津冀区域协作更多处于探索阶段，政府主导的区域合作大多停留在研究阶段，实践内容非常少。并且，由政府主导的区域合作由于各地的行政分割，竞争要远大于合作。此外，京津冀跨区域合作的空间范围并未明确，历经了从华北地区、京津唐地区、环渤海地区等多次变动，尤其是华北经济技术协作区、环渤海等概念所涵盖的空间范围较大，利益相关方牵涉过多，区域内各城市较难形成紧密、高效的经济联系（崔丹等，2019）。随着经济体制由计划经济向市场经济转轨，京津冀协同发展战略逐渐得到重视，但是具体发展方案尚未明确，此时的政策法规大多停留在宏观层面，暂无具体针对财政税收方面的政策法规。

总体而言，这一时期的京津冀区域协同发展面临着合作地域范围不明确、区域间利益分割、竞争大于合作、具体合作机制不明确等问题，显得有些混乱，但值得肯定的是，京津冀协同发展的战略逐渐得到了重视，为之后的发展打下了初步的基础。

8.2.3 2003年至2012年

在这一时期，随着市场经济体制的不断发展，中国经济也在不断发展。在此背景下，京津冀区域治理呈现出新的发展面貌，跨区域的空间规划、合作制度、合作协议等相继推出，推动京津冀区域合作逐渐走上正轨。

8.2.3.1 历史成就回顾

伴随全球化趋势，中国加入WTO之后，国内逐步加快推动区域经济合作。2004年2月，为配合北京市新的功能定位和天津滨海新区大规模建设，由国家发改委牵头在河北廊坊举行了京津冀三地政府、企业和学者等各界人士参与的京津冀区域合作论坛，并达成了著名"廊坊共识"，提出了要在公共基础设施、资源和生态环境保护、产业和公共服务等方面加速一体化进程。

2004 年 5 月，环渤海经济圈合作与发展高层论坛召开，京津冀等 7 省（区、市）领导达成三点共识：首先，建立环渤海合作机制，推动环渤海地区经济一体化；其次，召开五省（区）二市副省级会议确立合作机制；最后，合作机构设于廊坊。6 月，博鳌亚洲论坛秘书长龙永图、商务部有关负责人、京津冀等 7 省（区、市）领导等正式开始商议环渤海地区的合作机制，达成《环渤海区域合作框架协议》，并达成以下共识：首先，建立区域协调机制，推动环渤海经济圈经济、社会、生态、人口、空间一体化；其次，建立组织架构体系以推动机制的运行。

2005 年发布的《北京城市总体规划（2004—2020）》提出了"两小时交通圈"，提出在交通与基础设施方面重点进行相关合作，以此缩短北京与天津、河北两地的时间距离。但是，在《河北省经济发展战略研究》中，亚洲开发银行首次提出"环京津贫困带"的概念，指出环首都共有 25 个国家级和省级贫困县。

2008 年，第一次京津冀发改委区域工作联席会召开，在此次会议上，《北京市、天津市、河北省发改委建立"促进京津冀都市圈发展协调沟通机制"的意见》签署，指出要建立京津冀三地联席会、联络员制度以及发改委区域工作信息发布制度。

2010 年，河北省政府发布《关于加快河北省环首都经济圈产业发展的实施意见》，提出在紧邻北京、交通便利、基础较好、潜力较大的县（市、区）打造环首都经济圈，简称"13 县 1 圈 4 区 6 基地"。在财税政策方面，"加大财税政策扶持力度，对环首都经济圈工业聚集区或产业园区（基地）内接收的北京转移、扩散的企业，自投产 3 年内按照缴纳的企业所得税地方留成全额给予支持"。

2010 年 11 月，进一步加强京冀合作座谈会召开，京冀在会议上商定以下 4 个方面的合作内容，以此共同建立区域合作协调机制：首先，加强沟通联系，在燕郊设立加快环首都经济圈产业发展协调办公室，供河北与北京进行工作对接；其次，两地将共同规划建设交通设施，实现同标准对接、无缝隙换乘；再次，双方同意年底前实现环首都河北 13 个县（市、区）固定电话使用"010"区号；最后，双方统筹规划编制，北京方面参与河北"十二五"规划，对"环首都经济圈"进行重点规划编制。

2012 年，《中华人民共和国国民经济和社会发展第十二个五年规划纲要》发布，将打造"首都经济圈"纳入国家区域发展总体战略，明确提出"推进京津冀区域经济一体化发展，打造首都经济圈"。

在财税方面，财政部联合国家税务总局、中国人民银行制定了《跨省市总分机构企业所得税分配及预算管理暂行办法》，国家税务总局出台了《跨地区经营汇总纳税企业所得税征收管理办法》，目的是解决跨地区经营企业在财政利益分配方面遇到的问题。

8.2.3.2　历史特征归纳

可以看到，随着经济的迅速发展，京津冀协同发展也被正式推上日程，在政府的领导下，召开了多次会议并签署了推动各个领域一体化的相关文件，京津冀协同发展的相关政策文件也经历了从务虚到务实的过程，但该过程中仍旧面临着较多的问题：

首先，与珠三角、长三角地区不同，珠三角、长三角是市场导向的区域合作，京津冀地区则主要是地方政府导向的区域合作，因此不可避免地缺乏市场配置资源机制，京津冀之间合作的利益协调存在问题，三方合作陷入了"共识多、行动少"的怪圈，对区域协同发展构成了严重障碍。

其次，尽管相比改革开放初期，政策涉及交通、医疗、基础设施、经济发展等多个方面，但是合作领域的广度和深度十分有限，具体的合作措施、合作形式仍不明确，更多的依然停留在战略概念层面上。

最后，天津和河北产业结构相似，两地之间竞争高于合作，而北京与天津和河北两地产业结构差异较大，产业之间的关联性较低，这导致三地难以进行产业合作，阻碍了京津冀协同发展的进一步发展。

在这一时期，政府踌躇推进京津冀协同发展，深入研究，小心尝试，开始迈入实践过程。在财政税收方面，2010 年的河北省政府颁布的《关于加快河北省环首都经济圈产业发展的实施意见》首次发布了相关具体政策，一方面可以看出政府对京津冀协同发展的支持与推进，另一方面也能看出相关政策由宏观层面转入具体实施的过程。

8.2.4 2013 年至今

京津冀区域发展不均衡的问题逐渐凸显，如何解决该问题也成为政府的当务之急。2014 年 2 月 26 日，习近平总书记在北京主持召开座谈会，专题听取京津冀协同发展工作汇报并做重要讲话，将京津冀协同发展上升为国家战略。过往的两个阶段为 2013 年以来的这段时期提供了经验与教训，国家开始全面推动京津冀协同发展。

8.2.4.1 历史成就回顾

2013 年，《北京市和天津市关于加强经济与社会发展合作协议》发布，协议规定了京津之间推动区域发展战略规划编制、完善交通基础设施等 10 个方面的合作内容，并详细规定了各项工作的负责单位，成立京津合作领导小组推动各项任务的实施。同年，北京市和天津市工作交流座谈会上，京津签署了《贯彻落实京津冀协同发展重大国家战略推进实施重点工作协议》，进一步深化合作。此外，两市开始着手建设合作示范区。河北与北京签署了《北京市河北省 2013 至 2015 年合作框架协议》，规划了打造首都经济圈等 7 个方面的合作重点，河北与天津签署《天津市河北省深化经济与社会发展合作框架协议》，规定了推动产业转移升级等 10 个方面的合作内容。京津冀三地就区域一体化达成合作共识，与此前不同的是，上述协议包含了大量翔实、具体的内容，而非仅仅停留于战略规划层面。

2013 年，《京津冀地区城乡空间发展规划研究报告》三期正式发布，本次报告着重提出推进京津冀地区转型发展的"共同政策"和"共同路径"。提出建设有秩序的、多中心的、相互协调、相辅相成的"城镇网络""交通网络""生态网络"和"文化网络"，提出京津冀需要在中心城区之外寻找合适地点，转移部分国家机构和首都职能。

2014 年是京津冀协同发展进入新时期的第一年，2014 年 2 月 26 日，习近平总书记主持召开京津冀三地协同发展座谈会，要求京津冀打破"一亩三分地"的思维定式，实现协同发展，这也象征着京津冀协同发展正式成为国家战略。此外，习近平总书记还提出要求，抓紧编制首都经济圈一体化发展的相关规划。

2014 年 8 月，国务院成立京津冀协同发展领导小组以及相应办公室，国务院副总理张高丽担任组长。随后，三地签署了一系列相关协议，以推动交通、环境、科技等各方面的进一步协同发展。例如，2014 年 8 月 6 日举行的北京市·天津市工作交流座谈会上，两市负责人共同签署了《贯彻落实京津冀协同发展重大国家战略推进实施重点工作协议》《交通一体化合作备忘录》《进一步加强环境保护合作框架协议》《共同推进天津未来科技城合作示范区建设框架协议》《共建滨海—中关村科技园合作框架协议》《加快推进市场一体化进程合作框架协议》6 份文件。2014 年 8 月 24 日举行的天津市河北省工作交流座谈会上，双方政府签署了《加强生态环境建设合作框架协议》《推进教育协同发展合作框架协议》《共同打造津冀（涉县·天铁）循环经济产业示范区框架协议》《推进区域市场一体化合作框架协议》《交通一体化合作备忘录》5 份文件。

同时，三地成立京津冀交通一体化领导小组以及京津冀协同发展税收工作领导小组。京津冀协同发展税收工作领导小组致力于推动京津冀三地税收的合作，在领导小组会议上通过了《京津冀协同发展税收工作领导小组工作方案》，对税收政策、税收便利化、信息共享以及涉税争议协调机制四个方面的问题进行了磋商并提出相关解决方案。初步明确了责任司局，要求不断研究完善（税务总局，2014）。

2014 年 10 月，京津冀三地的国税局、地税局主要负责人签署了《京津冀协同发展税收合作框架协议》，框架协议明确了 9 项合作内容，包括税收征管、税收执法、纳税服务等方面合作，标志着三地税务部门的协作发展取得了阶段性成果。

2015 年 4 月 30 日，在中共中央政治局召开会议上，《京津冀协同发展规划纲要》通过，京津冀协同发展成为一个重大国家战略，核心是有序疏解北京非首都功能，要在京津冀交通一体化、生态环境保护、产业升级转移等重点领域率先取得突破。而在《环渤海地区合作发展纲要》中，也提及推动京津冀协同发展。

2015 年 4 月，京津冀三省市国税局正式签署《京津冀税务稽查协查协作协议》，三地国税稽查部门加强协作、积极探索、密切配合，对优化区域税收环境起到了良好的促进作用。2015 年 6 月，财政部、国家税务总局印发《京津冀协同发展产业转移对接企业税收收入分享办法》，对三地之间的企业税收收入分享方案以及保障措施做出了相关规定，以此推动京津冀协同发展。此外，在开发性金融支持京津冀协同发展座谈会上，京津冀三地政府与国家开发银行共同签署《开发性金融支持京津冀协同发展合作备忘录》，由国家开发银行主导为京津冀发展提供开发性金融，2015～2017 年融资总量达到 2.1 万亿元。

2015 年 12 月，京津冀三省市国税局、地税局签署《税务稽查协作备忘录》，京津冀三地六局在推进执法协作、实现信息共享、联合开展专项检查和专项整治等八个方面进行合作。《京津冀产业转移指南》发布，旨在疏解北京非首都功能，推进京津冀产业一体化发展。指南中提及完善政策支持措施，"推进财政和税收体制改革，建立产业转移项目投资共担和收益共享机制，落实《京津冀协同发展产业转移对接企业税收收入分享办法》，进一步简化纳税人跨省（市）迁移手续"。

2015 年，税务总局要求明确京津冀范围内纳税人迁移事项，明确适用范围、时限要求、跨省（市）迁移中的业务衔接事项以及迁出地和迁入地税务机关的业务流程。随后，京津冀三地签署《"聚焦京津冀协同深化国地税合作"区域税收协同共建框架协议》，三地将在纳税服务、信息共享等九个方面展开合作，进一步规范税收秩序，畅通京津冀产业转移通道。

2017 年，国家税务局发布《关于京津冀范围内纳税人办理跨省（市）迁移有关问题的通知》，以简化京津冀范围内纳税人跨省（市）迁移手续，促进京津冀三地税收协同发展。此外，京津冀三地税务部门联合签署了《京津冀税收风险管理协作机制》，通过税收风险管理协作机制的建立促进京津冀区域税收的协同发展，京津冀税收风险管理协作专题小组也由此成立。

2017 年 4 月 1 日，中共中央、国务院决定在雄安设立的国家级新区，这一决定具有重大现实意义。雄安新区的设立，能够有效疏解北京非首都功能，调整优化京津冀城市布局和空间结构，为京津冀协同发展提供助力。

2018 年，京津冀三地税务局建立了京津冀联合税收经济分析工作机制，例如《从税收视角看雄安新区建设及京津冀协同发展》等专题分析工作也已经有条不紊地展开，以更好地服务京津冀协同发展的国家战略。此外，京津冀联合税收经济分析机制签约仪式暨联席会议在河北雄安新区举行，三地将协力发挥税收经济分析"导向标"和"放大镜"作用。

2019 年，在京津冀协同发展座谈会上，习近平总书记对推动京津冀协同发展提出了六个方面的要求，他强调"要从全局的高度和更长远的考虑来认识和做好京津冀协同发展工作，增强协同发展的自觉性、主动性、创造性，保持历史耐心和战略定力，稳扎稳打，勇于担当，敢于创新，善作善成，下更大气力推动京津冀协同发展取得新的更大进展"。

此外，京津冀《产业链引资战略合作框架协议》签署，三地投资促进机构将共同探索京津冀产业链引资合作模式，围绕重点产业开展引资合作，实现信息和资源共享。《京津冀医疗保障协同发展合作协议》签署，旨在促进医疗资源共享，使得三地的人民能够更加方便地就医，提高医保基金使用效率。三地还签署了《京津冀文化和旅游协同发展战略合作框架协议》。

8.2.4.2 历史特征归纳

在这一时期，京津冀协同发展正式上升为国家战略，在国家层面以及三地政府的主导下，出台了一系列相关法规文件，从交通、人才、环境、财税等各个方面全面推动京津冀协同发展。与前两个时期相比，这些法规文件不再停留于宏观层面的指导，而是聚焦于具体的推进措施以及合作方法。可以看到，在国家的引导鼓励下，京津冀三地各方面的协同发展有条不紊地展开，推动着京津冀一体化不断向纵深拓展。财税体制作为国家治理的基础和重要支柱，京津冀财税制度协同也得到了迅速的发展，各个部门相继出台了相关法规及通知，以协调京津冀三地之间所面临的财税问题，推动三地的进一步协同发展。

8.3 趋势与展望

8.3.1 京津冀财税协同实践的有益经验

五年协同路，财税聚力行。自习近平总书记于 2014 年 2 月 16 日召开座谈会并将京津冀协同发展提升为国家战略以来，京津冀三地在经济发展方面已取得长足进步。国家统计局的数据显示，从 2014 年到 2018 年，北京市、天津市和河北省的生产总值的增长率分别为 42%、20%、22%。在同一时期，京津冀三地城镇居民的人均可支配收入也从 2014 年的 48532 元、31506 元和 16647 元增长为 2018 年的 62361 元、39506 元和 23446 元，分别较 2014 年增长了 28.5%、25.4% 和 40.8%。在税收收入方面，京津冀三地的税收总和从 2014 年的 10172 亿元增长为 2018 年的 13477 亿元，实现了 32.5% 的增长。京津冀协同发展战略推进五年来，三地携手共进、更新理念、发掘创新，弥补了经济短板，提高了财税均衡化水平。在这奋进的五年里，京津冀协同发展在财税方面取得了诸多积极成效。

8.3.1.1 统一平台建立，信息互通互联

习近平同志曾强调，实现京津冀协同发展，是推进区域发展体制机制创新的需要，可以实现京津冀优势互补，并带动周边经济发展。随着京津冀协同发展税收工作领导小组的成立，京津冀地区建立起信息共享体系，定期交换涉税信息，并利用共享信息联合执法，加强税收管理。2014 年以来，京津冀三地税务部门加强合作，建立了统一的互联网办税平台以及优化的 12366 服务热线，以此为基础推动资质互认、征管互助、信息互通的"一统三互"工作措施。统一的办税平台为京津冀三地纳税人提供了便利，在增强纳税人跨区流动性方面起到了良好的推进作用。一体化的征管平台从税收信息化出发，以流动共享的信息促进了不同城市间税收系统的对接，使得相关纳税业务在区域内实现了横向的融合，同时，统一的税

收平台还有助于建立起京津冀地区税收收入与分析、纳税检查与评估、税源核对与管理的一体化税收征管模式。纳税人征管信息数据的共享，也为国家建立统一的信用体系做出了积极贡献。

8.3.1.2 税收收入分享，扫除地域屏障

2015 年 6 月 3 日，财政部和国家税务总局联合发布了《京津冀协同发展产业转移对接企业税收收入分享办法》，该办法明确了企业迁出地和迁出地在增值税、企业所得税和营业税这三方面的税收收入五五分成。这一税收分享办法兼顾了企业迁入、迁出两地的利益，扫除了在产业转移过程中因地区间的税收利益博弈而产生的诸多屏障。同时，中关村海淀园也在河北秦皇岛设立了首个分园，合理引导高新产业企业入驻园区，针对新园区采用"442"的税收分配方式，即海淀区和秦皇岛两地政府各得 40% 税收收入，并利用余下的 20% 税收收入设立发展基金，培育新兴产业企业。税收收入分享机制的建立，规范了企业迁入迁出地税收收入分配方式，激发了京津冀协同发展产业转移的动力。

8.3.1.3 助力经济分析，辅助战略制定

京津冀财税协同为区域经济分析起到了良好的导向作用。2018 年 10 月 23 日，京津冀联合税收经济分析机制正式建立，该机制的建立有助于通过对京津冀地区税收发展变化数据的分析实现对经济运行情况的观测。同时，税收数据也能直观反映出国家战略的落实情况，并针对税务状况提出相关政策建议。量化的数据可以展示京津冀三地的产业融合状况以及财政税收政策的执行情况，发挥了经济的指向标和放大镜作用。目前，相关重要专题分析《从税收视角看雄安新区建设及京津冀协同发展》已卓有成效。

8.3.1.4 着力风险管理，护航协同创新

在财税风险管理方面，国家税务总局同样拿出了有效方针。2017 年末，京津冀国、地税六局共同签署了《京津冀税收风险管理协作机制》。这是我国首个跨区域税收风险管理协作机制，该机制通过建立异常发票信息库等方式对跨地区虚开发票等乱象进行严格管理，有效地实现了上下游企业风险管理以及增值税协同管理。为了进一步为京津冀税收风险管理协

同提供系统支持，国家税务总局还上线了跨区域税收风险管理协作平台。此举有助于打破信息孤岛，使税收情报的交换渠道变得畅通无阻。京津冀税收风险管理协作专题小组着力于重点纳税人和重点风险事项监考，有力地遏制了跨区域税收风险，对京津冀协同发展起到了保驾护航的作用。

8.3.2　京津冀财税协同的现存问题

自 2014 年以来，京津冀财税协同发展已卓有成效，但在战略的实际推进中，仍暴露出一些尚待解决的问题。

8.3.2.1　税收税源存在背离情况

京津冀协同发展需要财政税收的协同发展，因此，三地的税源与税收收入应呈现大致平衡状态。但单从企业所得税的角度即可观测出，京津冀地区目前仍存在一定的税收与税源背离情况，以下算例可以证明此观点。

企业所得税背离情况计算公式：

$$D_i = \frac{T_i}{\sum\limits_{i=1}^{n} T_i} - \frac{G_i}{\sum\limits_{i=1}^{n} G_i}$$

其中，D_i 表示某地区的税收与税源背离程度，T_i 表示该地区地方本级企业所得税的税收收入，G_i 表示该地区企业所得税的地方税源[①]，$T_i \Big/ \sum\limits_{i=1}^{n} T_i$ 表示该地区地方本级企业所得税税收收入与所处区域中所有地区企业所得税税收收入总和之比，$G_i \Big/ \sum\limits_{i=1}^{n} G_i$ 表示该地区企业所得税地方税源与所处区域中所有地区企业所得税地方税源总和之比。如果 $D_i > 0$，则说明该地区呈现企业所得税税收净流入状态；如果 $D_i < 0$，则说明该地区呈现企业所得税税收净流出状态；如果 $D_i = 0$，则说明该地区呈现企业所得税税收平衡状态，不需要其他地区的税收支援。

将京津冀地区看成一个整体，使用 2008～2017 年《中国统计年鉴》

---

① 为简化计算，此处地方税源用该地区当年的 GDP 代替，计算结果同样可说明问题。

中的相关数据，分别计算北京、天津、河北三地在该区域中的企业所得税税收与税源的背离程度，可得出如图 8 - 6 所示的计算结果。

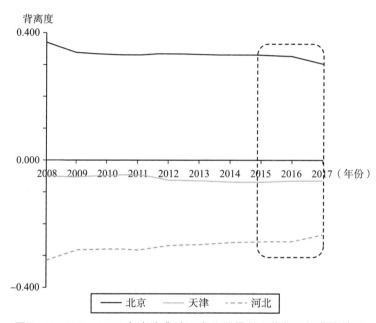

图 8 - 6　2008 ~ 2017 年京津冀地区企业所得税税收与税源背离情况

　　计算结果显示，北京市的背离度 $D_i > 0$，说明其在企业所得税方面呈现税收净流入状态；而天津市和河北省的背离度 $D_i < 0$，说明两地在企业所得税方面均呈现税收净流出状态，其中河北省的企业所得税收入净流出程度高于天津市。这一现状可以用总部集聚现象加以解释。北京市作为我国政治、经济、文化中心，聚集了多家大型企业的总部。这些企业总部除了在天津市、河北省设置分部外，还会将分部设置在其他地区。在缴纳企业所得税时，由于企业分部不具有独立法人资格，总部需要先将税款进行汇总再按照一定比例返还给各分部所在地，这就使税收与税源之间的分离现象得以产生，导致了分部所在地税收与税源一定程度的背离情况。

　　但自 2014 年以来，我国将京津冀协同发展提升为国家战略，京津冀一体化发展的壁垒被逐渐破除，三地税收与税源背离的情况也有所好转，图 8 - 6 中虚线框所示即为 2014 年后，三地税收与税源背离情况已有较大改进，未来三地税收呈现均衡状态已成必然之势。

8.3.2.2 税收优惠政策尚不健全

实行适宜的税收优惠有助于企业收益留存并扩大规模，有利于国家经济增长，更是普惠大众的重要举措。2017 年 4 月，财政部和国家税务总局发布了《关于创业投资企业和天使投资个人有关税收试点政策的通知》，通知表示创投投资人、天使投资人投资于种子期、初创期科技型企业的投资可以按照其投资额的 70% 进行抵税，此项税收优惠政策在京津冀等 8 个创新改革试验区进行试点。税收优惠政策鼓励科技型企业扎根落户京津冀，有效推动了京津冀地区工业园区和科技园区的建设，激发区域经济协同的新活力。

但同时，税收优惠政策也存在一定的改进空间。有的税收优惠政策执行存在滞后性，从纳税人到京津冀三地地方税务部门再到中央的环节中存在传导时间跨度，因此在政策落实过程中，政策执行的滞后性会对产业转移产生一定的阻碍作用，这也不利于三地产业的有序转移及税收协同。在地方财政方面，京津冀地区的税收优惠政策主要为直接政策，该方式在短时间内对投资有较强吸引力，但如何产生长期效益仍需继续探索。从企业迁入地方财政的角度考虑，税收优惠政策会对地方财政产生压力。以河北省为例，其人均财政预算支出较高，短期内的优惠政策加大了地方财政的压力，不利于一些投资回报周期长的企业与项目发展，并且对于当地营造长期的经营环境产生了负担。并且若税收优惠政策出现漏洞，将会被纳税人利用，进而会引发偷税漏税的现象。因此，可围绕现行的直接税收优惠政策设立相应的间接优惠政策，例如分期或延期缴纳税款等，此举一方面可以保障地方财政的长远发展，另一方面有助于维护市场的公正公平。针对于税收优惠政策的具体内容，研究发现：现行的政策大多围绕于产业转移方面，但对于节能环保、科技发展、人工智能等方面的税收优惠政策仍显不足，这不利于对应产业从北京转移到天津和河北。另外，有些税收优惠政策门槛较高，不利于中小型创新企业享受减税红利。综合以上信息来看，当前京津冀财税协同在税收优惠方面的政策尚不健全，相信在领导小组的高瞻远瞩下，未来的税收优惠政策组合一定会普惠更多群体，有效助力京津冀协同发展。

8.3.2.3 信息互通程度尚待提高

《京津冀协同发展税收合作框架协议》推出以来，统一的办税平台及资质互认、征管互助、信息互通的工作措施已归纳成型并卓有成效。2015年7月4日，《国务院关于积极推进"互联网＋"行动的指导意见》发布，国家税务总局积极响应互联网潮流，发布了《"互联网＋税务"行动计划》，该计划在监督维权、信息公开、数据共享、信息定制方面进行了详细阐述，对财政税务实务层面进行了说明，对在线受理、申报缴税、便捷退税、自主申领、移动开票、发票查验等相关办税服务和发票服务进行了互联网场景设计和布局。同时，针对机构所在地为京津冀地区的纳税人的跨省市外出经营活动，《外出经营活动税收管理证明》的电子化办理大大节省了纳税人的时间和精力；针对税务干部推出的 12366 税收知识库App 有助于提高涉税咨询便捷性和税务执法规范性。信息互通有助于促进京津冀财税协同大环境的建设。

但在征税管理等日常实践中可发现，京津冀三地税务机关的信息互通程度尚待提高。由于地域限制，长期以来以地理缘由形成的地方财税边界导致了信息孤岛现象。受行政区划的影响，京津冀三地的国、地税部门互动较不频繁，税务信息的共享程度也较低。目前，三省市税务机关之间的信息共享机制尚未建立，暂未形成统一的数据交换形式及标准，也缺少支持三省市税务机关数据交换的网络平台，这对区域税收协作的推进形成了一定程度的制约。此外，在进行产业和企业迁移的进程中，迁出企业需要前往迁出地税务机关登记注销信息，再前往迁入地税务机关办理税务登记，除此之外还需进行一系列的资料报送程序，环节之多往往令纳税人望而生畏，这大大增加了纳税人进行企业迁移的成本。另外，在三地税收协同发展的实践中，还存在着税收管理要案协作方式低效的问题，一些互动往往仅靠协助函的形式进行，有时甚至需要国家税务总局派出人力资源进行统一协调，这在某种程度上浪费了国家的公共资源。针对上述现状，应大力促进区域内财税信息的共享机制，建立并完善统一平台，为涉税信息的交换和共享提供便利。同时，应规范所交换数据的标准格式和内容，促进京津冀三地纳税人信息的实时共享。由此，提高信息互通程度才能更加有效地推进京津冀三地的税收财税协同。

8.3.3 未来发展趋势及前景展望

8.3.3.1 顶层指导，营造协同环境

2014 年 8 月 2 日，国务院成立京津冀协同发展领导小组及相应办公室，三地在环境保护合作、市场一体化、交通一体化、共建产业园区等一系列领域深入推进协同发展战略。同年，京津冀税收协作会议上签署了三地税务部门合作框架。由此，京津冀财税协同的顶层构架正式成立。此后，国务院、财政部、国家税务总局出台了一系列政策方针，规范了京津冀协同发展产业转移对接企业税收收入分享、税务稽查协作、纳税人迁移、税收风险协作、税收经济分析等一系列事项。顶层指导开路先行，有助于营造京津冀协同发展的良好环境。

由于科技是京津冀协同发展的一大核心产业，因此营造优质的创新创业环境，有助于优化京津冀协同创新发展的生态系统。对于创新发展，三地应携手共进，遵从顶层的宏观引导，加强市场监管，提高公共服务质量，打造公平、优质、协同的外部环境，为新兴科技企业的技术人才提供良好、便利的医疗、教育、生活环境。

未来，应继续由国务院、财政部、国家税务总局等相关部门和机构规划并制定有关京津冀财税协同的相关政策，让财政、税收助力金融、环保、交通、科技等一系列产业发展。使各领域的政策彼此衔接、相互补充，形成完善的政策系统，通过政策合力推动区域协同发展。加强顶层设计，有助于为京津冀协同创新提供制度保障。应建立从国家部委到三地领导再到有关部门的多层次立体化沟通体系，下好区域发展战略及规划的"一盘棋"。

此外，还需对税收管辖制度中的相关规定予以明确，解决不同地域、不同级别的管辖权争议问题。启动区域性立法程序，通过法制手段为京津冀协同创新保驾护航。应由国家法制部门牵头并指导三地法制部门对协同创新进行立法尝试。针对京津冀地区的税收优惠政策试点地，法制部门应根据试点结果将行之有效的试行政策颁布为法律并在全国范围内推广，并对制约协同发展的税收分享、财税监管政策根据产业目录进行相关法律调整，营造京津冀协同发展的良好法律实施环境。顶层的合理指导，定会为京津冀协同发展营造出良好、积极、健康的大环境，处于协同环境中的产业和企业也定会激发出前所未有的经济活力，创造出新时代令人瞩目的经济增量。

8.3.3.2 完善政策，发挥导向作用

在京津冀协同发展国家战略的实施过程中，国务院、财政部、国家税务总局及三地财税部门均提出了多条相关政策，以促进京津冀一体化建设。但目前政策尚未达到完善统一的状态，因此应对其进行规范和统一。

首先，应全面梳理京津冀三地现行的财政税收政策。运用比较分析法对政策执行过程中发现的微小差别进行筛选和整理，将其与京津冀三地产业结构调整的规划和战略布局进行比对，从而进行政策调整，使相应政策能够良好匹配相应地区。此举将降低税收政策差异所导致的产业转移逆向化、区域发展迟滞化、区域协调低效化等现象。政策试验阶段中，可能会暴露出与产业布局不相匹配的现象。例如，在京津冀协同发展的产业布局方面，对三地进行了明确的产业布局规划。其中，北京应疏解非首都核心功能产业并构建高精尖的产业及经济结构；天津应集中力量发展新兴产业和与高科技结合的现代制造业；河北则应承接来自北京和天津的产业转移，推动京津科技成果的转化和落地，同时大力发展传统优势产业并打造新型工业化基地。上述定位分工明确、条例清晰，但目前尚未针对该战略的细节出台相关税收政策，且现有政策无法有力支持省际协同发展。因此，宜通过有针对性的税收优惠政策促进京津冀三地的资源整合和产业分工布局。

其次，应合理运用财政税收政策引导资源流动。此处可借鉴长三角和珠三角的发展经验。2004年2月，泛珠三角地区签署了《泛珠三角区域地方税务合作协议》，由此税收合作与利益协调机制正式建立，新的税务合作体系有力地整合了区域内的资源，为区域内的纳税企业提供了优质高

效的服务，降低了纳税成本。2016 年，长三角地区也公布了《长江三角洲城市群发展规划》，规划提出建立合理的税收利益共享机制及征管协调模式，通过税收合理分享助推企业合理转移，提高企业迁入迁出地的积极性。结合京津冀区域"两级发展迅猛，周边发展受限"的现状，应尽快推出税收政策，以解决京津两地的大城市病，同时加速河北经济的崛起。基于上述观点，应在短期内加快京津周边节点城市的建设，从而疏解北京人口、振兴河北经济；同时，在长期中，推动河北大型、中型城市的建设，逐步形成京津冀区域的世界级城市群。长短期配合的发展战略需要税收政策予以支持，将税收政策作为必要的调控手段，推动基础设施的快速建设，并将人才、资金、教育、医疗等资源导向节点城市。完善的财税政策组合将有助于资源的整合，在京津冀区域产业转移的进程中发挥合理的导向性作用。

8.3.3.3 信息共享，助力财税协同

京津冀协同发展离不开财政和税收的保障，而财税协同则需要高水平信息共享的支持。在信息共享的建设过程中，"互联网 + 税收"的模式将得到广泛应用。2018 年 5 月 28 日，习近平总书记在两院院士大会上的讲话中指出："以人工智能、量子信息、移动通信、物联网、区块链为代表的新一代信息技术加速突破应用。"这些新技术的迅猛发展，对税收管理现代化提出了新的要求，也为不断深入的"互联网 + 税务"提供了完善和提升的新机遇。

随着科技的飞速发展，区块链、云计算、大数据、人工智能、物联网等新技术不断涌现，财税实务与新技术的结合，将极大地加强财税部门的信息管税能力，提高财税实务效率。因此，财税信息化将是实现税收现代化管理的基础，也将为京津冀财税协同提供极大助力。

如图 8 - 7 中所示，以企业报销业务为例，在"互联网 + 税务"的模式下，企业端通过互联网入口开具发票信息，通过区块链平台内设定的开票路径，将税务信息送达第三方用户节点。消费者用户认领并更新发票信息，在企业内部根据适当财务准则对发票进行报销。最后，企业对发票信息进行提交申报。在整个办税业务流程中，税务部门都可通过互联网平台

对各环节进行监督和管理，"互联网＋税务"的模式减轻了开票企业、消费者、企业、税务部门的实务负担，通过区块链等互联网技术实现了税务信息的共享。

图 8－7 "互联网＋税务"模式下的报销业务信息流转示意

　　当前，京津冀三地税务机关之间的信息共享机制尚未完全建立，统一的数据交换标准、透明高效的信息共享机制以及税务机关内部数据交换的网络平台都亟待推出，这在某种程度上制约了京津冀协同发展战略的落实。此外，不仅税务信息亟待共享，人才资源、创新技术同样需要跨区域高效共享，只有人、财、物、信息、技术都达到高水平共享，才能符合京津冀协同发展的标准。因此，只有做好财税信息共享化建设，才能提高财税实务的效率，更好地服务于协同发展的大政方针。

第 9 章

展望 2049 年，未竟的探索

为解决北京大城市病问题，促进京津冀区域的协同发展，中央多重措施并举，重点强调通过疏解非首都功能，释放首都城市的发展活力。党的十九大报告提出，要"以疏解北京非首都功能为'牛鼻子'推动京津冀协同发展，高起点规划、高标准建设雄安新区"。为贯彻落实十九大精神，本章尝试从城市职能的概念出发，系统审视北京作为城市和首都所承载的职能的优化，并分析首都功能在京津冀区域层面进行重构的可能路径。

9.1 协同创新助力建设世界级城市群

根据城市职能基本理论，城市功能可以在既定目标和符合城市发展客观规律的情况下进行分解、剥离和整合重组，将一些未来可能在层级上有所下降的基本职能和支持这些需要转型升级职能的非基本职能进行剥离并在外围地区进行重组，而且这个重组过程应该在较大尺度的区域中进行，因此，首都功能的空间重构应该跳出北京，从京津冀区域的尺度来完成这个重构过程，构建京津冀国家首都地区（national capital region）。京津冀协同战略的核心是京津冀三地作为一个整体的协同发展空间战略，以疏解非首都核心功能、解决北京"大城市病"为基本出发点，调整优化首都功能的布局，努力打造京津冀目标同向、措施一体、优势互补、互利共赢的国家首都地区，具体路径如下：

9.1.1　大力度疏解非首都功能

北京非首都功能和首都非核心功能的疏解可以划分为三类：功能分解并部分转移，即决策与执行功能的分离；功能的整体转移；新建区域分散北京城区部分功能。

首先，决策权与执行权功能的分离是指由首都掌握某种功能的决策权，而将执行功能分离给周围的卫星城或者其他邻近城市。这一方法可以解构首都核心功能，解决首都核心功能分布过于集中的问题。目前，北京作为全国的政治、金融、文化中心，其政治、金融、文化功能并未实现决策与执行的分离，从而导致核心功能"扎堆"中心区域的结果。决策需要信息、人才的汇集和相对中心的空间区位，而执行功能则强调决策的传达与决策效果的实现，建设国家行政新城或者搬迁部分政府部门的举措，并非代表决策中心易地和中央权利的分散，而是行政执行功能的转移。韩国修建世宗市作为新的行政中心就是一个很好的案例。北京市在通州建设市行政副中心，将一些不需要随时和中央政府保持联系、做好服务保障工作的北京市行政机构和事业单位搬迁至通州，通州地处京津冀城市群的重要节点，增加通州的政治色彩也将强化京津冀三地的合作纽带，推动京津冀城市群协同发展。

其次，功能的整体转移则是指将该功能全部外迁至首都之外的另一个城市，这一手段可有效解决非核心功能在首都过于臃肿的现象。改革开放之后，北京市内新增了大量劳动密集型产业，人口的高度聚集为北京带来了巨大的资源消耗与服务压力，制约了新兴产业的发展与传统产业的转型升级。2014 年 7 月，北京市政府发布了《北京市新增产业的禁止和限制目录》，通过禁止或限制不符合首都城市战略定位的产业发展或大型公共建筑的建设，引导社会资源投向符合首都城市战略定位的产业。同时疏解北京非首都功能，带动城市的良性发展。

最后，通过新建特定功能区分散核心区域功能压力的同时，也可增加该功能的辐射半径，如教育和科技功能。北京汇集了众多优质高校和科研机构，将高校、科研单位整体外迁至他处将影响北京的文化底蕴和科技创新能力，同时也将产生巨大的成本和风险。通过在更大空间尺度建立分校和高新技术园区的分园，一方面可以分担北京总部的发展压力，部分生产、研发功能以较低的成本可以在外部区域实现，减少对首都资源的消耗，另一方面通过增强北京总部与地方政府的合作联系，提高该区域的竞争力。

9.1.2 大尺度重新布局首都功能

北京的城市功能与首都功能过度重叠的问题，增加了北京作为城市发展的压力，同时也在一定程度上阻碍了北京首都核心功能的实现。北京承担了太多的政治、文化、金融、商贸、科技、教育、医疗等服务功能，在城市内部解决这些功能的空间重构将有可能陷入恶性循环。在区域中寻求功能疏解，是解决首都"大城市病"的有益尝试。京津冀协同发展战略的核心在于将首都功能疏散至整个京津冀城市群，由河北省和天津市共同辅助北京承载首都功能，在更大的空间层面上进行北京市现有各种功能的优化重组，构建超越北京城的国家首都地区。

在行政层面上，北京市拟通过建设行政副中心，达到疏解首都政治功能的目的，通州地处京津冀城市群的重要节点，增加通州的政治色彩也将强化京津冀三地的合作纽带，推动京津冀城市群协同发展。在生产功能上，北京的生产企业正逐步搬迁至河北省，如唐山承接了北京首钢等钢铁企业，未来沧州、天津或者唐山也可以进一步承接北京的燕山石化等企业，以及承担与生产功能密切相关的区域交通、仓储物流等功能，通过经济实体的转移实现生产功能的转移和人口的外迁。在教育功能上，北京是全国高质量教育资源的聚集地，通过在京外建立分校区，弥补天津和河北教育资源的不足，可以促进教育功能在京津冀区域的均衡分布，有效疏解北京的教育带眷人口，有助于在外围建立教育反磁力中心，吸引北京的人口外迁。在文化功能上，天津以及河北省中的众多城市均具有丰富的文化底蕴，如以中国皇家园林为特色的旅游休闲城市——承德市、全国著名的滨海旅游城市——秦皇岛市、工笔画之城——沧州等。明确定位京津冀城市群内其他城市的文化角色将有助于疏解北京作为全国文化中心的部分职能，同时也将提升整个城市群的文化色彩。

9.1.3　大手笔推进首都功能重构

近年来，我国以创新驱动发展模式加速发展，政治、文化、科技创新和国际交往功能等首都功能促使北京转型发展，首都功能的拓展需要更多的空间来实现也逐渐成为共识。基于构建世界级的多中心网络型城市群的内在需求，完成首都功能在空间上优化重组的目的，2017年4月，中共中央、国务院经研究决定设立河北雄安新区，作为党中央批准的首都功能拓展区，雄安肩负着巨大的使命，这也是继深圳经济特区和上海浦东新区之后又一个具有全国战略性意义的新区。

雄安新区的设立主要是以一个空间来集中疏解北京的非首都功能，并且作为京津冀城市群发展的新内核，加快补齐区域发展的短板，调整优化京津冀城市布局和空间结构。从历史看，民间素有"北京城、天津卫、保定府"的称谓，京津保三者唇齿相依，具有文化同源的良好历史基础。从选址位置来看，集中疏散空间不能与北京距离太近，否则无法构建区域的多中心结构，对有效改善北京的环境、交通等"大城市病"问题贡献有限。雄安新区距离北京和天津100公里，距离保定30公里，空间距离相对适中。从服务设施配备与功能布局看，雄安新区通过对产业进行合理布局保障经济发展基础，通过完整配备教育、医疗等服务设施来完善城市生活功能，保障新区生态系统的平衡运行与均衡发展。通过推进交通、生态、产业三个重点领域突破，实施重大建设项目，推进体制机制改革创新，以雄安新区为引擎加快建设北京发展的新翼，是首都功能空间优化重组、构建国家首都地区的关键一步，但一定不是最后一步。

9.1.4　大格局构建国家首都地区

从首都功能的区域重构角度看，雄安新区的建设，只是一个起点，首都功能的疏散，不能止步于雄安新区的建设。一个世界级多中心网络型的城市群，需要有若干个比肩雄安的区域副中心来支撑。北京的其他首都非核心功能以及非首都功能，还需要第二个、第三个雄安进行落地。这个载体可能是既有城市的发展壮大，也有可能是平地造新城。在规模上这些新的载体也不一定是大型城市，可以是一些规模并不大的中小城市，但是在功能上，能确实承担首都部分功能或者疏解北京的非首都功能，并为区域的一体化做出实质的贡献。

对此愿景，学术界已经做了多方的探讨。2013 年，清华大学吴良镛院士主持的《京津冀地区城乡空间发展规划研究三期报告》提出，京津冀要共同构建多中心的"城镇网络"，共同实现首都政治文化功能的多中心发展。在京津冀区域形成三个层次的功能区域：第一层次为北京六环以内、半径 15～30 公里的首都政治文化功能核心区；第二层次为六环至涿密高速一线地区、半径 30～70 公里的首都政治文化功能拓展区；第三层次为涿密高速以外地区、半径 50～300 公里的首都政治文化功能支撑区。报告同时提出，要在北戴河、承德、张家口、白洋淀、蓟县等地设计国家休养、游憩地。2014 年，中央财经大学王瑶琪教授主持的《京津冀城市群研究》指出，应借鉴加拿大首都渥太华的经验，将首都功能在京津冀城市群范围内进行优化整合，河北省和天津市根据自身的实际承担部分首都职能，使整个京津冀区域成为承载首都职能的国家首都地区，是首都功能区域重构的一个重要尝试。北京大学原秘书长杨开忠教授提出在北京南北中轴线和京保线交界的沧州市，规划建设规模适中的国家行政文化新城，作为京津冀城市群的一大文化中心。

9.2 区域协同创新的抓手

国家首都地区指的是拥有国家中枢机能的首都及其周边区域。一般是指以首都为中心所形成的城市群或城市化区域。国家首都地区的特殊性在于，其中心城市是首都而非一般的大城市。首都是具有双重职能的特殊城市，一部分是其作为国家政治管理与权力中心和民族国家象征的特征所决定的核心职能，即政治职能、军事职能和国际职能，另一部分是作为一般大都市，由核心职能扩展和引发的附加职能，即经济职能和文化职能。京津冀地区要构建世界级的多中心网络型的城市群，是一个千年大计，为支撑北京非首都功能疏解，促进京津冀协同发展，首先需要构建一整套首都功能区域重构，打造国家首都地区的支撑体系，包括全新的区域治理体系、投融资机制、财税机制以及系统的保障机制。

9.2.1 创建区域共同市场

区域共同市场是按照市场经济的规律，以促进区域经济发展和提高区域竞争力为根本目的，以区域资源共享、共融、多赢为理念，发展区域合作新机制，区域规划相互协调、服务体系彼此配套，打破区域内部壁垒，使生产要素、商品在区域内得以自由流动和优化配置，最终实现区域内经济结构互补、区域经济一体化良性发展的一种制度框架。如果说，协调机构设置是基于行政层面对京津冀一体化难题的一种"化解"的话，那么建立区域共同市场就是从经济层面进行的"疏导"。区域是各种要素资源自由、有序流动形成的多元网络结构，经济动力是其形成的根源。因此，区域合作或一体化的关键是，遵从市场经济规律，逐步消除区域内非市场壁垒，通过建立各种共同市场优化资源配置。为此，可以建立区域内一体化的消费品市场、资本市场、技术市场及人才市场，以消除各种阻碍要素合理流动的非市场干预，为京津冀区域一体化营造合理的经济基础。区域共同市场的一个题中应有之义，就是建立合理的利益分配机制，让各城市都能体会到"集体租金"增加所带来的利益分享。这可以参照企业理论进行操作，如按要素贡献、投资比率、协议分成等进行。

9.2.2 创新区域治理模式

借鉴国内外城市群治理经验，注重顶层设计，处理好横向地方政府之间、纵向中央政府与地方政府之间以及地方政府与非政府社会主体之间的关系，积极促进京津冀区域的协同发展，具体内容包括：一是成立国家首都地区管理委员会。设立由中央领导，国家发改委、住建部、自然资源部、财政部等国家相关部委以及京津冀三省市主要领导组成国家首都地区管理委员会，作为首都功能区域重构的最高层次联合协调机构。国家首都地区管理委员会的主要工作机制是首都地区联席会议制度，商议首都地区省市间及部门间和合作中遇到的重大问题，制定促进共同发展的区域政策和措施并最终形成政策决议。二是强化既有的省际联席会议。强化既有的省际联席会议，设立国家区域协调委员会，负责首都地区联席会议做出的重大决策的具体执行和协调，通过组织实施跨省市区域规划和跨部门行动计划来贯彻落实首都地区联席会议形成的政策决议。三是设立地区专家咨询委员会，搭建多元主体协商与协作参与平台，参与对有关区域规划、合作项目等进行实地调研、分析论证，形成可行性研究报告，为各个层次联席会议、专题会议等区域发展重大问题提供决策咨询。

9.2.3 创新区域投融资机制

目前首都功能疏解和京津冀一体化发展面临着基础设施建设、公共服务、研发创新、环境治理等诸多问题，要解决这些问题，融资是基础。面向未来的世界级城市群和国家首都地区的投融资机制包括地区发展基金及产业发展基金两种模式。

一是设立地区发展基金。由于基础设施、研发创新和环境较强的外部性，这些项目具有俱乐部公共产品的性质，因此单纯依靠一个地区进行支出会导致公共产品供给水平比较低，而单纯依靠中央政府的财政支持则显得太单薄，因此，有必要设立一个国家首都地区发展基金，综合各方面的力量，共同支持区域内基础设施建设、研发创新和环境治理，以及缩小地区间收入差距。地区发展基金由财政投入、政策性贷款、社会资金等共同形成，用于前期投入大、回收周期长的地区公共项目，以缩小地区间差异。

二是可以发起产业发展基金。产业发展基金是指一种对未上市企业进行股权投资和提供经营管理服务的利益共享、风险共担的集合投资制度。产业发展基金由企业发起、财政支持、个人入股等方式形成，通过市场化运作、专业化管理，用于支持地区产业结构调整过程中优先发展的项目，以良好的投资回报带动区域经济发展。产业发展基金建立的宗旨是通过市场化手段改善企业融资环境，支持符合国家首都地区建设和发展方向、能够辐射和带动相关产业发展的、经济和社会效益显著的产业项目开发和有竞争力的企业做优做强，促进产业分工、形成产业集聚，加强地区内部的经济和社会联系，加快区域一体化。

9.2.4　创新区域税收分享机制

我国现行财政体制框架是 1994 年分税制改革时确立的，历经多次改革后，总体上较好地适应了经济社会发展的需要，但也积累了一些矛盾和问题。加快国家首都地区建设的一个重要方面是加快建立税收分享机制，调动中央—地方政府、中心—周边城市的积极性。在城市群的发展过程中，要刺激地方政府发展经济的积极性，需要在一定程度上给予地方政府充足的税源，这样才能刺激地方政府对基础设施和公共服务的投入。国家首都地区的建设需要健全中央和地方财力与事权相匹配的体制，进一步理顺中央与地方政府间的财税关系。京津冀地区可以充分利用区位优势，积极向国家争取增加地方对相关税制的共享比例，争取充实地方财力，保障城市群建设的财源。

加快建立市、区、县税收分享机制；探索财政分税机制的调整；实行与产业转移地共享税收新机制；全面推进全民分享税收机制。建立统一规范的市、区、县税收增量分享机制，税收增长部分由市、区、县按照合理的比例分成。

9.2.5　加大财政转移支付力度

政府间转移支付是促进区域经济发展的重要手段。我国政府间规范的转移支付体制始于 1994 年分税制。1994 年后，作为分税制改革的配套措施，中央财政还制定了规范的转移支付办法，取名为"过渡期转移支付"。"过渡期转移支付"的目的是为了促进地方政府对分税制改革的支持，因此在转移支付中，有相当大的比例是税收返还。经过 2002 年和 2007 年两次较大的转移支付制度改革，我国的转移支付制度日益完善。

京津冀地区是我国北方最重要的经济区域，在这个区域中，既有像北京和天津这样的直辖市，也有石家庄这样的省会城市，也有唐山、廊坊、秦皇岛、承德、保定、沧州、张家口等中型城市。由于这些城市之间经济差距较大，要实现区域经济合作和协调发展，需要一定的财政转移支付，包括增加中央政府对除北京和天津外其他地级城市的均衡性转移支付力度、增加对城市群的专项转移支付以及增加税收返还对产业聚集的作用。国家首都地区的构建，需要争取中央政府对非首都功能承载地的专项转移支付，以实现区域基本公共服务均等化，针对重点支持产业，增加税收返还对产业聚集的作用，加强地方政府之间的合作，提高区域内城市群的协作效率。

9.2.6　强化法律制度建设

以行政区域为单元的地区发展方式与格局是中国经济社会发展的重要特征之一，为使行政区域适应功能区域协同创新发展的需要，避免地方政府固守地方保护主义、地方本位主义，形成管理碎片，损害整体利益，有必要实行京津冀区域的整体区域治理。治理需要建立一定的机制，需要法律制度作为支撑。党的十八届三中全会《关于全面深化改革若干重大问题的决定》中指出要"建立和完善跨区域城市发展协调机制"。这种协调机制除了法律先行之外，还表现为区域协同治理的一般框架，通常称为"行政协议"（administrative agreement），具体内容包括：一是借鉴国外经验，制定《国家首都地区合作法》；二是区域政府间行政协议的缔结；三是区域政府间行政协议的履行。

参 考 文 献

[1] 安虎森，彭桂娥.区域金融一体化战略研究：以京津冀为例
[J].天津社会科学，2008（6）.

[2] 安体富.完善公共财政制度　逐步实现公共服务均等化[J].财经问题研究，2007（7）.

[3] 白俊红，蒋伏心.协同创新、空间关联与区域创新绩效[J].经济研究，2015（7）.

[4] 白秀银，祝小宁.公共服务供给的网格机制及其效能研究[J].求索，2016（1）.

[5] 白莹.天津市户籍制度的形成与发展趋势[J].天津行政学院学报，2009，11（6）.

[6] 薄文广，陈飞.京津冀协同发展：挑战与困境[J].南开学报（哲学社会科学版），2015（1）.

[7] 薄文广，殷广卫.京津冀协同发展：进程与展望[J].南开学报（哲学社会科学版），2017（6）.

[8] 蔡如鹏.京津冀规划纠结30年：各地利益博弈无法平衡[J].中国新闻周刊，2015，（6）.

[9] 蔡霞.国内外人口迁移研究现状综述[J].知识经济，2014（8）.

[10] 曹大勇.社会经济制度变迁理论研究[D].西北大学，2006.

[11] 曹大勇.生产要素的历史演变和现代劳动价值关系探讨[J].西北大学学报（哲学社会科学版），2005（3）.

[12] 曹海军，霍伟桦.城市治理理论的范式转换及其对中国的启示

[J]．中国行政管理，2013（7）．

[13] 曹海青，苏丽亚．公共服务购买与政府监督职责落实 [J]．人民论坛，2016（2）．

[14] 曾珍香，段丹华，张培，等．基于复杂系统理论的区域协调发展机制研究——以京津冀区域为例 [J]．改革与战略，2008，24（1）．

[15] 陈丙欣，叶裕民．京津冀都市区空间演化轨迹及影响因素分析 [J]．城市发展研究，2008（1）．

[16] 陈红霞，李国平．1985～2007年京津冀区域市场一体化水平测度与过程分析 [J]．地理研究，2009，28（6）．

[17] 陈红霞，席强敏．京津冀城市劳动力市场一体化的水平测度与影响因素分析 [J]．中国软科学，2016（2）：81–88．

[18] 陈劲，王方瑞．突破全面创新：技术和市场协同创新管理研究 [J]．科学学研究，2005（s1）．

[19] 陈劲，阳银娟．协同创新的理论基础与内涵 [J]．科学学研究，2012，30（2）．

[20] 陈劲．协同创新与国家科研能力建设 [J]．科学学研究，2011，29（12）．

[21] 陈丽莎，孙伊凡．构建京津冀协同发展中有效衔接的公共服务供求关系 [J]．河北大学学报（哲学社会科学版），2016（4）．

[22] 陈瑞莲，杨爱平．从区域公共管理到区域治理研究：历史的转型 [J]．南开学报（哲学社会科学版），2012（2）．

[23] 陈睿．都市圈空间结构的经济绩效研究 [D]．北京大学，2007．

[24] 陈万钦．关于首都功能疏解的若干设想 [J]．经济与管理，2014（2）：18–21．

[25] 陈晓凯．我国城镇化中的基本公共服务均等化研究 [D]．山东师范大学，2015．

[26] 陈秀山，张可云．区域经济理论 [M]．北京：商务印书馆，2003．

[27] 陈禹．复杂适应系统（CAS）理论及其应用——由来、内容与

启示 [J]. 系统辩证学学报，2001（4）.

［28］陈志国. 京津冀基本公共服务发展比较研究 [M]. 北京：人民出版社，2015.

［29］陈尊厚. 京津冀金融协同发展与创新研究 [M]. 北京：人民出版社，2018.

［30］程恩富，王新建. 京津冀协同发展：演进、现状与对策 [J]. 管理学刊，2015，28（1）.

［31］崔丹，吴昊，吴殿廷. 京津冀协同治理的回顾与前瞻 [J]. 地理科学进展，2019，38（1）.

［32］崔晶. 京津冀一体化发展中的地方政府整体性协作治理 [J]. 北京交通大学大学学报（社会科学版），2019（10）.

［33］崔松虎，金福子. 公共服务均等化视角下财政支出分担机制设计 [J]. 学术界，2016（1）.

［34］崔欣然. 京津冀协同发展的财税政策研究 [D]. 首都经济贸易大学，2015.

［35］崔永华，王冬杰. 区域民生科技创新系统的构建——基于协同创新网络的视角 [J]. 科学学与科学技术管理，2011，32（7）.

［36］邓穗欣，尼尔·马兹曼尼安，湛学勇. 理性选择视角下的协同治理 [M]. 上海：上海人民出版社，2011.

［37］邓伟，张继飞，时振钦，万将军，孟宝. 山区国土空间解析及其优化概念模型与理论框架 [J]. 山地学报，2017，35（2）.

［38］董光器. 五十七年光辉历程——建国以来北京城市规划的发展 [J]. 北京规划建设，2006（5）.

［39］樊杰. 京津冀都市圈区域综合规划研究 [M]. 北京：科学出版社，2008.

［40］范剑勇. 市场一体化、地区专业化与产业集聚趋势——兼谈对地区差距的影响 [J]. 中国社会科学，2004（6）.

［41］范如国. 复杂网络结构范型下的社会治理协同创新 [J]. 中国社会科学，2014（4）.

［42］封志明，刘登伟．京津冀地区水资源供需平衡及其水资源承载力［J］．自然资源学报，2006，21（5）．

［43］冯晓英．改革开放以来北京市流动人口管理制度变迁评述［J］．北京社会科学，2008（5）．

［44］高景楠．京津冀区域市场一体化研究［D］．天津财经大学，2009．

［45］高敬．京津冀经济一体化形势下金融合作探析［J］．辽宁行政学院学报，2016（9）．

［46］耿云．新区域主义视角下的京津冀读书圈治理结构研究［J］．城市发展研究，2015（8）．

［47］桂琦寒，陈敏，陆铭，陈钊．中国国内商品市场趋于分割还是整合：基于相对价格法的分析［J］．世界经济，2006（2）．

［48］郭琪，贺灿飞，史进．空间集聚、市场结构对城市创业精神的影响研究——基于2001～2007年中国制造业的数据［J］．中国软科学，2014（5）．

［49］郭小聪，代凯．供需结构失衡：基本公共服务均等化进程中的突出问题［J］．中山大学学报（社会科学版），2012，52（4）．

［50］郭小聪，刘述良．中国基本公共服务均等化：困境与出路［J］．中山大学学报（社会科学版），2010，50（5）．

［51］国家发改委国土开发与地区经济研究所课题组．京津冀区域发展与合作研究［J］．经济研究参考，2015（49）．

［52］国务院发展研究中心课题组．国内市场一体化对中国地区协调发展的影响及其启示［J］．中国工商管理研究，2005（12）．

［53］韩兆柱，翟文康．"新公共服务"研究综述［J］．燕山大学学报（哲学社会科学版），2017，18（2）．

［54］何郁冰．产学研协同创新的理论模式［J］．科学学研究，2012，30（2）．

［55］河北省发展和改革委员会宏观经济研究所课题组，陈志国．促进京津冀基本公共服务均等化研究［J］．经济研究参考，2018（15）．

［56］河北省哲学社会科学规划办公室．京津冀协同发展蓝皮书：2014～2015 年京津冀协同发展形势分析与预测［M］．河北教育出版社，2015．

［57］贺灿飞，黄志基，等．中国城市发展透视与评价：基于经济地理视角［M］．北京：科学出版社，2014．

［58］洪银兴．关于创新驱动和协同创新的若干重要概念［J］．经济理论与经济管理，2013（5）．

［59］胡雨晗．京津冀税收一体化发展构想研究［D］．燕山大学，2016．

［60］胡志坚．国家创新系统：理论分析与国际比较［M］．北京：社会科学文献出版社，2000．

［61］纪良纲，许永兵，等．京津冀协同发展：现实与路径［M］．北京：人民出版社，2016 年．

［62］贾娟．论生产要素演变下发展生产力的目的意义［J］．东方企业文化，2010（8）．

［63］江曼琦，谢姗．京津冀地区市场分割与整合的时空演化［J］．南开学报（哲学社会科学版），2015（1）．

［64］江岷钦，孙本初，刘坤亿．地方政府间策略性伙伴关系建立之研究［M］．台北：台北市政府研究发展考核委员会，2003．

［65］江明融．公共服务均等化论略［J］．中南财经政法大学学报，2006（3）．

［66］姜溪，刘瑛莹．京津冀公共服务均等化研究［J］．商业经济研究，2017（3）．

［67］解学梅，方良秀．国外协同创新研究述评与展望［J］．研究与发展管理，2015，27（4）．

［68］解学梅．协同创新效应运行机理研究：一个都市圈视角［J］．科学学研究，2013，31（12）．

［69］京津冀三地党刊联合课题组．京津冀协同发展的工作成果与未来展望［J］．共产党员（河北），2017（17）．

［70］京津冀三地党刊联合课题组．京津冀协同发展的工作成果与未来展望［J］．前线，2017（9）．

［71］柯焕章．谈北京的古城保护［J］．百年建筑，2003（Z1）．

［72］郐艳丽．跨行政国土空间治理现状、困境与出路——以首都新机场临空经济区为例［J］．北京规划建设，2019（2）．

［73］蓝建中．东京如何分散首都职能［N］．新华每日电讯，2014-4-18．

［74］黎福贤．京津唐国土规划纲要研究［J］．城市规划，1985（2）．

［75］李国平，陈秀欣．京津冀都市圈人口增长特征及其解释［J］．地理研究，2009，28（1）．

［76］李国平，陈红霞．协调发展与区域治理［M］．北京：北京大学出版社，2012．

［77］李国平，卢明华．北京建设世界城市模式与政策导向的初步研究［J］．地理科学，2002（3）．

［78］李国平．京津冀区域发展报告（2014）［M］．北京：科学出版社，2014．

［79］李国平．京津冀协同发展报告（2019）［M］．北京：科学出版社，2019．

［80］李辉，任晓春．善治视野下的协同治理研究［J］．科学与管理，2010，30（6）．

［81］李惠茹，刘永亮，杨丽慧．构建京津冀生态环境一体化协同保护长效机制［J］．宏观经济管理，2017（1）．

［82］李金龙，武俊伟．京津冀府际协同治理动力机制的多元分析［J］．江淮论坛，2017（1）．

［83］李京文，李剑玲．京津冀协同创新发展比较研究［J］．经济与管理，2015，29（2）．

［84］李曼．京津冀区域经济一体化发展研究［D］．天津大学，2005．

［85］李培，邓慧慧．京津冀地区人口迁移特征及其影响因素分析

［J］．人口与经济，2007（6）．

［86］李文涛．区域经济一体化进程中的税收协同初探——兼论对广西北部湾经济区税收协同发展的设想［J］．经济研究参考，2015（17）．

［87］李文增．完善京津冀经济金融协同发展的体制机制研究［C］//北京市社科联、天津市社科联、河北省社科联．京津冀协同发展的展望与思考——冀协同发年京津冀协同发展研讨会论文集．北京市社科联、天津市社科联、河北省社科联：北京市社会科学界联合会，2014．

［88］李长晏．区域发展与跨域治理理论与实务［M］．台北：元照出版公司，2012．

［89］李志辉．中国银行业改革与发展回顾、总结与展望［M］．上海：格致出版社，2018．

［90］廖红丰，马玲．横向财政转移支付的合作博弈分析［J］．郑州经济管理干部学院学报，2005（2）．

［91］林坚，刘松雪，刘诗毅．区域—要素统筹：构建国土空间开发保护制度的关键［J］．中国土地科学，2018，32（6）．

［92］林水波，李长晏．跨域治理——理论研析与策略途径［M］．台北：五南图书出版股份有限公司，2005．

［93］刘丹，闫长乐．协同创新网络结构与机理研究［J］．管理世界，2013（12）．

［94］刘宏海．以绿色金融创新支持京津冀协同发展［M］．北京：中国金融出版社，2018．

［95］刘良．改革开放以来环渤海地区的政府间合作：历史、绩效与挑战［J］．华北电力大学学报（社会科学版），2017（2）．

［96］刘向阳．中国产权交易市场研究［D］．中共中央党校，2007．

［97］刘永斌．区域联合的新成果——迅速发展的环京经济协作区［J］．中外管理导报，1993（2）．

［98］龙朝双，王小增．我国地方政府间合作动力机制研究［J］．中国行政管理，2007（6）．

［99］陆大道．京津冀城市群功能定位及协同发展［J］．地理科学进

展，2015，34（3）．

［100］罗黎明，刘东旭．关税同盟理论研究综述［J］．合作经济与科技，2013（5）．

［101］吕典玮．京津冀区域一体化中市场一体化研究［D］．华东师范大学，2011．

［102］马慧强．我国东北地区基本公共服务均等化研究［D］．辽宁师范大学，2014．

［103］马清华．京津市场一体化理论与实证分析［J］．环渤海经济瞭望，2003（8）：12－16．

［104］孟庆瑜．论京津冀协同发展的立法保障［J］．学习与探索，2017（10）．

［105］孟添，张恒龙．财政均等化的意义与国际经验［J］．山西财经大学学报，2007（S1）．

［106］穆光宗，苗景锐．中国社会保障制度的回顾与展望［J］．人口学刊，2002（1）．

［107］欧阳慧．改革开放以来我国人口流动政策变迁［C］．北京：国家卫生计生委流动人口服务中心，2018．

［108］潘淑娟，肖刚，张玉水．我国区域性产权市场存在的问题及对策［J］．学术界，2011（1）．

［109］戚本超，周达．北京城市职能发展演变研究［J］．城市问题，2006（7）．

［110］齐子翔．京津冀协同发展机制设计［M］．北京：社会科学文献出版社，2015．

［111］乔建平，王华昌．城市规模问题研究［J］．城市发展研究，1997（4）．

［112］清华大学人居环境研究中心《京津冀北（大北京地区）城乡空间发展规划研究》项目组．规划"大北京地区"建设"世界城市"——《京津冀北（大北京地区）城乡空间发展规划研究》基本要点［J］．城市，2002（1）．

［113］饶旻．京津冀劳动力流动特点及影响因素分析［D］．首都经济贸易大学，2011.

［114］萨巴蒂尔．政策过程理论［M］．彭宗超译．北京：生活·读书·新知三联书店，2003.

［115］沙安文，乔宝云．政府间财政关系：国际经验述评［M］．北京：人民出版社，2006.

［116］佘志先．区域产权市场发展存在的问题与政策建议（上）［J］．产权导刊，2012（2）．

［117］石光．促进基本公共服务均等化的财政转移支付制度研究［J］．特区经济，2011（5）：150－152.

［118］石崧，陈洋．从雄安新区设立看京津冀区域协同治理［J］．城乡规划，2017（6）．

［119］史丹，马丽梅．京津冀协同发展的空间演进历程：基于环境规制视角［J］．当代财经，2017（4）．

［120］宋嘉明．基于区域经济一体化的环渤海经济圈发展策略研究［J］．科技经济导刊，2017（3）．

［121］孙冬虎．"京津冀一体化"的历史考察［J］．北京社会科学，2014（12）．

［122］孙久文，邓慧慧，叶振宇．京津冀都市圈区域合作与北京的功能定位［J］．北京社会科学，2008（6）．

［123］孙久文，闫昊生，李恒森．京畿协作——京津冀协同发展［M］．重庆：重庆大学出版社，2018.

［124］孙久文，原倩．京津冀协同发展战略的比较和演进重点［J］．经济社会体制比较，2014（5）．

［125］孙久文，张红梅．京津冀一体化中的产业协同发展研究［J］．河北工业大学学报（社会科学版），2014，6（3）．

［126］孙久文，丁鸿君．京津冀区域经济一体化进程研究［J］．经济与管理研究，2012（7）．

［127］孙久文．京津冀协同发展 70 年的回顾与展望［J］．区域经济

评论，2019（4）.

[128] 孙久文. 京津冀协同发展的目标、任务与实施路径［J］. 经济社会体制比较，2016（3）.

[129] 孙铁山，李国平，卢明华. 京津冀都市圈人口集聚与扩散及其影响因素——基于区域密度函数的实证研究［J］. 地理学报，2009，64（8）.

[130] 锁利铭，阚艳秋，涂易梅. 从"府际合作"走向"制度性集体行动"：协作性区域治理的研究述评［J］. 公共管理与政策评论，2018（3）.

[131] 锁利铭，廖臻. 京津冀协同发展中的府际联席会机制研究［J］. 行政论坛，2019（3）.

[132] 谭成文，杨开忠，谭遂. 中国首都圈的概念与划分［J］. 地理与地理信息科学，2000（4）.

[133] 谭跃进，邓宏钟. 复杂适应系统理论及其应用研究［J］. 系统工程，2001（5）.

[134] 陶品竹. 京津冀协同发展与区域法治建设研究［M］. 北京：中国政法大学出版社，2018.

[135] 陶希东. 跨省都市圈的行政区经济分析及其整合机制研究——以徐州都市圈为例［D］. 华东师范大学，2004.

[136] 天津市科学学研究所京津冀协同创新研究组. 京津冀协同创新共同体：从理念到战略［M］. 北京：知识产权出版社，2018.

[137] 田霖. 金融地理学视角下的区域金融成长差异研究［D］. 浙江大学，2005.

[138] 涂英柯，司林波，孟卫东. 京津冀区域经济一体化研究综述［J］. 商业时代，2013（26）.

[139] 王爱俭，李向前. 京津冀金融发展报告［M］. 北京：社会科学文献出版社，2016.

[140] 王春蕊. 京津冀协同发展战略下人口流动的影响及对策研究［J］. 经济研究参考，2016（64）.

［141］王海军，祝爱民. 产学研协同创新理论模式：研究动态与展望［J］. 技术经济，2019，38（2）.

［142］王厚双. 环渤海区域经济合作研究［M］. 沈阳：辽宁大学出版社，2000.

［143］王建军，许学强. 城市职能演变的回顾与展望［J］. 人文地理，2004（3）.

［144］王健，鲍静，刘小康，王佃利. "复合行政"的提出——解决当代中国区域经济一体化与行政区划冲突的新思路［J］. 中国行政管理，2004（3）.

［145］王丽. 促进京津冀区域协同发展的地方财政合作研究［M］. 北京：人民出版社，2018.

［146］王亮，加雨灵. 北京市城市空间的扩展与空间结构演变分析［C］. 2013 中国城市规划年会论文集，2013.

［147］王曼怡. 我国特大城市 CBD 金融集聚差异化发展研究［M］. 北京：中国金融出版社，2016.

［148］王宁. 京津冀基本公共服务均等化：问题与对策［J］. 商，2015（28）.

［149］王庆华，丰硕. 共生型网络：跨域合作治理的新框架——基于亚洲区域合作视角［J］. 东北亚论坛，2016（1）.

［150］王书华，陈诗波. 京津冀协同创新理论与实践［M］. 北京：科学出版社，2016.

［151］王伟. 1979～2014 年我国京津冀一体化研究进展述评［J］. 北京规划建设，2016（2）.

［152］王欣. 京津冀协同治理研究：模式选择、治理架构、治理机制和社会参与［J］. 城市与环境研究研究，2012（2）.

［153］王延杰，冉希. 京津冀基本公共服务差距、成因及对策［J］. 河北大学学报（哲学社会科学版），2016（4）.

［154］王瑶琪，李永壮，王志锋，等. 打造国家首都地区促进区域协调发展［J］. 前线，2014（9）.

［155］王玉海，张鹏飞．京津冀都市圈及其历史使命［J］．前线，2019（4）．

［156］王喆，周凌一．京津冀生态环境协同治理研究——基于体制机制视角探讨［J］．经济与管理研究，2015（7）．

［157］王志锋，王瑶琪．推进京津冀协同发展　实施国家首都地区战略［N］．中国城市报，2014 - 12 - 15（B6）．

［158］魏丽华．城市群理论与实践演进史梳理——兼论京津冀城市群发展研究述评［J］．湖北社会科学，2016（7）．

［159］魏丽华．建国以来京津冀协同发展的历史脉络与阶段性特征［J］．深圳大学学报（人文社会科学版），2016，33（6）．

［160］文魁，祝尔娟．京津冀发展报告［M］．北京：社会科学文献出版社，2015．

［161］邬晓霞，李青．京津冀区域金融一体化进程的测度与评价［J］．广东社会科学，2015（5）．

［162］吴良镛，吴唯佳，毛其智．京津冀地区城乡空间发展规划研究［J］．建设科技，2017（20）．

［163］吴良镛．大北京地区空间发展规划遐想［J］．城市，2001（1）．

［164］吴良镛，等．京津冀地区城乡空间发展规划研究二期研究报告［M］．北京：清华大学出版社，2006．

［165］吴良镛，等．京津冀地区城乡空间发展规划研究三期研究报告［M］．北京：清华大学出版社，2013．

［166］吴群刚，杨开忠．关于京津冀区域一体化发展的思考［J］．城市问题，2010（1）．

［167］吴帅．分权、代理与多层治理：公共服务职责划分的反思与重构［J］．经济社会体制比较，2013（2）．

［168］吴雨坤．加拿大财政转移支付制度及其借鉴［J］．宏观经济管理，2014（12）．

［169］武义青，田学斌，张云．京津冀协同发展三年回顾与展望［J］．经济与管理，2017，31（2）．

［170］夏悦瑶．新型城镇化背景下地方政府公共服务研究［D］．湖南大学，2012.

［171］肖磊，黄金川，孙贵艳．京津冀都市圈城镇体系演化时空特征［J］．地理科学进展，2011，30（2）.

［172］肖留阳．国内外首都功能及空间结构的比较研究［D］．首都经济贸易大学，2016.

［173］谢京华．政府间财政转移支付制度研究［M］．杭州：浙江大学出版社，2011.

［174］徐继华，何海岩．京津冀一体化过程中的跨区域治理解决路径探析［J］．经济研究参考．2015（45）.

［175］徐皎．日本的首都职能转移［J］．上海城市规划，2000（4）.

［176］徐兰飞．中国跨行政区水污染治理中的地方政府合作研究［D］．中国政法大学，2011.

［177］徐水源．德国城镇化进程中加强公共服务均等化制度建设与启示［J］．人口与计划生育，2016（2）.

［178］徐现祥，李郇．市场一体化与区域协调发展［J］．经济研究，2005（12）.

［179］许彩侠．区域协同创新机制研究——基于创新驿站的再思考［J］．科研管理，2012，33（5）.

［180］许锋，周一星．我国城市职能结构变化的动态特征及趋势［J］．城市发展研究，2008（6）.

［181］许学强，周一星，宁越敏．城市地理学［M］．北京：高等教育出版社，2009.

［182］亚洲开发银行技术援助项目 9042 咨询专家组．京津冀协同发展研究［M］．北京：中国财政经济出版社，2018.

［183］阎庆民，张晓朴，等．京津冀区域协同发展研究［M］．北京：中国金融出版社，2017.

［184］燕继荣．协同治理：公共事务治理新趋向［J］．人民论坛·学术前沿，2012（17）.

［185］杨光，李宏．我国基本公共服务供给制度的变迁与发展［J］．中国财政，2014（21）．

［186］杨宏山，石晋昕．从一体化走向协同治理：京津冀区域发展的政策变迁［J］．上海行政学院学报，2018（1）．

［187］杨静文，吴云松．罗默内生经济增长理论的政策内含及其借鉴［J］．经济问题探索，1998（12）．

［188］杨君．京津冀区域人才开发合作的制度变迁模式与未来走向探究［J］．中国城市经济，2011（23）．

［189］杨开忠．关于规划建设国家行政新城的政策建议［J］．人民论坛·学术前沿，2015（11）．

［190］杨开忠．京津冀协同发展的探索历程与战略选择［J］．北京联合大学学报（人文社会科学版），2015，13（4）．

［191］杨林，柳洲．国内协同创新研究述评［J］．科学学与科学技术管理，2015，36（4）．

［192］杨龙．地方政府合作的动力、过程与机制［J］．中国行政管理，2008（7）．

［193］杨全社，李林君，刘叶莎．京津冀财税制度创新的机制与模式研究［C］//京津冀发展报告（2018）．北京：社会科学文献出版社，2018．

［194］姚鹏．京津冀区域发展历程、成效及协同路径［J］．社会科学辑刊，2019（2）．

［195］义旭东．论生产要素的区域流动［J］．生产力研究，2004（9）．

［196］易成栋，巩密密．京津冀公共服务协同创新研究［C］//京津冀发展报告（2015）．北京：社会科学文献出版社，2015．

［197］殷存毅，李蹊．"硬设计"还是"软设计"？——京津冀协同发展的研究与实践比较［J］．河北经贸大学学报，2018（1）．

［198］银温泉，才婉茹．我国地方市场分割的成因和治理［J］．经济研究，2001（6）．

［199］游文明，周胜，冷得彤，丛曙，张煜，杨跃峰．产学研合作动力机制优化研究［J］．科学学与科学技术管理，2004（10）．

［200］于刃刚，戴宏伟．生产要素流动与区域经济一体化的形成及启示［J］．世界经济，1999（6）．

［201］于涛方，吴志强．京津冀地区区域结构与重构［J］．城市规划，2006（9）．

［202］于薇．京津冀一体化视角下河北省产权交易市场发展研究［D］．河北大学，2015.

［203］郁建兴，吴玉霞．公共服务供给机制创新：一个新的分析框架［J］．学术月刊，2009，41（12）．

［204］臧学英．统一完善的产权市场是环渤海区域经济合作的重要前提［J］．领导之友，2008（5）．

［205］张福兴．京津冀协同发展理论研究与实践探索［M］．保定：河北大学出版社，2017.

［206］张复明，郭文炯．城市职能体系的若干理论思考［J］．经济地理，1999（3）．

［207］张贵，李佳钰．京津冀协同发展的新形势与新思路［J］．河北师范大学学报（哲学社会科学版），2017（4）．

［208］张贵祥，赵琳琳，葛以恒．京津冀生态协同发展模式与机制［C］//京津冀发展报告（2018）．北京：社会科学文献出版社，2018.

［209］张京翔，殷洁，何建颐等．全球化世纪的城市密集地区发展与规划［M］．北京：中国建筑工业出版社，2008.

［210］张开云，张兴杰，李倩．地方政府公共服务供给能力：影响因素与实现路径［J］．中国行政管理，2010（1）．

［211］张开云，张兴杰．公共服务均等化：制度障碍与发展理路［J］．浙江社会科学，2011（6）．

［212］张可云，蔡之兵．北京非首都功能的内涵、影响机理及其疏解思路［J］．河北学刊，2015（3）．

［213］张可云，蔡之兵．京津冀协同发展历程、制约因素及未来方向［J］．河北学刊，2014，34（6）．

［214］张可云，邓仲良，蔡之兵．京津冀协同发展下北京的城市发展

战略［J］．江淮论坛，2016（4）．

［215］张可云．京津冀都市圈合作思路与政府作用重点研究［J］．地理与地理信息科学，2004，20（4）．

［216］张培刚．微观经济学的产生和发展［M］．长沙：湖南出版社，1997．

［217］张伟．河北省产权交易市场发展研究［D］．河北大学，2015．

［218］张衔春，刘泉，陈守强，王伟凯，栾晓帆．城市区域经济一体化水平测度：基于深莞惠次区域的实证研究［J］．城市发展研究，2019，26（7）．

［219］张翼．京津冀经济一体化：现状与发展［D］．北京：首都经济贸易大学，2005．

［220］张治栋，吴迪，周姝豆．生产要素流动、区域协调一体化与经济增长［J］．工业技术经济，2018，37（11）．

［221］赵国岭．京津冀区域经济合作问题研究［M］．北京：中国经济出版社，2006．

［222］赵金丽，张学波，宋金平．京津冀劳动力市场一体化评价及影响因素［J］．经济地理，2017（5）．

［223］赵晋．我国人口城乡迁移的理论与模式研究［D］．吉林大学，2008．

［224］赵伟，程艳．区域经济一体化的理论溯源及最新进展［J］．商业经济与管理，2006（6）．

［225］赵新峰，王浦劬．京津冀协同发展背景下雄安新区治理理念的变革与重塑［J］．行政论坛，2018（2）．

［226］赵新峰．京津冀协同发展背景下雄安新区新型合作治理架构探析［J］．中国行政管理，2017（10）．

［227］赵毅．环渤海经济圈区域经济一体化研究［D］．山东财经大学，2012．

［228］赵增耀，章小波，沈能．区域协同创新效率的多维溢出效应［J］．中国工业经济，2015（1）．

［229］甄艳. 东北区域市场一体化问题研究［D］. 东北师范大学，2011.

［230］郑宏. 京津冀区域差异与经济一体化问题研究［D］. 华北电力大学，2011.

［231］中共北京市委党史研究室. 北京市推进京津冀协同发展战略大事记（2014.2～2018.2）［M］. 北京：中共党史出版社，2018.

［232］中华人民共和国商务部驻天津特派员办事处. 税务总局：京津冀协同发展税收工作领导小组成立［EB/OL］.（2014 - 07 - 21）http：// tjtb. mofcom. gov. cn/article/e/201407/20140700668967. shtml.

［233］周琛影. 公共服务均等化的财政转移支付效应评估——以上海为例［J］. 经济体制改革，2013（4）.

［234］周春彦，亨利·埃茨科威兹. 双三螺旋：创新与可持续发展［J］. 东北大学学报（社会科学版），2006，8（3）.

［235］周春彦，亨利·埃茨科威兹. 三螺旋创新模式的理论探讨［J］. 东北大学学报（社会科学版），2008（4）.

［236］周晗. 京津冀一体化发展历程、问题与对策［J］. 中国市场，2016（42）.

［237］周京奎，白极星. 京津冀公共服务一体化机制设计框架［J］. 河北学刊，2017（1）.

［238］周婧楠. 京津冀区域基本公共服务一体化进程评价及对策建议［C］. 中国城市规划学会、沈阳市人民政府. 规划60年：成就与挑战——成就与挑中国城市规划年会论文集（13 区域规划与城市经济）. 中国城市规划学会、沈阳市人民政府：中国城市规划学会，2016.

［239］周黎安. 晋升博弈中政府官员的政府官员的激励与合作［J］. 经济研究，2004（4）.

［240］周正，尹玲娜，蔡兵. 我国产学研协同创新动力机制研究［J］. 软科学，2013，27（7）.

［241］朱莉莉. 京津冀协同发展的税收问题研究［D］. 天津财经大学，2018.

［242］住房和城乡建设部城乡规划司，中国城市规划设计研究院．京津冀城镇群协调发展规划（2008—2020）［M］．北京：商务印书馆，2013．

［243］祝尔娟．京津冀一体化中的产业升级与整合［J］．经济地理，2009，29（6）．

［244］邹德慈，等．新中国城市规划发展史研究［M］．北京：中国建筑工业出版社，2014．

［245］Ansell C，Gash A. Collaborative Governance in Theory and Practice ［J］. Journal of Public Administration Research & Theory，2008，18（4）：543 – 571（29）.

［246］Bert Hofman，Susana Cordeiro Gurra. Fiscal Disparities in East Asia：How Large and Do They Matter ［ER/OL］. http：//siteresourceslworldbanklorg/INTEAPEDECEN/Resources/Chapter – 4. pdf，2005.

［247］Boyne G，Powell M，Ashworth R，Spatial equity and public services：An empirical analysis of local government finance in England. Public Management Review，2001，3（1）：19 – 34.

［248］Caloghirou Y，Ioannides S，Vonortas N S. Research Joint Ventures ［J］. Journal of Economic Surveys，2003，17（4）：541 – 570.

［249］Chesbrough H. The logic of open innovation：Managing intellectual property ［J］. California Management Review，2003，45（3）：33 – 58.

［250］Chinitz B. Contrasts in Agglomeration：New York and Pittsburgh ［J］. American Economic Review，1961，51（2）：279 – 289.

［251］Christensen K S. Cities and Complexity：Making Intergovernmental Decisions ［M］. London：SAGE，1999.

［252］Combes，Pierre – Philippe. Economic Structure and Local Growth：France，1984 – 1993 ［J］. Journal of Urban Economics，2000，47（3）：329 – 355.

［253］Escribano A，Fosfuri A，Tribó J A. Managing external knowledge flows：The moderating role of absorptive capacity ［J］. Research Policy，2009，38（1）：96 – 105.

［254］ Ghani E, Kerr W R, O'Connell S D. Spatial Determinants of Entrepreneurship in India ［J］. Regional Studies, 2013, 48 （6）: 1071 - 1089.

［255］ Glaeser E L, Kallal H D, Scheinkman J, Shleifer A. Growth in Cities ［J］. Journal of Political Economy, 1992, 100 （6）: 1126 - 1152.

［256］ Glaeser E L, Kerr W R. Local Industrial Conditions and Entrepreneurship: How Much of the Spatial Distribution Can We Explain? ［J］. Journal of Economics & Management Strategy, 2009, 18 （3）: 623 - 663.

［257］ Gulati R. Network location and learning: The influence of network resources and firm capabilities on alliance formation ［J］. Strategic Management Journal, 1999, 20 （5）: 397 - 420.

［258］ Hamilton D K. Governing Metropolitan Areas: Response to Growth and Change ［M］. New York: Garland Publishing, Inc. , 1999.

［259］ Hart O, Shleifer A, Vishny R W. The Proper Scope of Government: Theory and an Application to Prisons ［J］. Quarterly Journal of Economics, 1997, 112 （4）: 1126 - 1161.

［260］ He C F, Pan F H. Economic Transition, Dynamic Externalities and City-industry Growth in China ［J］. Urban Studies, 2010, 47 （1）: 121 - 144.

［261］ Henderson V, Kuncoro A, Turner M. Industrial Development in Cities ［J］. Journal of Political Economy, 1995, 103 （5）: 1067 - 1090.

［262］ Henderson V. Marshall's Scale Economies ［J］. Journal of Urban Economics, 2003, 53 （1）: 1 - 28.

［263］ Hettne B, Inotai A, Sunkel D. (Eds). Globalism and the New Regionalism ［M］. New York: Palgrave McMillan Press, 1999.

［264］ Imai K, Baba Y. Systemic Innovation and Cross-border Networks: Transcending Markets and Hierarchies ［C］. OECD Conference on Science, Technology and Economic Growth, Paris, 1989.

［265］ Jacobs J. The Economy of Cities ［M］. Random House, 1969.

［266］ Jofre - Monseny J, Marín - López R, Viladecans - Marsal E. The

Determinants of Localization and Urbanization Economies: Evidence from the Location of New Firms in Spain [J]. Journal of Regional Science, 2014, 54 (2): 313 – 337.

[267] Kai-yuen T. Local Tax System, Intergovernmental Transfers and China's Local Fiscal Disparities [J]. Journal of Comparative Economics, 2005 (33): 173 – 196.

[268] Kline S J, Rosenberg N. An Overview of Innovation [M]//Studies On Science and The Innovation Process: Selected Works of Nathan Rosenberg, 1986.

[269] Lee S, Park G, Yoon B, et al. Open innovation in SMEs—An intermediated network model [J]. Research Policy, 2010, 39 (2): 290 – 300.

[270] Lopéz A. Determinants of R&D cooperation: Evidence from Spanish manufacturing firms [J]. International Journal of Industrial Organization, 2008, 26 (1): 113 – 136.

[271] Lu Y, Ni J, Tao Z G, Yu L H. City-industry Growth in China [J]. China Economic Review, 2013, 27 (12): 135 – 147.

[272] Marsh D, Rhodes R A W. Policy Networks in British Government [M]. New York: Oxford University Press, 1992.

[273] Marshall A. Principles of Economics [M]. London: Macmillan and Co. , Ltd. , 1920.

[274] Miller D Y. The Regional Government of Metropolitan America [M]. Colorado: Westview Press, 2002.

[275] Mitchell – Weaver C, Miller D, Deal D. Multilevel Governance and Metropolitan Regionalism in the USA [J]. Urban Studies, 2000, 37 (5 – 6).

[276] Nakamura R. Agglomeration Economies in Urban Manufacturing Industries: A Case of Japanese Cities [J]. Journal of Urban economics, 1985, 17 (1): 108 – 124.

[277] Okamuro H, Kato M, Honjo Y. Determinants of R&D cooperation in Japanese start-ups [J]. Research Policy, 2011, 40 (5): 728 – 738.

［278］ Persaud A. Enhancing Synergistic Innovative Capability in Multina-tional Corporations: An Empirical Investigation ［J］. Journal of Product Innova-tion Management, 2010, 22 (5): 412 – 429.

［279］ Porter M E. The Competitive Advantage of Nations ［M］. New York: Free Press, 1990.

［280］ Radosevic S. Defining systems of innovation: a methodological dis-cussion ［J］. Technology in Society, 1998, 20 (1): 75 – 86.

［281］ Romer P M. Endogenous Technological Change ［J］. Journal of Po-litical Economy, 1990, 98 (5): S71 – S102.

［282］ Rosenthal S S, Strange W C. The Attenuation of Human Capital Spillovers ［J］. Journal of Urban Economics, 2008, 64 (2): 373 – 389.

［283］ Serrano V, Fischer T. Collaborative innovation in ubiquitous sys-tems ［J］. Journal of Intelligent Manufacturing, 2007, 18 (5): 599 – 615.

［284］ Ting G. Regional Industrial Growth: Evidence from Chinese Indus-tries ［J］. Regional Science and Urban Economics, 2004, 34 (1): 101 – 124.

［285］ Vuola O, Hameri A P. Mutually benefiting joint innovation process between industry and big-science ［J］. Technovation, 2006, 26 (1): 3 – 12.

［286］ Wang C J, Nie Z L. Study on the Equalization of Basic Public Serv-ices in China ［C］//International Conference on Management and Service Sci-ence. IEEE, 2011: 1 – 5.